高等学校旅游管理专业
本科系列教材

旅行社经营与管理

LÜXINGSHE JINGYING
YU GUANLI

◎ **主编** 李鹏军 黄 葵

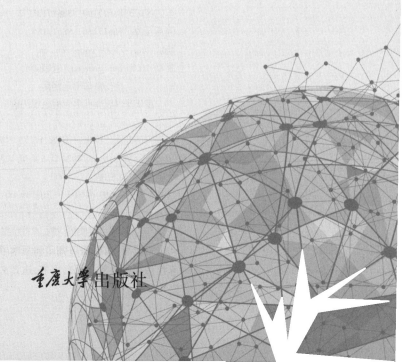

重庆大学出版社

内容提要

本教材以习近平新时代中国特色社会主义思想为指导,紧密对接文旅深度融合发展国家战略,以满足人民日益增长的美好生活需要为目的,以推动旅行社高质量发展为主题,力争为高等院校旅游管理专业的学生提供较为全面的旅行社经营与管理的相关知识,使其具备在旅行社行业学习及工作的能力。教材主要内容包括:旅行社概论、旅行社产品的开发、旅行社营销管理、旅行社智能管理、旅行社服务质量管理、旅行社信息化管理、旅行社的产业融合与新业态发展等。本教材作为高等院校旅游管理专业应用型教材,也可作为旅游工作者、研究者和爱好者的参考用书。

图书在版编目(CIP)数据

旅行社经营与管理 / 李鹏军, 黄葵主编. -- 重庆：
重庆大学出版社, 2024.5
ISBN 978-7-5689-4440-3

Ⅰ. ①旅… Ⅱ. ①李…②黄… Ⅲ. ①旅行社—企业
经营管理—高等学校—教材 Ⅳ. ①F590.63

中国国家版本馆 CIP 数据核字(2024)第 073713 号

旅行社经营与管理

主　编　李鹏军　黄　葵
策划编辑:尚东亮

责任编辑:尚东亮　　版式设计:尚东亮
责任校对:关德强　　责任印制:张　策

*

重庆大学出版社出版发行
出版人:陈晓阳
社址:重庆市沙坪坝区大学城西路 21 号
邮编:401331
电话:(023)88617190　88617185(中小学)
传真:(023)88617186　88617166
网址:http://www.cqup.com.cn
邮箱:fxk@cqup.com.cn(营销中心)
全国新华书店经销
重庆华林天美印务有限公司印刷

*

开本:787mm×1092mm　1/16　印张:14.75　字数:352 千
2024 年 5 月第 1 版　2024 年 5 月第 1 次印刷
印数:1—2 000
ISBN 978-7-5689-4440-3　定价:39.00 元

前言

当前我国已全面建成小康社会,进入大众旅游新阶段,人民群众旅游消费需求将从低层次向高品质和多样化转变,由注重观光向兼顾观光与休闲度假转变,旅行社作为旅游高质量发展的重要联结点,在文旅产业中的重要地位更加凸显。

本教材以习近平新时代中国特色社会主义思想为指导,紧密对接文旅深度融合发展国家战略,以满足人民日益增长的美好生活需要为目的,以推动旅行社高质量发展为主题,力争为高等院校旅游管理专业的学生提供较为全面的旅行社经营与管理相关知识,使其具备在旅行社行业工作的能力。

本教材旨在将旅行社发展的新理论、新动态融入书中,力求突出以下三大特色:

第一,教材价值内涵与育人理念相融合。主动对接"大思政"建设要求,坚持知识传授与价值引领相结合,将职业道德教育和专业教育融为一体,引导学生树立职业道德,增强责任担当,实现专业知识内化和专业情怀提升。

第二,教材内容体系与岗位能力要求契合。结合旅行社管理新规定,将行业发展的新理论、新动态融入教材,构建符合旅行社岗位能力需求的知识体系,将理论知识与岗位能力进行自然融合,设置应用性项目实训,增强学生在旅行社行业发展的适应性,提升学生职业胜任力。

第三,适应数字教育时代要求,建设数字化教学资源,实现教材资源的延伸。

本教材由李鹏军、黄葵担任主编,赵纲、李志伟、孙国东、蒋文恬、汪正彬参与编写。具体编写分工为:李鹏军、孙国东编写第一章;李志伟编写第二章;汪正彬编写第三章;黄葵编写第四章;蒋文恬编写第五章;赵纲、黄葵编写第六章;孙国东编写第七章,李鹏军、黄葵编写附录;本书由李鹏军、黄葵负责统稿。杨平、李笑然等行业专家提供教材中部分案例与资料;本教材得到重庆第二师范学院旅游管理重点学科和川渝地区乡村旅游产业发展研究所(2022xjyjs04)的支持,本教材的策划、编写和修改过程中,还得到了重庆大学出版社编辑的大力支持和帮助,在此一并表示衷心感谢。

本教材定位为高等院校旅游管理专业应用型规划教材,也可作为旅游工作者、研究者和爱好者的参考用书。由于各种原因,书中尚有疏漏与不足之处,恳请读者批评指正。

编 者

2023 年 12 月

第一章
旅行社概论

【本章导读】

经济的发展必然促进出于各类目的外出人群的流动,客观上需要专门的旅行机构为其提供服务。旅行社的产生既是人类经济活动和旅游活动发展到一定阶段的产物,也是人类旅行活动长期发展的必然结果。旅行社行业经历了从最初的产业导入阶段、产业成长阶段到产业成熟阶段的发展历程,并且与旅游住宿行业、旅游交通行业并驾齐驱,成为现代旅游产业的三大支柱行业。旅行社是聚集旅游服务供应部门的中心,是连接旅游者与服务供应部门中心的纽带。随着社会经济的发展,人们消费水平的提高,旅行社发挥着越来越重要的作用。

【学习目标】

1. 通过学习旅行社行业的发展历程,理解旅行社的性质、职能和特点。
2. 通过比较国内外旅行社的业务特征,能分析目前我国旅行社发展的问题及发展趋势。
3. 通过学习行业前辈爱国创业的民族精神,培养热爱专业的职业素养。

【关键术语】

旅行社;旅行社职能;基本业务

【本章导入】

携程是一家在线票务服务公司,创立于1999年,总部设在我国上海,拥有国内外60余万家会员酒店可供预订,是中国领先的酒店预订服务中心。在北京、天津、广州、深圳、成都、杭州、厦门、青岛、沈阳、南京、武汉、南通、三亚等17个城市设立了分公司,员工超过25 000人。2003年12月,携程旅行网在美国纳斯达克成功上市,2018年3月21日,发布定制师认证体系,2019年10月29日,宣布英文名称正式更名为"Trip. com Group",2021年4月19日,正式在港交所挂牌上市。携程的产品服务包括旅游度假产品、私人向导平台、携程顾问、酒店预订、租车服务、高铁代购服务与国内火车服务等。2021年11月,携程位列2021年中国互联网综合实力前百家企业第18名,2022年8月,入选"2022中国数字经济100强"榜单,排名第28位。

思考:通过案例说明现代旅行社发展的趋势和基本业务是什么?

第一节　旅行社发展概述

一、旅行社的产生条件

旅行社的产生是人类经济活动和旅行活动发展到一定阶段的产物,也是人类旅行活动长期发展的必然结果。肇始于 18 世纪中叶的工业革命,经历了近一个世纪的发展,在英、法、美等国家取得了重大进展,促使其经济结构和社会结构发生了巨大变化,为旅行社行业的出现提供了各种有利条件。

1. 交通条件的改善

工业革命促进了科学技术的进步,特别是交通运输的大力发展,蒸汽机车和轮船相继出现,提高了运输能力,缩短了运输时间,使大规模的人员流动成为可能。1769 年瓦特发明的蒸汽机技术很快应用于新的交通工具,至 18 世纪末,蒸汽机轮船就已问世。但对于近代旅游的诞生影响最大和最直接的还是铁路运输技术的发展。1825 年,在英国享有"铁路之父"之称的乔治·史蒂文森所建造的斯托克顿至达林顿的铁路正式投入运营。此后各地的铁路开始建设起来,并向更远的地区延伸。

2. 经济收入的增加

工业革命以前,只有地主和贵族才有金钱从事非经济目的的消遣旅游活动。随着生产力的迅速发展和社会财富的急剧增加,工业革命使得财富大量流向新兴的工业资产阶级,有产阶级的规模日趋扩大,他们也具有了从事旅游的经济条件。

3. 旅游需求的产生

工业革命使部分欧美国家的城市化进程加快,人们工作和生活的重心从农村转移到城市。这一变化最终导致人们有了适时逃避节奏紧张的城市生活和拥挤嘈杂的环境压力的需求,产生了回归自由、回归大自然的追求。同时,工业革命改变了人们的工作性质,随着大量人口涌入城市,原先那种随农时变化而忙闲有致的多样性农业劳动开始为枯燥、重复的单一性大机器工业劳动所取代,致使人们产生了强烈的度假要求,旅行逐渐成为其中一部分人的经常性活动,并产生了对旅游产品的需求。

市场经济的发展为旅游活动的产生提供了必要的社会条件,在此背景下,一批先行者首先捕捉到了市场信息,开始创办旅行代理事业。世界上公认的第一家旅行社是英国人托马斯·库克(Thomas Cook)于 1845 年创建的托马斯·库克旅行社。在此后的 100 多年里,旅行社行业经历了从最初的产业导入阶段、产业成长阶段到产业成熟阶段的发展历程,并且与旅游住宿行业、旅游交通行业并驾齐驱,成为现代旅游产业的三大支柱行业。

二、世界旅行社行业的产生与发展

(一)旅行社行业的产生

1841年7月5日,身为传教士的托马斯·库克利用面对机器化大生产中人们产生的心理危机,以参加禁酒为号召,创造性地组织了世界上第一次团体包价旅游,包租了一列往返列车,运载570人从莱斯特到拉夫伯勒参加禁酒大会,第一次采用了集体折扣付费的方式,每人先交1先令,包括交通费用、乐队演奏赞歌、一次野外午餐和午后茶点,全程往返24英里,库克本人从中收取5%的报酬。这次活动在旅游史上被认为是近代旅游活动的开端,具有重要的意义。它具备了现代旅行社组团的基本特征:一是这次活动的参加者具有广泛性和一定的规模;二是库克在此次活动中作为发起人、筹备者、组织者以及陪同者,是现代旅行社全程陪同的最早体现;三是库克从铁路公司购买火车票,提供午餐和午后茶点,预收费用,具有包价旅游的性质。

1845年,库克组织了第一批前往英国利物浦的观光旅游团,这是托马斯·库克从事的第一次有意识的商业活动。库克亲自安排和组织了旅游线路,并担任旅游团的全程陪同,他还雇用了地方导游。这是一次包含了旅游线路考察、旅游产品组织、旅游广告宣传、旅游团队组织和陪同及导游多项内容的旅行社业务活动,体现了当今旅行社的基本业务,从而确立了旅行社业务的基本模式。此外,他还整理出版了世界上第一本旅游指南——《利物浦之行指南》。

1855年,库克首次组织英国旅游者前往欧洲大陆旅游,这次旅游活动途经布鲁塞尔前往巴黎,然后又参观了科隆、海德堡、巴登-巴登、斯特拉斯堡,最后返回伦敦。1864年,库克的儿子——约翰·梅森·库克(John Mason Cook)正式参加了其父的旅游代理活动。1866年,约翰·梅森·库克负责组织该旅行社的第一个前往北美地区的旅游团。1869年,库克组织旅游者在尼罗河上乘蒸汽游船进行游览,同年还组织了其他一些包价旅游团,包括一个前往巴勒斯坦的旅游团和一个参加苏伊士运河开航仪式的旅游团。1870年,库克先后在布鲁塞尔、科隆、巴黎和维也纳建立了分公司。1871年,在原有旅行社的基础上,库克父子创办了托马斯·库克父子公司(Thomas Cook & Son),约翰·梅森·库克成为旅行社的正式合伙人。

1872年,由于通过苏伊士运河前往远东的旅行需求巨大,库克在开罗开设了第一家办事处。同年9月26日,库克组织了第一个包价环球旅游团,从利物浦出发,整个行程约4万千米,共222天。1879年,约翰·梅森·库克采取了一个关键性步骤,在纽约市出版了其父在1851年编写的名为《远足者》的旅行产品目录,从而使他们的旅行社走进了国际市场。这样,旅行社便能够告诉法国、印度、澳大利亚、德国、亚洲、美洲和中东地区的旅游者有关其正在提供的旅行产品。到了19世纪末,托马斯·库克父子成为当时世界旅游市场上的领袖。

(二)近代旅行社业

继英国的托马斯·库克父子公司之后,欧美各国不断涌现出类似的旅行社组织。在欧洲,英国相继出现了登山俱乐部(1857年)和帐篷俱乐部(1885年),德国和法国则成立了观光俱乐部(1890 年)。在北美,美国运通公司于 1850 年从事旅行代理业务,并在 1891 年发售了第一张旅行支票,1915 年,该公司正式设立了旅行部。1916 年,旅行部组织了许多旅游团,其中包括分别前往远东地区和阿拉斯加的旅游客轮和前往尼亚加拉大瀑布和加拿大的包价旅游团。1922 年,美国运通公司开始经营通过巴拿马运河的环球客轮旅游。在日本,则相继成立了"喜宾会"(1893 年)和日本交通公社(1912 年)。20 世纪初,世界旅行社行业出现了美国运通公司(American Express)、英国托马斯·库克父子公司(Thomas Cook & Son)和以比利时为主的铁路卧车公司(Compagnie Internationale des Wagons-Lits et des Grands Express Europeans)三巨头,到 20 世纪 20 年代末,全球已有 50 多个国家开展了旅行社业务。

(三)现代旅行社行业

第二次世界大战结束后,随着各国经济的恢复和发展,人们的经济收入,尤其是可自由支配收入大幅度增加,使他们拥有了前所未有的旅行支付能力。20 世纪 60 年代以后,发达国家及一些经济发展比较迅速的发展中国家和地区普遍实行了带薪假期,人们有了更多的余暇时间,能够进行较长时间的旅游活动。此外,科学技术的发展和应用,尤其是交通工具的改善和预订网络的建立,极大地方便了人们的外出旅行。旅行环境的改善,史无前例地刺激了社会化大众旅游需求。而旅游需求的大量产生又反过来推动了旅行社行业的迅速成长。在第二次世界大战结束后至 20 世纪 80 年代初的 40 年里,旅行社的业务经营范围不断扩大,管理水平和服务质量明显提高,产业规模和营业额大幅度增长。1987 年,世界旅行社协会联合会(Universal Federation of Travel Agents Association)拥有 83 个国家的全国旅行社协会成员,代表 3 万多家旅行社和旅游企业。

20 世纪 80 年代后期以来,以欧美地区经济发达国家的旅行社行业为代表的国外旅行社行业开始从成长阶段向成熟阶段过渡,其显著标志是旅行社产业的集中化趋势不断加强,旅行社行业正在从过去以私人企业为主体、以国家为界限的分散的市场,逐步向以少数大企业集团为主体的国际化大市场发展,并通过价值链进行纵向整合。

(四)当代旅行社行业

进入 21 世纪,世界旅游业正朝着区域化、多样化趋势发展。旅游需求的个性化和数字化信息技术在旅行社行业中普遍应用,旅行社的发展进入了一个高效运转、网络经营、产品个性化的新时代,遍布全球庞大的国际性旅游服务销售网络已基本形成。

欧美国家旅行社数量基本稳定,旅行社业的发展进入到集约型的质量增长阶段,大公司进行跨国兼并及强强合作。以美国、德国、英国等国家的大型旅行社为主导的企业兼并、收购与战略联盟,使得发达国家旅行社的所有权发生了极大的变化,形成了一批能够对整个市场产生重要影响的旅行社行业巨头。如欧洲最大的旅游公司普鲁赛格集团以 18 亿英镑收购英国汤姆逊旅游集团,持有托马斯·库克旅行社 50.1% 的股份和法国最大的综合性旅游公司拉伏那斯·伏郎瑞斯公司 34.4% 的股票。美国卡尔森旅游集团与法国瓦根利特旅行公司合资购买了德国有 27 家分支机构的瑞斯布罗旅游公司。

随着世界经济全球化的发展,旅游者的消费意识发生了深刻变化,旅行社差异在加剧,轻资产和重资产企业间的分层出现,旅游企业的集中度有所提升,旅游市场向国内和周边集中,旅游行为向近程集中,产业链的掌控力向旅游平台集中,旅游数字化发展加速,旅游需求个性化和差异化发展明显,旅行社逐步调整更新市场营销,细分市场,提供多样化的旅游产品,发展核心产品,打造多元化产品体系。以美国为例,2012 年美国旅行社主要经营包价游、保险、游轮游、散客游、机票预订、酒店预订、租车服务、铁路预订等 8 个方面的旅游服务。而机票预订、酒店预订、游轮游、包价游这 4 项业务是旅行社销量最大、收入最多及佣金率最高的 4 项业务。作为新兴在线旅游领域领军企业的 Expedia,业务量约占全球在线旅游市场的1/3,其业务覆盖在线旅游消费多个环节。在线旅游消费生态循环系统由旅游点评、旅游激励、旅游计划、旅行搜索、旅行预订和旅游六个环节共同构成,并形成封闭循环,在抓住主营业务和核心能力后,适时地在产业链上下游进行拓展,逐渐从单一型向多元化形态转变,以适应休闲旅游的快速发展和与此相对应的产品的预订业务。而传统旅游运营商途易旅游采用的是"在线旅游+成本效益"的商业模式,强调满足个性化需求的旅游运营模式和在线住宿模式。这些旅游企业进一步深化垂直分工、建立战略联盟、加快信息化建设、加强风险管理。

三、中国旅行社行业的产生与发展

　　20 世纪 20 年代,中国开始进入早期资本主义化进程,交通运输业和新式旅馆等设施也随之发展,为人们的出行提供了便利条件。经济的发展必然促进出于各类目的外出人群的流动,客观上需要专门的旅行机构为其提供服务,我国近代旅行社业就是在这样的背景下产生和发展起来的。

(一) 中国旅行社行业的产生

　　20 世纪初期,我国旅游业为少数洋商所垄断,英国的通济隆、美国的运通和日本的国际观光局等在上海等地设立旅游代办机构,总揽中国旅游业务,但他们服务的对象只限于外国人和白领华人。1923 年 4 月,由陈光甫任总经理的上海银行正式呈文北洋政府交通部,提请代售火车票,办理旅行业务。按国际惯例,商业性旅行社的产生是一个国家近代旅游业诞生的标志。1927 年,经上海银行董事会开会研究,决定投资 5 万元(后增资至 50 万元),旅行部自立门户,6 月 1 日,正式改名"中国旅行社",并向国民政府交通部申请注册,经该部核准,于 1928 年 1 月拿到了第一号旅行业执照。其经营范围从 1923 年旅行部设立之初的代售国内外火车、轮船客票及旅行咨询,逐步扩大到车站、码头接送和转送、行李提取和代运、发行旅行支票、为国人办理出国及留学事宜,以及观光游览等业务,还创办了极具影响力的旅游刊物《旅行杂志》。1927 年至 1937 年,中国旅行社在客运服务的基础上又开辟了货运服务和招待所业务,分支社增加到 49 处,形成了覆盖全国并延伸到境外的服务网络。1937—1945 年,中国旅行社在自身资产和业务遭受巨大损失的同时,本着爱国和服务社会的经营宗旨,将协助民众战时流动和物资转移作为其主要职能。

　　中国旅行社的产生和发展,对我国近代旅行社业的发展具有极大的带动和示范作用,各地相继出现了一些地方旅行社及类似的旅游组织,如铁路游历经理处、公路旅游服务社、浙江名胜导游团、中国汽车旅行社、国际旅游协会、友声旅行团、精武体育会旅行部、萍踪旅行团、现代旅行社等,但规模都比较小,且适逢乱世,在历史上没有留下太大影响,大多在战乱中消亡了。它们是中国旅行社行业处于萌芽期的旅行社,承担了近代中国人旅游活动的组织工作。只有中国旅行社作为我国近代旅行社业的典型代表,以其不凡的经营理念和管理思想,为我国旅行社业的发展提供了宝贵的经验和借鉴。到1949年中华人民共和国成立前夕,受战乱及其他相关因素的影响,中国的旅行社业务活动已濒于停顿。

(二)中国旅行社行业的起步发展

中华人民共和国成立后,为了迎接海外侨胞和外国友人,在政务院的主导下设立了中国旅行社和中国国际旅行社两大旅行社系统,负责组织相应的接待工作。

1949年中华人民共和国成立后,旅行社行业开始逐步恢复和发展。1949年11月9日,厦门华侨服务社成立,是新中国的第一家旅行社。不久,福建的泉州、福州等地也相继成立了华侨服务社。1956—1957年,天津、沈阳、无锡、大连、长春、哈尔滨、抚顺、汉口、南京、苏州、上海、杭州、昆明等城市均建立了华侨服务社。1957年4月22日,华侨旅行服务社总社在北京成立,1974年更名为中国旅行社(简称中旅CTS),成为当时接待港澳台同胞、海外华侨及海外华人的专业旅行社。

为了做好接待一些国家自费旅游者来中国观光和度假工作,经政务院批准,中国国际旅行社总社于1954年4月15日在北京成立,同时在全国一些省会城市、直辖市和相关口岸城市成立了12家分(支)社,负责接待来华的外国自费旅游者。不久,国旅总社与苏联国旅签订了互换自费旅游者的合同(1956年)。1964年3月17日,中央决定,改组和扩大中国国际旅行社为旅游事业管理局,负责对外国自费旅行者在华旅行游览的管理工作,领导各有关地区的国际旅行社和直属服务机构的业务,并在7月22日设立中国旅行游览事业管理局,直属国务院领导,对外仍保留中国国际旅行社的名称,局、社合署办公。中国旅行游览事业管理局的局本部机构,经国务院同意,确定为行政单位。1965年,国旅总社与百余家外国旅行社建立了代理关系或有业务往来,接待自费旅游者人数首次突破万人大关,达12 877人。1966年,国旅总社的规模进一步扩大,其在国内各地的分(支)社发展到46个。1978年,国旅总社招徕接待外国旅游者人数首次突破10万人次大关,达到124 555人次。由于20世纪80年代以前,旅行社行业的初期发展相对漫长且艰难。虽然,继中国旅行社在上海诞生之后,中国的其他地方也出现了一些旅行社,但是,它们的业务开展得并不顺利,行业规模尚未形成。

在中国的旅行社行业发展初期,华侨服务社(即1974年以后的中国旅行社)和中国国际旅行社(简称国旅CITS)作为我国两大旅行社系统,通过长达20年的旅游接待实践,积累了一定的旅游接待经验,培养了相当数量的旅游业务人才,对旅行社的经营和管理进行了有益的探索,为我国日后的旅行社行业大发展奠定了良好的基础。但是,由于当时历史条件的限制,中国的旅行社行业没有得到充分发展的机遇,其发展的速度相对迟缓,呈现出典型的“政企合一”状态,与国外旅行社行业相比,其产业规模和经营业务的范围相对狭小,经营效益和管理水平亦相对落后。

（三）中国旅行社行业的初步增长

中国的旅行社行业在经历了近30年的探索之后，于20世纪70年代末开始了它的初步增长阶段。1979年11月16日，全国青联旅游部成立。在此基础上，中国青年旅行社（简称青旅CYTS）于1980年6月27日成立。根据国家旅游局的规定，此时全国只有国旅、中旅和青旅三家总社拥有旅游外联的权利，其中中旅主要接待外国来华的旅游者，中旅主要接待港澳台同胞和来华旅游的海外华侨和华人，青旅则主要接待来华的海外青年旅游者。三家旅行社通过在全国各地建立各自的分（支）社，形成了三个相互独立的旅行社系统，并造成了当时中国旅行社行业的寡头垄断局面。1980年，国旅、中旅和青旅三大旅行社系统所接待的海外旅游者占当年来华旅游的有组织海外旅游者总人数的80%，基本上垄断了中国的旅游市场。

为了促进我国旅游业的发展，适应旅游市场上出现的旅游需求变化，中央政府和旅游行政管理部门在这一时期出台了一系列有利于旅行社行业发展的法规和政策。1984年，国家旅游局决定将旅游外联权下放，授予一些地方的旅行社业务经营所必需的签证通知权，并允许更多的企业经营国际旅游业务。1985年5月11日，国务院颁布《旅行社管理暂行条例》，将全国的旅行社划分为第一类旅行社（简称一类社）、第二类旅行社（简称二类社）和第三类旅行社（简称三类社）等三大类型。这三类旅行社的分工明确：一类社经营对外招徕并接待外国人、华侨、港澳同胞、台湾同胞来中国、归国或回内地旅游业务；二类社不对外招徕，只经营接待第一类社或其他涉外部门组织的外国人、华侨、港澳同胞、台湾同胞来中国、归国或回内地旅游业务；三类社经营中国公民国内旅游业务。

《旅行社管理暂行条例》及相关旅游法规、政策的出台，打破了我国旅行社行业的寡头垄断局面，促进了旅行社行业的发展。经过数年的发展，到1989年，全国共有一类社61家，二类社834家，三类社722家。旅行社行业作为一个相对独立经济行业的局面已初见端倪。

（四）中国旅行社行业的行业调整

中国旅行社行业的行业调整始于20世纪80年代末，在行业初步增长阶段，旅行社行业迅速扩大，在一定程度上缓解了20世纪80年代初我国旅行社接待服务的供给不能满足急剧增长的旅游需求的矛盾，为适应当时我国旅游市场的发展起到了一定的积极作用。但是，旅行社行业的急剧扩大也引发了旅游市场混乱、服务质量下降、企业间恶性竞争等严重问题，招致国外的一些旅游中间商和一部分旅游者的抱怨和投诉，对中国旅行社行业在国际旅游市场上的声誉造成不良影响。

与此同时，20世纪80年代末至90年代底的国内外政治、经济等宏观环境因素的变化对当年乃至以后数年的中国旅行社行业产生了一定程度的冲击。1989年，中国接待的入境旅游者比上一年减少了22.7%，旅游外汇收入减少了17.2%。一方面，旅行社的数量持续增长；另一方面，旅游者的到访人数则开始下降，并由此造成旅行社接待能力超过旅游市场需求的局面，使整个旅行社行业陷入困境，暴露了旅行社经营的风险性和旅游产品的脆弱性特点（表1-1）。与此同时，全球的旅游市场上兴起了保护旅游者消费权益的潮流，对旅行社的经营方式和产品结构提出了挑战。国内外宏观环境和旅游市场的变化,要求我国的旅行社行业必须进行行业调整。

表 1-1　1978—2019 年入境旅游人数与国际旅游收入状况

年份	旅游人数/万人次	年增长率/%	国际旅游收入/亿美元	年增长率/%
1978	180.9	—	2.63	—
1979	420.4	132.39	4.49	70.90
1980	570.3	35.66	6.17	37.30
1981	776.7	36.19	7.85	27.30
1982	792.4	2.02	8.43	7.40
1983	947.7	19.60	9.41	11.60
1984	1 285.22	35.61	11.31	20.20
1985	1 783.31	38.76	12.50	10.50
1986	2 281.95	27.96	15.31	22.50
1987	2 690.23	17.89	18.62	21.60
1988	3 169.48	17.82	22.47	20.70
1989	2 450.14	−22.70	18.60	−17.20
1990	2 746.18	12.09	22.18	19.20
1991	3 334.98	21.44	28.45	28.30
1992	3 811.49	14.29	39.47	38.70
1993	4 152.69	8.95	46.83	18.70
1994	4 368.5	5.19	73.23	56.4
1995	4 638.65	6.19	87.33	19.25
1996	5 112.75	10.22	102.00	16.81
1997	5 759.79	12.63	120.74	18.37
1998	6 347.84	10.21	126.02	4.37
1999	7 279.56	14.68	140.99	11.88
2000	8 344.39	14.63	162.24	15.08
2001	8 901.3	6.67	177.92	9.67
2002	9 790.83	9.99	203.85	14.57
2003	9 166.21	−6.38	174.06	−14.61

年份	旅游人数/万人次	年增长率/%	国际旅游收入/亿美元	年增长率/%
2004	10 903.82	18.96	257.39	47.87
2005	12 029.23	10.3	292.96	13.80
2006	12 494.21	3.9	339.49	15.9
2007	13 187.33	5.2	419.19	23.5
2008	13 002.74	−1.4	408.43	−2.6
2009	12 647.59	−2.8	396.75	−2.9
2010	13 376.22	5.4	458.14	15.5
2011	13 542.35	1.2	484.64	5.8
2012	13 240.53	−2.2	500.28	3.2
2013	12 907.78	−2.5	516.64	3.3
2014	12 849.83	−0.4	1 053.8	10.4
2015	13 382.04	3.4	1 136.5	7.8
2016	13 844.38	4.3	1 200	5.6
2017	13 948.24	0.75	1 234.17	2.8
2018	14 119.83	1.23	1 271.03	2.9
2019	14 530.78	2.9	1 312.54	3.3

资料来源:国家统计局官网。

　　宏观旅游环境的变化、供大于求的旅游市场和旅行社之间残酷竞争的现实,推动我国的旅行社行业进入了行业调整阶段。由于经营困难、管理不善及对行业发展前景悲观等原因,一部分旅行社退出了行业,使旅行社的总量减少。1991年,全国一共有各类旅行社1 561家,比行业调整前的1989年减少了56家,下降幅度为3.5%。然而,在行业发展过程中出现的困境中,更多的旅行社经营者理性面对,认真总结了以往经营管理工作的经验教训,调整企业的组织结构和产品结构,开拓新的旅游客源市场,努力探索走出困境的途径。

　　经过不懈努力,旅行社行业终于顺利完成了行业调整,旅行社行业的经营管理水平、接待服务质量和市场开发、产品设计能力均较前一阶段明显提高,为即将到来的行业增长阶段奠定了坚实的基础。同时,宏观旅游环境也发生了有利的变化。首先,自1989年起,来自我国台湾地区和前苏联各国的旅游者人数急剧增长,为我国旅行社行业的发展提供了新的客源市场。其次,我国采取了一系列的有力措施,为旅行社行业调整产品结构和开拓新的业务经营范围提供了有利条件。1987年,国家首先开放辽东丹东口岸至朝鲜新义州一日游,并相继开放了中朝、中俄、中蒙、中哈、中越、中缅等边境旅游口岸。1990年,国家同意开办我国公民出国探亲旅游。1991年,第一个出国探亲旅游团队成行。自此,出境旅游市场开始形成,旅行社行业不仅获得了更为广阔的客源市场,而且提高了在国际旅游合作中的地位和影响力。随着我国国民经济的发展和人民生活水平的提高,国内旅游也出现了大幅度增长的良好势头。1994年,我国国内旅游人数达5.24亿人次,国内旅游收入达1 023.51亿元人民币。我国旅行社的经营范围由最初的单纯接待入境旅游者,发展成为入境、出境和国内旅游三大业务并举的局面,有力地促进了整个行业的发展。截至1994年底,全国共有各类旅行社4 382家,比1991年增加了2 821家,增长了1.8倍。

（五）中国旅行社行业的快速成长

经过调整,旅行社行业在20世纪90年代中期迎来了新的发展阶段,我国旅行社行业的宏观经营环境、旅游市场、行业规模和经营效益均发生了显著的变化。

（1）国务院、国家旅游局及相关部门相继出台了一系列的旅游法规和政策。1995年,国家旅游局颁布了《旅行社质量保证金暂行规定》和《旅行社质量保证金暂行规定实施细则》。1996年,国务院颁布了《旅行社管理条例》《旅行社管理条例实施细则》,调整了我国旅行社的分类,按照经营的业务范围将旅行社划分为经营入境旅游业务、出境旅游业务和国内旅游业务的国际旅行社和专营国内旅游业务的国内旅行社两大类型。1997年,国家旅游局颁布了《旅行社质量保证金赔偿暂行办法》《旅行社质量保证金赔偿试行标准》《旅行社经理资格认证管理规定》和《旅行社办理旅游意外保险暂行规定》。同年,经国务院批准,国家旅游局和公安部联合发布了《中国公民自费出国旅游管理暂行办法》。1999年,国务院颁布了《导游人员管理条例》。2001年,国家旅游局颁布了《旅行社投保旅行社责任保险规定》。2009年1月,国务院颁布了《旅行社条例》。同年,国家旅游局颁发了《旅行社条例实施细则》。2010年国家旅游局、中国保监会联合发布了《旅行社责任保险管理办法》。这些旅游法规的颁布和实施,为保障旅游者的合法权益,提高旅行社的服务质量和经营管理水平提供了法律依据,也为旅行社的经营和行业发展提供了良好的旅游法治环境。

（2）20世纪90年代中期以来,尤其是进入21世纪,我国国民经济进入快速发展的阶段,城镇和乡村居民的收入水平明显提高,并产生了强烈的外出旅游动机。国家实行的双休日制度和较长的节假日使人们拥有了较多的余暇时间,能够从事较长距离的外出旅游活动。民航部门增加班机和包机,铁路部门数次提速、全国高速公路网的建设以及大量新型旅行客车的生产为人们外出旅行提供了更大的便利。1998年以来,我国旅游市场上出现的春节、国庆节旅游黄金周,2008年取消五一长假,增加清明、端午、中秋节法定假日,节假日出游人数激增就是明显的例证。2010年,我国成为世界第二大经济体,人均可支配收入不断提升。这一切都推动了旅游市场的发展和繁荣,为旅行社的经营提供了大量的客源和增加了大量收入（表1-2）。

表1-2 2001—2019年出境旅游人数与旅游收入状况

年份	旅游人数/万人次	年增长率/%	旅游业总收入/亿人民币	年增长率/%
2001	1 213.31	15.9	4 995	0.15
2002	1 660.23	36.84	5 566	11.43

续表

年份	旅游人数/万人次	年增长率/%	旅游业总收入/亿人民币	年增长率/%
2003	2 022.19	21.8	2 308	-58.5
2004	2 885	42.7	2 675.64	15.9
2005	3 102.63	7.5	7 686	12.4
2006	3 452.36	11.3	8 935	16.3
2007	4 095.40	18.6	10 957	22.6
2008	4 584.44	11.9	11 600	5.8
2009	4 765.62	4.0	12 900	11.3
2010	5 738.65	20.4	15 700	21.7
2011	7 025	22.4	22 500	15.1
2012	8 318.17	18.4	25 900	15.2
2013	9 818.52	18	29 500	13.9
2014	11 659.32	18.7	37 300	26.4
2015	12 786	9.7	41 300	10.7
2016	13 513	5.7	46 900	13.6
2017	14 272.74	5.6	54 000	15.1
2018	16 199.34	13.5	59 700	10.5
2019	16 920.54	4.45	66 300	11.1

资料来源:根据国家统计局官网、文化和旅游部官网、历年中国旅游业统计公报中相关数据整理。

(3)旅行社行业规模快速扩大,经营效益逐年增加。2012 年,全国纳入统计范围的旅行社共有 24 944 家,比上年末增长 5.3%,增加 1 254 家。2012 年全国国内旅游人数为 29.57 亿人次,同比增 12.0%,旅游总收入 2.57 万亿元,出境旅游人次 0.83 亿,入境人次 1.32 亿,全国旅行社资产总额 839.55 亿元,各类旅行社共实现营业收入 3 374.75 亿元,营业税金及附加 14.71 亿元(表 1-3)。2021 年,全国一共有旅行社 42 432 家,比上年末增长 4.3%,国内旅游总人次 32.46 亿,同比增长 12.8%,国内旅游收入(旅游总消费)2.92 万亿元,同比增长 31.0%,按照旅行社填报系统数据显示,全年全国旅行社营业收入 1 857.16 亿元。中国旅行社行业规模的扩大和经营效益的增长,使旅行社的旅游服务供给能够更好地满足国内外旅游市场上日益增长的旅游需求。

表 1-3 我国旅行社数量

年份	旅行社总数	增长量	年增长率/%
2000	8 993	—	22.75
2001	10 532	1 539	17.11
2002	11 552	1 020	9.68
2003	13 361	1 809	15.65
2004	14 927	1 566	11.72
2005	16 245	1 318	8.83
2006	17 957	1 712	10.5
2007	18 943	986	5.5
2008	20 110	1 167	6.2
2009	20 399	289	1.4
2010	22 784	2 385	11.7
2011	23 690	906	4
2012	24 944	1 254	5.3
2013	26 054	1 110	4.4
2014	26 650	596	2.3
2015	27 621	971	3.6
2016	27 939	318	1.2
2017	29 717	1 778	6.4
2018	37 309	7 592	25.5
2019	38 943	1 634	4.4
2020	40 682	1 739	4.5
2021	42 432	1 750	4.3

资料来源:根据文化和旅游部官网、历年中国旅游业统计公报中的相关数据整理。

(六)中国旅行社行业的转型发展

2010 年以来,旅行社面临的市场环境发生变化:一是自由行正从小众走向主流旅游方式,中国旅游研究院、携程旅游 2013 年发布的《中国自由行发展报告》显示,中国的散客旅游比例已接近发达国家水平,其市场容量远远大于团队旅游;二是以移动互联网、大数据为代表的信息技术的发展带来的旅行社商业模式的变化;三是国家颁布实施了《中华人民共和国旅游法》,修订《旅行社条例》,对旅行社的经营管理做出了明确的规定。2015年3月5日,《政府工作报告》正式提出"互联网+"计划,旅行社业也进入了借助于互联网改写传统旅游格局的新篇章。在线旅游推动了传统产业的转型升级,为中国旅游业发展带来新的格局。2017年修订的《旅行社条例》"先照后证"政策降低了经营旅行社的准入门槛,加快了旅游创业者和投资者取得市场主体资格的速度,也为旅行社的发展提供了较为宽松的环境。

旅行社服务对象在不断扩大,从旅游者向旅行者扩展,经营业务范围不断扩大,旅游服务向异地化生活服务发展,旅行社的产品由传统观光游产品向休闲度假、个性化定制产品等方向发展。在线旅行服务保持强劲增长,渗透率不断提高,快速发展,先后出现多家大型在线旅游企业,如携程网、艺龙网、同程旅游网、去哪儿网、途牛旅游网等,并通过投资、并购、重组、融资等资本活动,提升发展活力。从2010年开始,众多OTA进入烧钱模式争夺市场份额的时期,大型OTA依靠资本市场,以补贴、营销为导向抢占市场份额,通过上市融资扩张资本,重塑商业化模式,力争向上游资源端的拓展,如酒店、景区等实体经济的运营;介入实体零售网络和终端,纷纷开启门店以及体验店等,如携程、途牛、驴妈妈、同程等都大规模向线下门店进军;开始向国际进军,争取更广阔的市场,如飞猪、携程等龙头企业纷纷加入国际在线旅游的竞争;转型进入B2B领域和供应链领域,避免B2B市场的激烈竞争;旅游垂直领域发展迅速,跨行业跨界竞争压力出现,如滴滴、京东、今日头条等流量巨头开始布局旅游垂直领域,百度地图、百度糯米、手机百度三大移动入口全面推行与在线旅游相关服务的接入,携程也实现了与百度糯米、百度外卖等其他业务板块的协同。而线下旅行社加大信息技术的应用,加大平台投入拓宽渠道,获得更多客户资源,如春秋旅游网借助信息化向平台转型。

2020年以来,旅游行业进行了一次洗牌,也加速了旅行社谋变、创新与转型。旅游直播成为旅游重启增长的重要引擎,旅游产业链上下游的根基和业态已经发生质变,旅游消费习惯与心理更加多元。各类旅游企业组织直播,很多企业CEO、资深产品经理亲自上阵,开启旅游直播营销,构建了新型旅游生态;传统旅游走向"旅游生活+",旅游企业通过社交平台及电商平台,开展各种商品分销以赚取佣金,将闲置的资源激活变现;很多旅行社重新对产品进行改造和升级,针对游客的消费特点开发新型旅行产品,提升旅行体验,提高旅游质量;旅行服务更加专业化、碎片化,除了全包价旅游线路,也要针对高端精品酒店的住宿产品、网红餐厅的美食预订、博物馆的深度讲解、徒步穿越向导服务等深度挖掘;大型的有实力的旅行社向旅游景区运营等重资产方向拓展,中小型旅行社则利用自身优势偏重整合度假产品运营权等轻资产;旅行社深耕目的地运营,不再满足已有资源的组合,成立目的地营销公司,成为旅行内容的生产者和原创者,利用自身专业优势联合目的地政府打造旅游形象、创新旅游产品。

第二节　旅行社的概念和性质

一、旅行社的概念

旅行社是为人们旅行提供服务的专门机构,它在不同国家和地区有不尽相同的含义,而且不同国家和地区的法律对旅行社的性质也有不同的规定。

(一)国外关于旅行社的定义

世界旅游组织给出的定义为"零售代理机构向公众提供关于可能的旅行、居住和相关服务,包括服务酬金和条件的信息。旅行组织者或制作批发商或批发商在旅游需求提出前,以组织交通运输,预订不同的住宿和提出所有其他服务为旅行和旅居做准备。"

在欧洲,其通用的定义为:"旅行社是一个以持久营利为目标,为旅客和游客提供有关旅行及居留服务的企业。这些服务主要是出售或发放运输凭证;租赁公共车辆,如出租车、公共汽车;办理行李托运和车辆托运;提供旅馆服务、预订房间,发放旅馆凭证或牌证;组织参观游览,提供导游、翻译或陪同服务以及提供邮政服务。它还提供租赁剧场、影院剧服务;出售体育盛会、商业集会、艺术表演等活动的入场券;提供旅客在旅行逗留期间的保险服务;代表其他驻国外旅行社或旅游组织者提供服务。"

在日本,旅行社被称为旅行业,根据日本《旅行业法》第二条规定:"旅行业是指收取报酬、经营下列事业之一者"(专门提供运输服务,即对旅客提供运输服务,而代理签约者除外)。

(1)为旅客提供运输或住宿服务,代理签约、媒介或介绍的行为。

(2)代理提供运输或住宿的服务业,为旅客签约提供服务或从事媒介的行为。

(3)利用他人经营的运输机构或住宿设备,为旅客提供运输或住宿服务。

(4)附随于前三款行为,为旅客提供运输及住宿以外的旅行有关服务,代理签约、媒介或介绍的行为。

(5)附随于第一款至第三款的行为,代理提供运输及住宿以外的有关服务业,为旅客提供服务而代理签约或媒介的行为。

(6)附随于第一款至第三款的行为,引导旅客,代办申领护照及其他手续,以及其他为旅客提供服务的行为。

(7)有关旅行的一切咨询行为。

(8)对于第一款至第六款所列的行为代理签约的行为。

(二)中国对旅行社的定义

1. 旅行社

国务院 2009 年 1 月颁布的《旅行社条例》规定:旅行社是指从事招徕、组织、接待旅游者等活动,为旅游者提供相关旅游服务,开展国内旅游业务、入境旅游业务或者出境旅游业务的企业法人。

(1)广义概念

购买、开发旅游供应商的产品,为旅游者实现安全、便利的空间移动提供服务的机构或组织。

此定义包括:传统旅行社(组合多项旅游产品,出售旅游线路),在线旅游服务(通过互联网和呼叫中心直接销售机票和客房等产品),中介组织(出境旅游服务)。

(2)狭义概念

旅行社是具有营利性质的,从事相关旅游业务(代办、招徕接待、安排食宿、有偿服务)的企业。

此定义存在一些问题,如一些企业或非企业组织(旅游网站、自驾车远足俱乐部、出境中介及票务代理、商务服务公司、地方外事机构及老干办),其从事的是旅游业务,但性质不是旅行社,因而无法像合法旅行社满足注册资金、质量保证金等要求及旅游行政管理部门的行业监督。

2. 在线旅行社

它是一种网站或在线服务,指"旅游消费者通过网络向旅游服务提供商预定旅游产品或服务,并通过网上支付或者线下付费,即各旅游主体可以通过网络进行产品营销或产品销售"。向客户销售与旅行相关的产品,这些产品可能包括酒店、航班、旅行套餐、活动和汽车租赁。

由以上可以看出,虽然对旅行社的定义不同,但都包含了两个共同的特征。

(1)提供与旅行有关的服务,是旅行社的主要职能。

(2)以营利为目的,决定了旅行社的企业性质。

二、旅行社的性质

对旅行社的概念进行进一步分解与深化,可以得到一些有关旅行社的基本特性。

(1)旅行社具有服务性

从行业性质来讲,旅行社属于服务业,其主要业务是为旅游者提供服务,包括吃、住、行、游、购、娱等方面,全方位地为旅游者服务。旅行社可以为旅游者提供单项服务,也可以将各项服务组合成包价旅游产品提供给旅游者。旅行社的服务性是经济效益和社会效益的双重体现,是一个国家、一个地区形象的代表之一,因而旅行社行业被称为"窗口行业"。

(2)明确旅行社的主要业务是旅游业务

无论旅游官方组织联盟还是各国或地区的相关法律法规都明确规定,旅行社的主要经营业务是旅游业务。这是旅行社性质的另一个重要内容。旅行社在相关法律法规所规定的业务范围内,开展宣传促销,组织旅游者,并根据旅游者的要求安排食宿、交通工具、活动日程、提供导游讲解和旅途中的生活照料等项服务。在我国,旅游业务主要包括4个方面的内容:①为旅游者代办出境、入境和签证手续;②招徕和接待旅游者;③向旅游者提供导游服务;④为旅游者安排交通、游览、住宿、餐饮、购物、娱乐等活动。

由此可以看出,旅行社的经营业务必须是旅游业务,或者以旅游业务作为主要的经营业务。这意味着旅行社在其整个经营过程中,应该将其主要精力和资源用于为旅游者及相关的旅游产品购买者提供各种旅游服务产品,而不是用于其他业务的经营。因此,有关部门在对旅行社进行考核时,必须兼顾其企业性质和旅游业务为主营业务的性质,不仅考核其经营收入、利润、纳税额等经济指标,而且考核其所招徕或接待的旅游者人数、人天数等指标。这样,才能够全面准确地了解和掌握旅行社的经营状况和经营效果。

(3)旅行社具有营利性

旅行社是一个以营利为目的的独立企业法人,这一点是所有企业的共性,也是旅行社的根本性质。从旅行社的定义中我们可以看出:"旅行社是以营利为目的,从事旅游业务的企业。"旅行社的最终目的是追求利润最大化,它是一个独立自主、自负盈亏的企业,具有营利性的特点。无论我国的《旅行社条例》,还是世界上多数国家、地区或旅游组织均认为旅行社是具有经营自主权,能够独立承担民事责任的独立经济实体。旅行社依照相关法律,在工商管理部门进行注册登记,进行合法经营。作为企业,旅行社向旅游者或其他需要旅游产品的企业、单位提供旅游服务产品,并获取利润。旅行社也可以通过代销其他旅游企业的产品获得佣金。在经营过程中,旅行社要做到自主经营、自负盈亏、自我约束和自我发展。如果旅行社在较长的一段时间内,不能够从它的经营活动中获得一定的利润,则旅行社将无法生存,只能倒闭破产。旅行社的企业性质还决定了它拥有完全的经营权、管理权,在用工、财务等方面拥有充分的自主权利。只要旅行社依法经营,照章纳税,任何政府部门及其人员均不得对其经营和管理进行干涉,也不得参与其经济利益的分配。

(4)旅行社还具有中介性

旅行社作为一个企业,本身并没有更多的生产资料,要完成其生产经营过程,主要依托各类旅游目的地的吸引物和各个旅游企业及相关服务企业提供的各种接待服务设施。所以,旅行社作为一个中介性的服务企业,主要依附于客源市场、供应商和其他协作单位来完成其生产销售职能。也就是说,旅行社是旅游消费者与旅游服务供应商之间的桥梁与纽带,所以它具有中介性。

第三节 旅行社的行业特征和职能

一、旅行社的行业特征

根据旅行社的定义和性质可以概括出旅行社的行业特征如下。

(一)服务性

在旅行社行业中,服务劳动起着主体的作用。旅行社通过其导游员、门市接待员、旅游服务采购人员等的服务劳动向旅游者提供旅游过程中所需的各种旅游服务。旅行社提供给旅游者的服务既包括直接服务,也包括间接服务。直接服务是指旅行社的导游员面对面地向旅游者提供旅行生活服务和导游讲解服务。间接服务则包括旅行社的采购人员提供的各种单项旅游服务代办、旅行社行李员提供的行李运送服务等。

旅行社行业的服务性特点,要求旅行社必须坚持服务的规范和标准,制定和实施规范化的服务规程,以保证其服务内容和程序的确定性、一贯性,并符合国家及行业的相关质量标准。同时,旅行社还应该在规范化服务的基础上,提供个性化的服务,以便更好地满足不同旅游者的个性需求。因此,旅行社应该培训并鼓励员工做好适合旅游者需要的超规程服务。

(二)劳动密集性

劳动密集性是指单位劳动占用的资金数量较少,或资本有机构成较低的那一类型的经济活动。旅行社行业具有劳动密集性的特点。首先,除少数大型旅行社外,绝大多数的旅行社所拥有固定资产数量和价值均很小。旅行社经营所依赖的主要资源是其员工,工资性支出占其全部经营成本支出的比重很大。其次,旅行社行业属于第三产业,是以提供劳务产品为主的服务性企业。旅行社的生产活动主要通过其员工的人工劳动完成,很少使用机器等设备。因而,旅行社对资金的需求量较小,而对劳动力的需求量相对较大。最后,旅行社的主要收入来源是其员工提供的劳务,如导游服务、单项旅游服务项目的代办等。因此,旅行社是典型的劳动密集型企业,劳动密集性是旅行社行业的一个显著特点。

(三)智力密集性

旅行社的主要业务之一是为旅游者提供旅行生活服务和旅游景点导游讲解服务。这是一项复杂的脑力劳动,要求工作人员有广博的知识和较高的文化素质。旅行社的经营成功与否,在很大程度上取决于它所拥有的员工的知识水平和工作能力。因此,无论是旅行社的管理人员、导游人员,还是产品设计人员和旅游服务采购人员,都必须接受过比较系统的专业教育,具有较强的学习能力和知识的运用能力,必须具有较高的旅游专业知识、管理专业知识和文化知识。从事入境旅游和出境旅游业务的旅行社员工,还必须能够熟练地运用至少一门外国语。我国的有关法规也对旅行社的管理人员和导游人员的学历作出了明确的要求。事实上,尽管与旅游发达国家相比,我国的旅行社从业人员的受教育程度相对较低,但是却仍然高于我国的多数其他行业从业人员的受教育水平。同时,我国每年不断加大从业人员的教育和培训,提升其学历知识结构。

(四)季节性

季节性是指旅行社行业在经营中具有比较明显的淡季和旺季。旅行社行业的季节性特点是由旅游市场上的旅游需求的季节性所导致的。一是旅游目的地的自然气候条件。旅游活动受自然气候条件的影响较大,一般来说,气温适宜的季节有利于吸引大量的休闲旅游者前来观光、度假等,而严寒、酷暑等恶劣气候则不利于旅游者的旅游活动。二是旅游客源地的休假制度。充足的余暇时间是旅游活动的前提条件之一,在节假日期间,人们外出旅游的时间成本较小,而在平时,人们外出旅游的时间成本则较大。旅游需求的旺季和淡季就是在以上两个因素的共同作用下产生的。

旅游需求的季节性使旅行社行业的经营活动呈现出明显的淡季和旺季的差异。由于旅行社行业的供给在短期内为刚性,而旅游市场上的旅游需求的弹性却很大,从而导致在旅游旺季时,旅行社受接待能力的限制,面对蜂拥而至的旅游者,却往往只能满足其中一部分人的需求,无法接待更多的旅游者,从而失去了赢得更多收入的机会。相反,到了旅游淡季,随着前来的旅游者人数锐减,又造成旅行社的接待能力闲置和各种旅游资源的浪费。

(五)关联性

旅行社行业是旅游产业链中的下游行业,它与位于同一产业链中的交通行业、住宿行业、餐饮行业等上游行业及其他行业之间存在着一种相互依存、互利互惠的合作关系。这种合作关系导致了旅行社行业的关联性。旅行社行业的经营和发展,与其他旅游行业及相关行业的经营和发展应是均衡和同步的。无论旅行社行业的发展超越还是落后于其他行业,都会使其蒙受损失。因此,旅行社必须在确保自身利益的前提下,与其他旅游行业及相关行业保持密切的合作关系,以保障旅游者在旅游活动过程中各个环节的衔接与落实。事实上,旅行社行业与相关行业之间的关系是一种互补性关系,而非竞争性关系。

(六)脆弱性

旅行社行业受旅游需求和旅游供给两个方面的影响和制约,具有比较明显的脆弱性特点。其主要表现在:因为旅行社的产品具有较大的替代性和需求弹性,可替代性强,所以,多数旅行社产品价格的涨落或质量的升降都可能造成旅游客源和经营效果的大起大落。外部环境对旅游者的消费行为具有显著的影响,经营的敏感性大。例如,国际政治与国家间关系的变化,经济的繁荣与萧条,物价与汇率的升降,战争、灾害、恐怖活动等不安全因素的发生,都可能导致旅游客源市场的需求产生迅速而明显的上升或下降,或者造成大量旅游者从某个旅游目的地转移到其他旅游目的地,从而给旅行社的经营带来意想不到的影响。2021年全年的旅行社总数中,通过省级文化和旅游行政部门审核的有31 578家,这一数据比2020年减少了9 104家,缩减比例约为22.3%。2021年旅行社组团国内游人次达到7 857.6万人次,恢复至2019年的44.5%左右,出入境组团游则全年处于停滞状态。旅行社产品的生产和销售受其上游企业的供给状况的影响较大。一旦上游企业对旅行社的供给发生变化,就可能导致旅行社产品的成本和价格产生剧烈的变动,从而造成旅行社经营上的不确定性,并影响旅行社的经营效果及在旅游市场上的形象与信誉。

二、旅行社的职能

旅行社的最基本职能是设法满足旅游者在旅行和游览方面的各种需要,同时协助交通、饭店、餐馆、游览景点、娱乐场所和商店等旅游服务供应部门和企业将其旅游服务产品销售给旅游者。具体地讲,旅行社的职能可分为以下 5 个类型(表1-4)。

表 1-4　旅行社基本职能主要表现形式

旅行社基本职能	主要表现形式
生产职能	设计和开发包价旅游产品和组合旅游产品
销售职能	销售包价旅游产品和组合旅游产品;代销单项旅游服务产品
组织协调职能	组织各种旅游活动;协调与各有关部门/企业的关系
分配职能	分配旅游客源和旅游收入
提供信息职能	向有关部门/企业提供旅游市场信息;向旅游者提供旅游目的地、有关部门/企业及其产品的信息

(一)生产和组合职能

旅行社的生产职能是指旅行社设计、开发和组合包价旅游产品、组合旅游产品的功能。旅行社根据其对旅游市场需求的判断或者根据旅游者及其他希望购买旅游产品的企业、单位(如旅游中间商)的要求,设计和开发出各种包价旅游产品和组合旅游产品,并向相关的上游企业或部门购买各种服务,并将这些服务按照产品的设计要求组合成具有不同特色和功能的包价旅游产品。

旅行社是否具有生产职能,一直是旅游学术界争论的问题。一些学者认为,旅游产品都非旅行社自行生产,而是由不同的旅游供应商提供的,旅行社只不过根据旅游者的需求,将这些旅游产品经过重新设计或组合,转手销售,旅行社不直接生产旅游者所需的产品。作者认为,这种看法不能够全面、准确地反映出旅行社所生产的旅游产品的本质。从旅行社产品的本质上看,旅行社的产品与制造业企业生产的实物产品是一样的。一方面,旅行社从相关企业或部门采购的各种旅游服务,只是构成某个旅行社产品的"零散部分",是旅行社产品的"生产原料",而非产品本身。这种采购与制造业企业采购原材料的活动是一样的。另一方面,尽管从产品形态上看,旅行社所生产的产品属于服务范畴的无形产品,但是这种产品和制造业企业生产的实物产品一样,都具有满足购买者的某种需要的产品功能。因此,旅行社确实具有生产和组合职能。

(二)销售职能

旅行社的第二个基本职能是销售职能。这种职能主要体现在两个方面。一是旅行社在旅游市场上向旅游者及其他旅行社产品的需求者销售其设计和生产的包价旅游产品和组合旅游产品。二是旅行社充当其他旅游企业(部门)及其他相关企业(部门)与旅游者之间的媒介,向旅游者代售这些企业(部门)的相关产品,如代订客房、交通票据等。这些代办业务构成旅行社的单项旅游服务产品,是旅行社的重要经营业务之一。

与其他旅游企业不同,旅行社的销售职能具有多功能性的特点,即旅行社不仅销售其自身生产的产品(包价旅游产品、组合旅游产品等),而且还代售其他旅游企业及相关的其他企业的产品(代订客房、餐饮、交通票据等)。许多旅游产品正是通过旅行社这个销售渠道进入旅游市场,销售给旅游者及需要旅游产品的其他企业、单位。换言之,旅行社不仅是其自身产品的主要销售渠道,而且是许多其他旅游企业及相关企业的重要销售渠道。旅行社在满足旅游者需求,拓宽各种旅游产品销售渠道和增加旅行社及其他旅游企业、单位的产品销售量方面发挥着重要作用:它一方面能够满足旅游者的需求;另一方面能够使旅游产品更顺利地进入消费领域。

(三)组织协调职能

组织协调职能是旅行社的第三个基本职能。由于旅行社提供的包价旅游产品、组合旅游产品等不仅包含交通、住宿、餐饮、游览、娱乐、购物等旅游服务产品要素,而且往往还会涉及海关、边防检查、卫生检疫、外事、侨务、公安、交通管理、旅游行政管理等政府机关所提供的公共产品。当购买旅行社产品的旅游者开始消费该产品,即开始其旅游活动后,旅行社千方百计地确保整个旅游过程能够按照事先同旅游者达成的旅游协议顺利进行,提高旅游者对旅行社及其产品的满意度。

因为旅行社产品的质量对其他旅游企业及相关企业、部门产品质量的依赖程度很高,所以,旅行社必须协调同有关企业和部门的关系,在确保各方利益的前提下,衔接和落实整个旅游活动过程中的各个环节。另外,旅行社还要经常组织各种大型旅游活动或专业旅游活动,以满足旅游者的需要。因此,旅行社要在各种旅游活动中进行大量的组织工作。在许多情况下,旅行社的产品质量和旅游者对旅行社及其产品是否满意,在很大程度上取决于该旅行社的组织协调能力。

(四)分配职能

旅行社在整个旅游行业的产业链中处于下游地位,这意味着它必须向其产业链中处于上游地位的各种旅游企业或部门及相关的企业和部门购买各种"原材料",即构成其包价旅游产品和组合旅游产品的各种旅游要素。旅行社不仅通过其采购上游企业和部门的产品而向它们提供旅游者付给旅行社的费用,而且还向它们提供客源,从而使旅游者在那些企业和部门进一步消费,为它们增加新的收入。另外,旅行社代办交通、饭店客房、餐饮及其他服务预订的单项旅游服务业务,也是提供这些服务的企业和部门获得收入的一种途径。

然而,由于目前许多地方的旅游服务企业、部门及相关的企业、部门所提供的旅游设施设备水平和服务的质量及价格差别较小,尤其是同档次的旅游设施之间的差别更是微乎其微,从而给出行经验较少的初次出游者造成一定的选择困难。于是,他们往往求助于旅行社,请旅行社帮助他们选择饭店、餐馆、地方接待旅行社、旅游交通工具,甚至推荐一些游览景点。同时,旅行社在组织包价旅游和组合旅游时,也会根据其对旅游服务设施的了解进行选择。由于旅游服务设施及其他相关的服务设施的供给往往大于旅游市场上的需求,所以,旅行社可以根据旅游者的需要及旅行社的判断进行比较充分和自由的选择。旅行社对旅游服务设施及相关服务设施的选择,必然会引导旅游者客源及消费支出的流向。因此,旅行社的选择实际上是对旅游客源和旅游收入的一种分配。这就是旅行社的分配职能,它对于旅行社的上游企业的收入具有重要的影响。换言之,旅行社对旅游客源和旅游收入的分配职能是一种兼顾旅游者、旅行社、相关旅游企业和部门及其他企业和部门各方面利益的基本职能。

(五)提供信息职能

任何旅游企业都具有向旅游者提供产品信息的职能。但是,旅行社作为旅游产业中的一种特殊企业,其提供信息的职能却与其他类型的旅游企业不尽相同。旅行社不仅向旅游者提供有关产品的信息,而且还向其他旅游企业提供旅游者的消费需求信息。换言之,旅行社提供的信息的流向是双向的。造成这种特殊的信息流动方式的原因是旅行社产品具有地理上的不可转移性特点。一般来说,旅行社的产品在进入流通领域后,其本身仍固着于原定的地点方位上,旅游者只能到旅游产品的生产地点进行消费。

旅行社产品的地理不可转移性特点导致了旅游市场上的双重信息不对称。一方面,位于旅游目的地的住宿、餐饮、交通、景点、商店、娱乐场所等旅游要素的提供者在旅游者到达前,无法直接接触到旅游者,因而无法及时和准确地了解和掌握旅游者在旅游需求方面的最新变化。另一方面,旅游者在抵达旅游目的地之前,也无法确切地了解其将要消费的产品。换言之,提供旅游服务的多数旅游企业缺乏旅游需求的准确和全面的信息,而作为旅游服务产品消费者的旅游者又难以获得旅游供给的准确信息。由于旅游市场上信息的双向不对称,既容易造成旅游产品难以适销对路,也可能影响旅游者对旅游服务的满意度,从而成为困扰旅游企业和旅游者的难题。

旅行社的独特地位使其能够成为帮助其他旅游企业和部门及旅游者获得各自所需要的信息,从而解决旅游市场上信息的双重不对称问题。因此,旅行社提供信息的职能主要体现在两个方面:一方面,旅行社作为旅游产品重要的销售渠道,始终处于旅游市场的最前沿,熟知旅游者的需求变化和市场动态,这些信息若能及时提供给各相关部门,会对他们的经营管理具有指导意义,而相关部门经营的改善和服务质量的提高无疑也有利于旅行社自身的发展;另一方面,旅行社作为旅游业重要的销售渠道,应及时、准确、全面地将旅游目的地各相关部门最新的发展和变化情况传递到旅游市场去,促使旅游者购买。

由此可见,提供信息也是旅行社的一项基本职能。这种职能在沟通旅游需求和旅游供给两方面的信息能够发挥重要的作用。

第四节　旅行社的设立和基本业务

《旅行社条例》和《旅行社条例实施细则》中对旅行社的设立作出了明确的规定,必须满足一定的条件并向有关部门提出设立申请。

一、旅行社设立的条件

根据《旅行社条例》和《旅行社条例实施细则》的规定,申请设立旅行社,经营国内旅游业务和入境旅游业务的,应具备以下条件。

(一)固定的营业场所

建立旅行社需要固定的营业场所,这种场所可以是住较长的一段时间里能为旅行社所拥有或使用,而不是短期内频繁变动的营业场所,旅行社营业场所既可以是旅行社自己拥有的固定资产,也可以是旅行社从其他单位租用的营业用房。不同的旅行社可根据自己经营范围的不同、业务量的大小选定足够自己正常营业的用房。

(二)必要的营业设施

旅行社必要的营业设施包括传真机、直线电话机、电子计算机等办公设备,这三种办公设备是旅行社开展旅游业务经营活动所必需的基本条件,没有这些现代化的办公设备,旅行社难以在竞争日益激烈的市场条件下生存下去。而对业务用车没有限制。

(三)一定量的资金

1. 注册资本

《旅行社条例》规定经营国内旅游业务和入境旅游业务注册资本不少于30万元。旅行社取得经营许可满两年,且未因侵害旅游者合法权益受到行政机关罚款以上处罚的,可以申请经营出境旅游业务。

2. 质量保证金

旅行社自取得旅行社业务经营许可证之日起3个工作日内,应在国务院旅游行政主管部门指定的银行开设专门的质量保证金账户,存入质量保证金,或者向作出许可的旅游行政管理部门提交依法取得的担保额度不低于相应质量保证金数额的银行担保。经营国内旅游业务和入境旅游业务的旅行社,应存入质量保证金20万元。经营出境旅游业务的旅行社,应当增存质量保证金120万元。质量保证金的利息属于旅行社所有。旅行社每设立一个经营国内旅游业务和入境旅游业务的分社,应向质量保证金账户增存5万元。每设立一个经营出境旅游业务的分社,应向质量保证金账户增存30万元。

二、旅行社经营管理者的职业要求

(一)从业动机

旅行社的管理人员不同于普通的员工,他们是企业经营活动的组织者和管理者。他们对待旅行社的态度将对整个企业的发展产生举足轻重的影响。因此,他们必须具有正确的从业动机。因为人们的行动总是由一定的动机引发并指向一定目的的,所以,从业动机的正确与否,往往影响着旅行社管理人员对企业经营成果和发展方向的态度。旅行社的管理人员必须端正其从业动机,热爱旅游事业和乐于为广大的旅游者提供质量高、价格公平、数量充足的旅游服务产品,并通过对旅行社的理性决策,凭借高质量的专业化服务和有效的经营管理,追求企业长期的最大利润,并在此基础上,促进旅行社的发展和壮大。

(二)知识结构

旅行社的经理人员应具有与其职务及所负责的经营管理责任相适应的知识结构,以便能够胜任管理岗位。因为旅行社的经营业务涉及许多领域,所以其管理人员必须具有相对于其他旅游企业管理者更加广泛和更高层次的知识结构。旅行社的管理人员不仅应具有广博的旅游业务经营和企业管理知识,还应具有相当丰富的旅游知识及相关的文化知识。他们应该不仅熟悉国家的宪法、经济法、民法等法律法规知识,尤其应该熟悉并掌握国家有关旅游发展的法规和政策。此外,他们还应该具有较高的旅游学、经济学、市场学、心理学、管理学等知识水平,并拥有丰富的旅游常识和历史、地理及主要客源国(地区)的民俗风情知识。

(三)工作能力

1.决策能力

旅行社经营管理的过程,实际上就是不断决策的过程。旅行社管理人员是否具有较强的科学决策能力,他们所作出的经营管理决策是否符合旅行社和旅游市场的实际,直接影响到旅行社的经营效果、管理效率和发展前景。因此,旅行社的管理人员必须以科学的管理理论为指导,运用科学的决策方法和民主的决策程序,作出符合旅游市场的客观实际和具有旅行社经营管理特点的科学决策。他们既要善于就产品设计与开发、与客户谈判策略、旅游团队接待、旅游售后服务等日常经营管理问题作出战术性决策,更要善于就旅行社的经营目标、经营战略、市场选择、人事安排、资本运作等涉及全局性重大问题做出战略性决策。换言之,旅行社的管理人员的科学决策能力,是必须具备的最重要的工作能力,也是旅行社的正常运转和良性发展的重要保障。

2.业务开拓能力

旅行社处在竞争激烈的行业,不仅其经营与发展受到宏观环境和行业环境的影响极大,而且其所面对的市场需求也在不断地变化。因此,旅行社的管理人员必须具有较强的业务开拓能力,经常地推陈出新,不断地进行业务开拓,通过开拓新的市场和生产新的产品来赢得市场,以维持和提高企业的核心竞争能力,在日趋激烈的市场竞争中立于不败之地。

3.应变能力

旅行社的经营受到外界不确定因素的影响较大,如旅游者取消预订、旅游供应商违约、自然灾害等不可抗力事件的发生等,均会导致旅行社无法完全履行其与旅游者或者其他客户之间所签订的旅游合同,所制订的旅游计划也经常因各种客观原因而被迫变更。因此,旅行社的管理人员必须善于应变,妥善解决经营中的种种不测,指导工作人员在变化中最大限度地满足旅游者的要求,以维护旅游者和旅行社的合法权益,赢得旅游者的信任和青睐,提高旅行社在旅游市场上的声誉。

4. 交际能力

旅行社的基本职能之一是组织协调职能。旅行社的管理人员不仅要像其他企业的管理者那样,必须协调好企业内部的各种人际关系,而且还必须妥善地协调好与其他旅游企业和部门及相关的企业和部门的关系。另外,旅行社的管理人员还必须处理好与旅游者的关系。因此,旅行社的管理人员必须能够理解与之打交道的各种类型的人,同他们保持良好的工作关系和个人关系,进行成功的合作。

(四)身心条件

旅行社的经理人员应当具有良好的心理品质和健康的身体。心理品质包括工作热情、耐心与决心、乐观的态度和自我控制能力。旅行社经理人员对工作的热情会直接感染其周围的人们,从而使旅行社的工作人员热衷于自己所从事的事业;旅行社的经理人员有无耐心和决心,将直接导致成功和失败两种截然不同的结果;乐观的态度对于像旅行社这样充满变化、业务淡旺季反差巨大的行业来说是必不可少的;而自控能力是旅行社经理人员成功地指挥和激励下属的前提。健康的身体则是旅行社业务特点的直接要求。

(五)从业经验

旅行社的管理人员不仅需要具备较高的管理理论知识水平,还必须拥有比较丰富的从业经历和旅行社的经营管理经验。一般来说,他们应该至少在旅游接待、产品设计与开发、产品销售及旅游服务采购等主要业务部门中的任何一个部门从事过一定时间的专业工作和管理工作,并积累了一定的实际业务操作和管理经验。他们应该熟悉旅行社的旅游接待与导游服务、产品设计与开发、产品价格的制定与产品的销售、旅游服务采购等方面的业务流程,熟悉旅行社各部门和岗位的质量标准。这样,他们才能够比较得心应手地管理整个旅行社的经营与开发活动。

三、旅行社的类别

由于不同国家和地区旅行社行业的发展水平和经营环境不同,世界各国和各地区在旅行社的分类上有很大的区别。

(一)中国旅行社类型

1. 中国内地分类

在我国内地,旅行社的分工分类是随着旅游业的发展而逐步变化的。

第一次分类是源于1985年公布的《旅行社管理暂行条例》,旅行社分为一类社、二类社、三类社。一、二类社为国际旅行社(其中一类社可经营出境旅游、入境旅游和国内旅游,二类社可经营入境旅游和国内旅游),三类社为国内旅行社,只能经营国内旅游。

第二次分类是根据1996年国务院颁布的《旅行社管理条例》,将旅行社分为国际旅行社和国内旅行社两类,出境旅游为部分国际旅行社的特许经营业务,有特许经营出境旅游业务的国际旅行社相当于原来的一类社,一般的国际旅行社相当于二类社,国内旅行社相当于三类社。

第三次分类是根据2009年国务院颁布的《旅行社条例》,此时将旅行社划分为国际旅行社和国内旅行社两类已不具备任何意义。因而,将旅行社分为经营国内和入境旅游业务的旅行社和经营国内、出入境旅游业务的旅行社。边境旅游业务适用《边境旅游暂时管理办法》的规定。

2. 中国台湾地区的分类

一般分为三种:综合旅行业、甲种旅行业、乙种旅行业。

综合旅行业主要业务:接受委托代售岛内外海陆空运输业务之客票,或代旅客购买岛内外客票、托运行李;接受旅客委托,代办出入境及签证手续;接受岛内外观光游客,并安排导游、食宿及旅游;委托甲种旅行社代理招揽前款业务;代理外国旅行社办理网络、推广、包价等业务;经主管部门核定与岛内外旅游有关的事项。

甲种旅行业主要业务:接受委托代售岛内外海陆空运输业务之客票,或代旅客购买岛内外客票、托运行李;接受旅客委托,代办出入境及签证手续;接受岛内外观光游客,并安排导游、食宿及旅游;自行组团安排旅客出岛观光旅游、食宿及有关服务;经主管部门核定与岛内外旅游有关的事项。

乙种旅行业主要业务:接受委托代售岛内海陆空运输业务之客票、或代旅客购买岛内客票、托运行李;接受本岛观光游客岛内旅游、食宿及提供有关服务;经主管部门核定与岛内外旅游有关的事项。

(二)国外旅行社类型

1. 欧美国家旅行社的分类

常见的划分法有三分法和二分法。三分法是按业务范围将旅行社划分为旅游经营商、旅游批发商和旅游零售商。二分法则是将旅行社划分为旅游批发商和旅游零售商,忽略旅游经营商和旅游批发商的差别。

(1)旅游批发商(Tour Wholesaler)

旅游批发商是一种从事旅游产品的生产、组织、宣传和推销旅行团业务的旅行社组织。根据旅游者的需求和相关部门的实际情况设计旅游产品,交给零售商去推销,一般不直接向公众出售旅游产品。

(2)旅游经营商(Tour Operator)

旅游经营商是指以编排、组合旅游产品为主,也兼营一部分零售业务的旅行社。他们的旅游产品大部分由零售商出售,有时也代售其他旅游经营商的产品。

(3)旅游零售商(Tour Retailer)

旅游零售商(或旅游代理商 Travel Agent)是指直接向个人或社会团体宣传和推销旅游

产品,具体招徕旅游者,有的也负责当地接待的旅行社。旅游零售商是联系旅游经营商和旅游批发商与旅游者之间的桥梁与纽带,其收入全部来自销售佣金。

值得一提的是旅游批发商与旅游经营商之间的区别。旅游批发商一般不从事零售,而旅游经营商则经常通过其零售机构销售旅游产品;旅游批发商通常通过购买并组合现成的服务形成新的包价,而旅游经营商通常设计新产品并提供自己的服务;旅游批发商一般不从事实地接待业务,而旅游经营商则相反。

2. 日本旅行社的分类

在 1996 年以前,日本旅行社采取的是一般旅行社、国内旅行社和旅行社代理店的混合分工体系。1996 年 4 月 1 日起实施新的《旅行业法》,以旅行社是否从事主催旅行业务为主要标准,将日本的旅行社重新划分为第 Ⅰ 种旅行社、第 Ⅱ 种旅行社和第 Ⅲ 种旅行社三种。

根据日本的界定,主催旅行相当于我们所说的包价旅游,它是指"旅行业者事先确定旅游目的地及日程、旅游者能够获得的运送及住宿服务内容、旅游者应对旅行业者支付的代价等有关事项的旅游计划,通过广告或其他方法募集旅游者而实施的旅行"。

(1)第 Ⅰ 种旅行社

这类旅行社可从事国际旅行、国内旅行和出国旅行三种业务,主要是开展对外旅行业务。这类旅行社的规模都比较大。

(2)第 Ⅱ 种旅行社

这类旅行社可从事国内旅行(包括接待部分到日本国内旅行的外国人)业务。

(3)第 Ⅲ 种旅行社

这类旅行社可作为一般旅行社的代理店,从事与其相同的业务。

四、旅行社的基本业务

各旅行社在类别、业务规模和目标市场等各方面的不同,决定了其业务的差异。但是,如果仔细剖析旅游者从产生旅游动机到旅游活动结束的旅游决策和消费的全过程,我们不难发现,旅行社可以有效地作用和服务于旅游者旅游决策与消费的全过程,旅行社的业务范围也就由此形成。

旅行社通过市场调研及时了解旅游者的旅游动机,从而有针对性地设计旅游产品;而在旅游者搜集信息时,旅行社应适时地开展旅游促销活动,提供优质的咨询服务,使旅游者方便地获得旅行社产品信息,以质优价廉的旅游产品吸引旅游者购买。旅行社在销售产品后,向相关部门购买各种旅游服务,落实各个旅游环节,并在旅游者到来时进行周到细致的接待服务,解决旅游者需要服务的所有问题。最后,旅游者结束旅游活动时,旅行社还应提供售后服务,解决遗留问题,并保持与旅游者的联系。

上述分析使我们对旅行社的业务范围有了大致的了解,它涉及市场调研与产品设计、产品促销、旅游咨询服务、产品销售、旅游服务采购、旅游接待和售后服务等,由此我们可以归纳出旅行社的基本业务。

（一）按照旅行社市场运作流程划分

旅行社的基本业务可以分为产品开发、产品销售、旅游服务采购、服务接待等业务流程。

1. 产品开发业务

按照旅行社业务操作流程,其第一项基本业务是产品开发。旅行社的产品开发业务包括产品设计、产品试产与试销、产品投放市场和产品效果检查评估4项内容。首先,旅行社在市场调查的基础上,根据对旅游市场需求的分析和预测,结合本旅行社的业务特点、经营实力及各种旅游服务供应的状况,设计出各种能够对旅游者产生较强吸引力的产品。其次,旅行社将设计出来的产品进行小批量的试产和试销,以考察产品的质量和旅游者对其喜爱的程度。再次,当产品试销成功后,旅行社便应将产品批量投放市场,以便扩大销路,加速产品投资的回收和赚取经营利润。最后,旅行社应定期对投放市场的各种产品进行检查和评价,并根据检查与评价的结果对产品做出相应的完善和改进。

旅行社的产品就是旅行社出售的能满足旅游者一次旅游活动所需的各项服务或服务组合。产品是旅行社赖以生存的基础,没有产品,旅行社的经营就无从谈起。旅行社的产品开发中,旅游线路的设计是最关键的。旅行社通过对旅游者消费需求的了解,在结合旅游资源赋予与旅游设施配置的基础上,合理地对资源进行配置与整合,这就是旅游产品的开发过程。

2. 产品销售业务

旅行社产品销售业务是旅行社的第二项基本业务,包括制定产品销售战略、选择产品销售渠道、制定产品销售价格和开展旅游促销4项内容。首先,旅行社应对其所处的外部环境和企业内部条件进行认真分析,确定企业所面临的机会和挑战,并发现企业所拥有的优势及存在的弱点。在此基础上,旅行社制定其产品销售战略。其次,旅行社根据所制定的产品销售战略和确定的目标市场选择适当的产品销售渠道。再次,旅行社根据产品成本、市场需求、竞争者状况等因素制定产品的价格。最后,旅行社根据其经营实力和目标市场确定和实施旅行社的促销战略并选择适当的促销手段以便将旅行社产品的信息传递到客源市场,引起旅游者的购买欲望,推销出更多的产品。

在旅行社对旅游产品进行开发以后,基于旅游产品的无形性所导致的不可转移性和不可储存性的特点,决定了旅游产品不可能以实物的方式进入市场,也决定了消费者不可能预先知道旅游产品的质量,所以对于旅行社来说,旅游产品的促销活动非常重要。要使旅游消费者知晓、熟悉、认同、购买本企业的产品,旅行社需要开展各种形式的宣传促销活动,从而影响旅游者的购买行为。同时,在日益激烈的旅游市场竞争中,旅行社也需要通过促销活动来提高产品的知名度,在市场中获得商机。

产品只有在销售后才能实现其价值并给企业带来利润,所以,产品的销售对于企业来说是至关重要的。没有销售,企业的存在就等于零。旅行社在选择目标市场以后,要根据目标市场的特点和自身的经营实力选择适当的销售渠道,并采取灵活的价格策略把产品推向市场,促使旅游者购买。特别是由于旅游产品本身的特点,其销售环节就显得更为重要,所以旅行社对销售渠道的依赖性是非常明显的。

3. 旅游服务采购业务

在旅行社把旅游产品销售出去以后,旅行社就需要向各相关部门购买各种旅游服务。旅游采购业务是指旅行社为了生产旅游产品而向有关旅游服务供应部门或企业购买各种旅游服务项目的业务活动。旅行社的采购业务主要涉及交通、住宿、餐饮、景点游览、娱乐和保险等部门。采购业务会直接影响旅游产品的成本与质量,旅行社如何协调好与有关各方的关系是非常重要的。

4. 服务接待业务

旅行社的服务接待过程是最终使产品销售得以完成的过程,也就是旅行社的直接生产过程。由于旅行社产品的特殊性,即生产与消费的同步性,旅行社提供服务的过程,也就是旅游者消费旅游产品的过程。在这一过程中,导游所提供的服务直接影响到旅游者对旅游产品的认识与评价,因此,服务接待过程是非常重要的。这一过程不仅在旅游者参与旅游活动的过程中,而且会一直持续到旅游活动结束后。所以,旅行社还应该做好售后服务工作,解决遗留问题,消除不良影响,保持与旅游者的联系。旅行社接待业务的水平决定着旅游者对旅游产品的整体印象,也决定了旅行社的总体水平,是旅行社最有代表性的基本业务。

（二）按旅游者组织形式来划分

1. 团体接待业务

团体旅游接待业务是旅行社根据事先同旅游中间商达成的旅游合同或协议,向旅游团队提供接待服务,最终实现包价旅游的生产与销售。团体旅游接待业务由生活接待服务和导游讲解服务构成。

2. 散客旅游业务

散客旅游业务是相对于团体旅游的一种旅游产品,是一项以散客旅游者为目标市场的旅游服务业务。散客旅游业务包括单项旅游服务业务、旅游咨询业务和选择性旅游服务业务。

（三）按旅游者的空间活动范围划分

大致可分为国际旅游业务和国内旅游业务。

国际旅行社的具体业务有:

(1)招徕外国旅游者来华旅游,港澳台同胞来大陆旅游,并为其安排交通、住宿、购物和导游等服务。

(2)组织国内外旅游者出境或去港澳台旅游,并安排交通、游览和委托接待服务。

(3)招徕国内旅游者在境内旅游,并为其安排交通、游览、住宿、购物和导游等服务。

(4)组织国内旅游者在境内旅游,并安排领队和委托接待服务。

(5)为旅游者代办出入境和签证手续。

(6)为旅游者代办票务和行李服务。

（7）文化和旅游部批准的其他业务。

国内旅行社的具体业务有：

（1）招徕国内旅游者在境内旅游，并为其安排交通、游览、住宿、购物和导游等服务。

（2）组织国内旅游者在境内旅游，并安排领队和委托接待服务。

（3）为旅游者代办票务和行李服务。

（4）文化和旅游部批准的其他业务。

【实训项目】

项目名称：绘制中国旅行社行业历史进程图

项目内容：小组绘制中国旅行社行业产生、发展及成长的历史进程及现状图

项目要求：要求能涵盖中国旅行社行业产生、发展、成长及现状所有过程，要顺序准确、思路清晰。

项目流程：

1. 实训前学生熟悉中国旅行社行业产生、发展、成长特点。

2. 将全班学生分为若干组，课上完成小组任务。

3. 在教师指导下，学生按顺序提交绘制的图。

4. 对完成绘制中国旅行社行业产生、发展、成长及现状图的小组表现进行评价，并提出建议。

【复习与思考】

一、名词解释

1. 旅行社

2. 旅游销售业务

二、简述题

1. 旅行社产生的条件是什么？

2. 简述国外旅行社行业的主要成长历程。

3. 中国旅行社行业成长经历了哪些阶段？

4. 国际官方旅游组织联盟对旅行社是如何定义的？

5. 旅行社的行业特点是什么？

三、分析题

1. 分析当前我国旅行社基本业务的范围和特点。

2. 分析旅行社行业的职能。

【延伸阅读】

美国运通公司

美国运通公司（American Express）是国际上最大的旅游服务及综合性财务、金融投资及信息处理的环球公司，是反映美国经济的道琼斯工业指数30家公司中唯一的服务性公司，

创立于1850年,总部设在美国纽约。以"成为全球最受尊崇的服务品牌"为企业愿景,"信任""安全"和"服务"是美国运通品牌精神。主要通过美国运通旅游有关服务,美国运通财务顾问及美国运通银行三大分支机构营运。美国运通旅游有关服务(American Express Travel Related Services),是世界最大的旅行社之一,在全球设有1 700多个旅游办事处。美国运通旅游有关服务向个人客户提供签账卡,信用卡以及旅行支票,同时也向公司客户提供公司卡和开销管理工具,帮助这些公司在管理公干旅行、酬酢以及采购方面的开支,公司还向世界各地的个人和公司提供旅游及相关咨询服务。2020年1月,福布斯2020全球品牌价值100强发布,美国运通公司排名第28位。

1918年,美国运通公司已在上海成立代表处,发展业务,凭借其已有的服务机构和正在发展的合作项目,在中国建立了一个最广泛的旅游和财务服务网络,是最早在中国为其全球客户提供服务的公司之一。1979年美国运通公司在北京成立了第一个代表处,此后分别在上海、广州和厦门开设了代表处,并有中国国际旅行社(国旅)办事处作为其旅游代理,遍布全国各地。2003年1月,美国运通公司与国旅总社拓展在中国大陆的旅行代理处,网络为美国运通持卡会员和客户提供休闲旅游服务;2020年6月13日,美国运通和连连数字科技有限公司的合资企业——连通(杭州)技术服务有限公司获得中国人民银行颁发的"银行卡清算业务许可证",成为国内首家,也是目前唯一一家获得"银行卡清算业务许可证"的外卡组织。

资料来源:美国运通公司_百度百科

第二章
旅行社产品的开发

【本章导读】

旅行社产品开发与设计是旅行社在竞争激烈的市场中赖以生存和发展的基础,也是旅行社获取利润的关键途径。本章通过对我国旅行社产品概念、特点和类型的分析,提出旅行社产品开发、创新、组合与采购的相关概念、原则和程序等。在学习本章时,学生要注意了解旅行社产品的类型和开发原则,掌握旅行社产品的开发程序与创新方法。

【学习目标】

1. 通过学习旅行社产品的概念、特点与类型,理解旅行社产品开发的重要性。
2. 通过学习旅行社产品开发的原则、程序和产品创新的方法,学会设计旅行社产品方案,培养学生创新、创造、创意的专业技能。
3. 通过学习产品的组合和采购,培养学生旅行社产品开发与采购的能力。

【关键术语】

旅行社产品;生产和消费的同一性;不可储存性;旅行社产品组合;旅行社产品采购

【本章导入】

这几年,人们的出游半径缩短,跨省游急剧收缩,近程与本地游成为主体,广之旅立足于本土客源研究游客需求,紧贴近程、散客、体验为主的市场需求,积极推动本地游产品的供给侧改革,专注提升国内游产品的品质。

一是深挖本地丰富的旅游资源,积极参与文旅部门主办的"广东人游广东""广州欢迎你""农民丰收节"等引客入粤活动,先后推出近百条"财富之路""走读广州""广州欢迎你"等城市本地游产品,满足美好生活新需求。为了进一步深耕本地市场,自2020年起,广之旅总部及各分支机构开始研发"走读广州"系列旅游产品,并持续升级。2021年推出的"广州欢迎你"线路涵盖了广州历史、科技、夜游、工业、红色文化、非遗文化、乡村文化、美食文化等不同元素,紧扣城市发展脉动,全方位展示广州城市文化魅力;"走读广州"产品系列涵盖"商都溯源""南越千年""楚庭新貌""粤韵西东""红棉岁月"五大精华主题,以步行方式深入广州大街小巷,带领游客深度领略岭南特色文化,以高质量的城市深度旅游产品吸引国内外游客感受广州城市魅力,助力打造广州文化旅游品牌。上述举措的实施取得了显著成果,2021年广之旅省内游产品营收同比增长30%。

二是打造鲜明的产品主题和旅游IP,提升产品吸引力。例如:围绕乡村振兴,加快产品创新供给,广之旅以"丰收"为主题,推出"收获美食""收获时鲜""收获健康""收获美景""收获新知"的五大产品主题包装,通过深度体验乡村之美、农家之乐吸引眼球;以研学和亲子游系列产品打造"广学邦""补嬉社"旅游IP,通过植入精品课程,如英语观鸟课程、马术课程、配音课程等,让孩子在旅游的过程中有所学,通过接触不同的领域,发掘及培养孩子的兴趣爱好,提升他们各方面的综合能力。

三是服务升级,提升客户出行体验。广之旅推出了"一家一团""精品小团"等高品质定制化产品,占跟团游产品总量的15%。在市内不同区域开设上车点,让周边居民"出发就在家门口","家门口"的城市中央微度假及亲子游产品持续"走红",露营产品成功"出圈",其组织的"旅游+志愿服务"更是成为广东旅游新风尚。

资料来源:根据《广之旅的纾困发展探索:一主多元,创新求变》整理。

思考:通过案例说明现代旅行社提供的旅游产品有哪些? 具有什么特点?

第一节　旅行社产品概述

一、旅行社产品的概念

旅行社产品是旅行社企业一切经营活动的核心。在旅行社的实际运行过程中,旅行社产品既包括整体或综合的旅游服务,也包括零散或单项的旅游服务,还包括介乎两者之间任意组合的旅游服务。但是,更多的情况下,旅行社提供给旅游者的是由食、住、行、游、购、娱各种要素构成的"组合产品",因此,旅行社产品的概念在相当大的程度上便与旅游产品的概念重合。

旅行社产品作为一种特殊的产品,相关的定义很多,目前还没有一个统一的说法。狭义的旅行社产品是指旅行社提供的能使旅游者消费的各种单项服务,如预订酒店、预订机票、代办签证等。广义的旅行社产品是指旅游者参加旅行社组织的从离开客源地或居住地开始旅游到结束旅程返回出发地所包括的全部内容,是一系列综合性的服务项目,它满足旅游者整体性的需要,而非某种单项需要。如"长城文化遗产探访之旅""禅茶一味·品茗问道之旅""魅力新疆民俗风情游""运河文化游""古埃及探秘之旅"等。

另外,还可以从旅游经营者(供给)、旅游者(需求)等不同角度对旅行社产品的概念进行阐述。

(一)旅游消费者角度

从旅游者的消费角度来看,旅行社产品是指旅游者支付了一定的金钱、时间和精力后所获得的满足其旅游欲望的一种经历。旅游者在旅游行为的全过程中,对所接触的事物和所接受的服务的综合性感受,强调旅游者用货币和时间价值换取的是一种体验[①]。

(二)旅游经营者角度

旅游经营者提供给旅游者在旅游过程中综合需求的服务,这种旅游服务是与有一定使用价值的有形物结合在一起的服务。只有借助于一定的资源、设施、设备,旅游服务才能得以完成。可见,旅行社产品是指旅游者在旅游过程中,旅行社为满足其需要,凭借一定的旅游吸引物向旅游者提供的各种有偿服务。

(三)市场需求角度

旅行社产品,是旅行社考虑到市场需求,为游客提供的各类产品的总称。它以固化形态的产品包的形式出现,将旅行社的各项承诺与服务融入其中。在旅行社的各类产品中,旅游线路产品为旅行社的基础产品,因而常常被用来特别指代旅行社的产品。

二、旅行社产品的特点

旅行社产品不同于一般的物质产品,它是一种以无形服务为主体内容的特殊产品。因此,旅行社产品具有一般服务产品的共同特性,同时又具有自己独特的产品特点。

(一)生产和消费的同一性

旅游业与其他产品生产行业有一定的区别,一般产品在从生产、流通到最终消费的过程中,往往要经过一系列的不同环节,其生产与消费的活动在时空上是分离的。旅游产品的生产和消费常常同时发生,密不可分,旅游生产者提供产品给旅游者之时,也就是旅游者消费产品之时,两者往往在一个过程中完成,在时空上不可分离。由于旅行社产品最主要的形式是服务,并在一系列的服务过程中,旅游者与服务者必然直接发生联系,因而服务过程即生产过程,也就是消费的过程。也正是由于服务型产品具有不可分离性,使得旅游者只有而且必须到旅游目的地、在旅行社提供的服务和产品生产过程中才能最终消费到产品、享受服务。这个特性使旅游产品与一般消费品表现出巨大的差异,也给旅游产品的开发与管理带来了严峻的考验。

(二)无形性

旅游者在购买旅游产品时通常对旅游交通、住宿、景点价值及旅行社的导游服务等有形或无形产品并无完全了解,只有一个通过媒介宣传和相关渠道介绍所获得的综合印象。旅游产品的使用价值只有在旅游者完成旅游消费后才能逐步体现。旅游产品不是单一的有形商品,而是以有形的设施和空间及无形的时间和劳动向旅游者提供的各种服务。旅游产品的这一特性表明,在资源等级、出游距离及景区类型类似的市场竞争圈内,真正提高旅行社

---

① 陈书洁.我国旅行社产品开发的现状分析[J].旅游经济,2005(11):155-156.

竞争力的环节在于提升服务质量,即对无形产品的创新和升级,也就是如何为消费者提供更好的途中讲解、团队用餐、友谊合作等良好服务。

(三)不可存储性

正如其他服务类产品一样,旅游产品的生产和消费仅限于当次使用。首先,从产品本身出发,每个旅游产品的消费具有有效期限。如果旅游者没有在规定时间内进行有效消费,旅游产品的价值也不会按照旅游者意愿保留下来。其次,站在旅游经营者,即旅行社角度来看,每条旅游线路都有其生命周期和淡旺季,旅游产品的自身价值不会随着淡季游客人数的减少而降低,但是旅行社却会因为某条旅游线路的淡季而受到影响,那么,此期间为生产该种旅游产品所付出的资源相对于平季或旺季将会产生经营差额,并且损失的价值由于时间推移永远也得不到补偿,旅游产品无法实现对应时间上的交换价值。

(四)季节性

旅游的季节性是指旅游者外出旅游时间的选择和旅游接待地企业经营业务上所体现的明显淡旺季差异性。旅游产品作为旅游活动的载体,同样具有明显的季节性特征。在特定时间段,游客流向、流量因为旅游产品本身的差异集中于一年中的不同时段,它反映了现代旅游产品的差异性,同时也体现了客源市场的偏好。旅游产品的季节性主要表现在产品销售时间上分布的不平衡。旅游产品的季节性最终将导致旅游业的经营在一年内接待旅游人数有周期性的变化并出现明显的淡旺季,这种变化也反映在每月和每周当中①。

(五)综合性

综合性,又称为整合性,是旅游吸引物具有的将各种现实的潜在的单项实物产品和服务性产品聚合统一为完整的旅游产品的特点②。旅游产品的整合性可以从以下三个方面来诠释:第一,明确了旅游吸引物在旅游产品的综合中所具有的支配地位和决定性作用,指出了旅游产品的内在聚心力。第二,体现了旅游产品的“综合性”,既反映出旅游产品构成的丰富多样性,又显示了旅游业的行业和部门关联的广泛性。由于所涉及的行业多,且单项服务产品的主导权又不在自己的掌控中,因此,旅行社产品在其组合过程中只是部分地利用或暂时地利用,不排斥其他旅游行业和其他社会单位对其旅游产品和社会公共产品的利用。第三,揭示了旅游产品的巨大包容性或开放性。在旅游吸引物的聚合作用下,新兴产品更易进入旅游产品大家庭,从而表明,旅游业是最具发展潜力的产业。旅行社旅游产品的整合需要分析产品的组合尺度,包括旅行社具有多少条不同的产品线、产品组合中的品目总数、产品线中每一产品有多少品种以及各条产品线在最终用途、生产条件、分销渠道和其他方面相互关联的程度等因素。

---

① 李团辉,段凤华.浅析旅游季节性表现及成因[J].桂林旅游高等专科学校学报,2006(02):137-140.
② 喻小航.旅游产品特点的新视角——论旅游产品的本质特征[J].西南师范大学学报(人文社会科学版),2002(02):60-64.

三、旅行社产品的类型

我国学者对旅游产品的构成和种类做了比较细致的研究。对于旅行社而言,旅游产品相对于传统商品具有不可感知性(Intangibility)、不可分离性(Inseparability)、差异性(Heterogeneity)及不可储存性(Perishability)[①]。旅游产品可划分为观赏旅游、度假旅游、商务旅游、会议旅游、奖励旅游、探亲旅游、专业旅游、修学旅游、探险旅游等产品类型。也有学者认为可根据旅游六要素将旅游产品划分为餐饮服务、旅游住宿、旅游交通、观光游览、旅游购物、旅游娱乐等产品种类。

产品是什么?产品是指能够提供给市场,被人们使用和消费,并能满足人们某种需求的任何东西,包括有形的物品、无形的服务、组织、观念或它们的组合。产品一般可以分为三个层次,即核心产品、形式产品、延伸产品。结合产品定义,从游客需求出发,我国旅游产品大致可分为以下形式的产品。

(一) 以观光旅游为主的核心产品

观光旅游是我国及其他国家最为主要的一种旅游形式,如观赏异国异地的风景名胜、人文古迹、城市美景及其风土人情等都属于观光旅游范畴。观光型旅游产品品种繁多,适合不同层次、不同偏好的旅游者,在市场上拥有很大份额,是旅行社的主要客源市场。旅游者通过观光游览可达到离开惯常环境、增长知识、拓宽眼界、陶冶情操的目的。

(二) 以度假旅游为主的形式产品

度假旅游是指出于疗养目的或摆脱日常工作和生活环境造成的身心紧张,而去具备度假条件的海滨、山区等环境优美的地方放松一段时间的旅游活动。由于日益增长的城市生活压力,度假旅游深受都市居民的喜爱,并逐步成长为旅行社拓展客源市场的主要领域。度假旅游产品的开展通常依托自然风光等观光型资源,进行设计和开发,如依托动植物、天然疗养资源、历史文物古迹等有形旅游资源进行产品包装和路线设计。

现代度假旅游地可追溯到西班牙的3S(阳光、海洋、沙滩)海滨度假游。20世纪后期度假旅游逐渐从传统的度假旅游地向城市周边扩展,如90年代在成都兴起的"农家乐",则是度假旅游产品向城市进军的典型。度假旅游相对于传统观光旅游来讲层级较高,主要体现为旅游消费较高。近年来,随着人们生活质量的提高,出现了野营度假地、汽车野营、蜜月旅游等度假产品,并受到旅游市场的追捧。

从时间上划分,度假旅游产品可划分为长期度假产品(通常不少于1个月)、中期度假产品(如7日游、10日游等)、短期度假产品(指周末游);从出行距离,度假旅游产品可划分为近郊旅游产品(城市周边区域的旅游)和外地旅游产品(异地旅行);从旅游者的旅游偏好来看,度假旅游产品还可细分为观光度假产品、疗养度假产品、休闲度假产品、运动度假产品、探险度假产品、养生度假产品等类型,根据客源市场需求的划分最有利于旅行社定位目标市

[①]　贺学良.现代旅行社经营管理[M].上海:复旦大学出版社,2003.

场和产品形象。

（三）以旅游需求为平台的延伸产品

旅游需求是指人们为了满足离开惯常环境的欲望,在一定时期内,愿意并能够以一定货币支付能力购买旅游产品的数量。简言之,就是旅游者对旅游产品的需求。旅游需求最能反映旅游者对旅游产品的购买欲望和购买能力,是旅行社研发新型产品或更新现有旅游产品的依据。旅游产品体系不是一成不变的,旅行社根据市场需求的变化,在现有优势产品的基础上,不断开发产品的延伸体系,以实现利润最大化。

1. 会展旅游产品

会展旅游产品是会展业和旅游业发展的交集。城市会展的参会人员在时间允许的情况下,通常会产生旅游的需求。旅行社在发现潜在客源群体的需求后,通过对现有产品的有效整合和宣传,将会展参与者转化为当地城市的旅游者,为其提供旅游购物、餐饮住宿、游览休闲等的咨询与导游服务。会展旅游产品的开发通常依托各种博览会、展览会、发布会、招商会、展销会等不同性质展会的人气资源,开发出满足商务型、观光型、文化型旅游者为主的产品体系,已达到满足游客需求,拓展旅行社客源市场的目的。

2. 养生旅游产品

养生旅游起源于20世纪30年代的美国和墨西哥。目前养生旅游开发较为完善的旅游目的地主要是非传统欧美区域的发展中国家,而主要的客源市场则是欧美国家。例如保加利亚的中部旅游胜地,旧札哥拉矿物浴中心,其依托丰富的温泉和旁边风景优美的哥拉山,以古罗马浴池的尊贵享受为口号,提供温泉矿物浴和各种SPA养生,吸引大量的欧美游客。还有以色列的养生旅游,依托沙漠风光和矿物水体,提供例如印度瑜伽、中国太极、水中按摩、泰式按摩、反射疗法养生等多种养生手段。

随着康体型、疗养型、养生型旅游市场份额的增长,我国养生旅游产品拥有广阔前景,目前主要借鉴国外同类产品的开发模式,如度假村、温泉、矿物产品的开发。

知识小链接

中国死海

中国死海位于四川省大英县,是一个形成于1.5亿年前的地下古盐湖,其盐卤资源的储量十分丰富,由于其盐含量类似中东的"死海",人在水中可以漂浮不沉,故誉为"中国死海"。出口水温87摄氏度,含盐量高达22%,其中富含的钠、钾、钙、溴、碘等40多种矿物质和微量元素,经国家权威机构验证,对风湿关节炎、皮肤病、肥胖症等具有显著的疗效。据联合国教科文组织有关研究数据显示,人在死海中漂浮一小时,可以达到8小时睡眠的功效。

死海旅游度假景区倾情为游客打造了一个以"神奇漂浮"为主,结合现代水上运动、休闲、度假、保健等要素的水文化旅游度假胜地,景区占地超过1 000亩,于2003年10月开始正式对外营业。中国死海旅游度假区水上娱乐项目丰富多彩,走进中国死海,就置身于一个超脱于现实之外的梦幻世界——冲浪、V形滑道中国死海时尚康体中心里,动感单车、热瑜伽等是康体爱好者的绝佳健身项目;盐疗护理中心里的真正死海矿物泥及中国死海矿物盐的专业护理,更是爱美人士不可错过的至高享受。体验从浪尖坠下的惊悸和急流倾泻千里的畅快,尽情享受随波逐流的感觉。

资料来源:百度百科

3.探险旅游产品

探险旅游是以寻求一种新的体验为目的的旅游形式。这种旅游通常以奇特的自然环境为背景,而且总是伴随着一定可预知的或可控制的危险,是对个人能力的一种挑战。国外探险旅游的大规模开展始于第二次世界大战之后,它是在诸如吉普、帐篷、皮筏之类的军事设备被民用化的基础上发展起来。我国旅行社设计和开发的探险旅游产品主要依托森林、山地、海滩等远离人们正常生活场景的地理环境和自然资源进行探险产品体系的打造。探险旅游产品相对于常规旅游产品具有探险性、独特性和刺激性,需要较高的技术资源和安全保障设施的构建。

(四)其他分类

按照旅游产品包含的内容,可分为包价旅游、组合旅游和单项服务三种类型。

1.包价旅游

包价旅游是指旅游者在旅游活动开始前即将全部或部分旅游费用预付给旅行社,由旅行社根据同旅游者签订的旅行合同相应地为旅游者安排旅游途中的食、住、行、游、购、娱等活动。包价旅游又分为全包价旅游、半包价旅游、小包价旅游和零包价旅游。

(1)全包价旅游

全包价旅游指旅游者采取一次性预付旅行所有费用,将各种相关旅游服务全部委托一家旅行社办理的旅游形式。包括的主要费用有综合服务费、房费、餐费、城市间交通费、门票费和专项附加费等。参加旅游团的游客人数超过10人的,称为团体包价旅游;低于10人的称为散客包价旅游。全包价旅游是我国旅行社产品的主要形式。

(2)半包价旅游

半包价旅游是针对全包价提出的一种供不同需求旅游者选择的旅游产品形态。与全包价旅游相比,半包价旅游是指在全包价旅游所含项目中扣除餐费的一种包价形式。半包价旅游给予了旅游者更多样、更灵活的产品选择,有利于游客在旅游目的地自由选择用餐内容和方式。

(3)小包价旅游

小包价旅游又称可选择性旅游,它由非选择部分和可选择部分构成。非选择部分包括接送、住房和早餐,旅游费用由旅游者在旅游前预付;可选择部分包括导游、风味餐、节目欣赏和参观游览等,旅游者可根据时间、兴趣和经济情况自由选择,费用既可预付,也可现付。小包价旅游选择度较半包价旅游更大。

(4)零包价旅游

零包价旅游是一种独特的产品形态,多见于旅游发达国家。参加这种旅游的旅游者必须随团前往和离开旅游目的地,但在旅游目的地的活动是完全自由的,形同散客。参加零包价旅游的旅游者可以获得团体机票价格的优惠,并可由旅行社统一办理旅游签证。

2. 组合旅游

组合旅游是一种灵活包价的产品形态,介于团队旅游和散客旅游之间,也称为"分散进出,团体接待"。这种产品的经营者是旅游目的地旅行社,他们根据对旅游客源市场需求的调查和了解,设计出一批固定的旅游线路,并将这些线路的具体内容广泛通知客源市场的旅行社,由后者负责向旅游者推销,并按时将旅游者送到目的地,然后由当地事先确定的旅游目的地旅行社将他们集中起来组团旅游。购买这种产品的旅游者在指定的日期到达旅游线路的起始地点,由目的地旅行社将他们集中起来组团旅游,每团人数不限,改变了过去不足10人不能成团的做法。另外,旅游活动结束后,旅游团在旅游活动结束的地点解散,旅游者各自返回居住地。这种产品有利于把客源市场旅行商招徕的不够成团的零星旅客汇集起来,按团体等级收费,按预定日程接待。选择性强,参加旅游团灵活。

3. 单项服务

单项服务也称委托代办业务,是旅行社根据旅游者的具体要求而提供的具有个性化色彩的各种有偿服务。其服务对象主要是零散旅游者,但包价旅游团中个别旅游者的特殊要求一般也视为单项服务。旅游者需求的多样性决定单项服务内容的广泛性,其中常规性的服务项目有导游服务、交通集散地接送服务、代办交通票务和文娱票务、代订饭店客房、订餐、代办签证、会务安排、安排专项旅游活动等。

第二节　旅行社产品开发与创新

一、旅行社产品开发原则

旅行社产品对于旅行社,犹如旅游资源与旅游景区的关系,是旅行社赖以生存和发展的基础。没有了产品创新,旅行社将在激烈的市场竞争中逐步被淘汰。尽管旅行社产品种类繁多,更新较快,但无论哪种产品的开发,在投入资金和人力前,为避免资源浪费,实现各种效益最大化,必须遵守以下基本原则。

(一)以市场为导向,以消费者需求为切入点

在开发新产品前,旅行社必须将市场需求作为首要考虑因素,也就是对旅游者旅游需求和动向的研究。旅行社的可持续发展必须以市场为导向,这是市场经济条件下企业主体的根本指导方针。旅游产品的开发一定要建立在了解客源情况、预测客源流向、分析客源动态的基础之上,以旅游需求为支撑进行旅游线路的设计和更替。市场导向原则是指旅行社在产品的开发与设计中,必须了解现实旅游者和潜在旅游者现在和将来的需求,通过合理的市

场细分确定旅游产品的换代和升级。从游客需求出发,即根据旅游者在一定时间内以一定价格和愿意购买旅游产品的数量和偏好情况,开发适合市场发展的旅游单项产品和旅游线路产品,并为旅游者提供能满足其心理需求的配套服务。

在旅行社产品的设计阶段,旅行社应根据自身的条件和能力,结合旅游目的地的旅游资源和旅游服务设施情况,设计出各种能够吸引旅游者的旅游产品,在后期的旅游产品销售中将占得先机①。在旅游产品开发初期,首先应进行以客源为主的市场调查,继而细分客源市场,从细分市场中选择目标市场进行市场定位。其次,针对定位后的客源市场,对旅游产品的需求进行创意设计,如旅游线路和日程的安排。然后,将设计好的产品进行小批量、小范围的试产、试销,以观察旅游者的接受度和喜好度。最后,及时准确地分析和评估产品效果。可见,在旅游产品研发阶段乃至生产使用阶段,都是以客源市场的需求和偏好为基点进行产品的设计,以保证旅游产品的适销对路。

(二)以特色为起点,避免形象遮蔽效应

旅游目的地之间存在"形象遮蔽"效应,在一定区域内分布着若干旅游地(风景区),其中旅游资源级别高、特色突出或者产品品牌效应大或者市场竞争力强的一个旅游地(风景区),在旅游形象方面也会更突出,从而对其他旅游地(景区)的形象形成遮蔽效应。旅游景区作为旅行社产品的重要组成部分,不可避免地让同类旅游产品本身附带形象遮蔽特点②。旅游产品的形象遮蔽效应如图 2-1 所示。

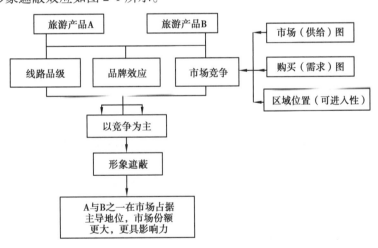

图 2-1　旅游产品的形象遮蔽效应

为规避同类产品或同类客源市场出现此类竞争效应,赋予旅游产品的特色性显得尤为重要。特色性即旅游产品的独特性,在同类产品中的显性优势,不仅要求旅游线路具有"新"和"奇"的特点,还必须能够唤醒旅游者潜在的旅游欲望和消费欲望。旅游产品开发的特色性可从不同角度概括为:①资源独特性,主要指由各地代表性景点为主开展的旅游线路,这

---

① 李幼龙.旅行社业务与管理[M].北京:中国纺织出版社,2009.
② 杨振之,陈谨."形象遮蔽"与"形象叠加"的理论与实证研究[J].旅游学刊,2003(3):62-67.

也是各大旅行社开发旅游产品时最常用的思维之一,如"去北京,看长城""到四川,看熊猫"等旅游线路的设计;②文化主题性,如四川巴蜀文化游、山东齐鲁文化游等文化旅游活动;③地方性,如黑龙江省哈尔滨市举办的冰灯节、山东省潍坊市举办的国际风筝节等围绕地方特色节庆设计的特色旅游活动。

(三)差异化发展,提高产品针对性

旅行社在开发产品时,设计人员应针对旅行社现有客源市场和目标客源市场的需求,针对细分市场的差异性,打造符合旅游者未来需求的产品体系。在这一过程中,要充分展现跳跃性、非主流的创新思维,开发市场需求的产品离不开创意策划,而创意策划则需大胆的畅想。创造性地进行产品差异化设计,有助于在市场上开拓新领地,吸引游客眼球,制造市场热点。利用针对性原则,在细分客源市场基础上,分析各个细分市场的特点。例如北方地区的旅行社在组织本地游客南方游时,可利用南北地域及自然风光的差异,设计北方旅游者比较向往的江南水乡游、山水风光游等;南方地区的旅行社在开拓本地游客北方游时,可利用北方独特的草原景色开展塞北草原游等;针对欧美地区客源渴望了解中国文化,设计具有浓厚中国文化特色的旅游线路;针对毗邻我国的东南亚和东亚地区在文化传统方面同我国有着较大的相似之处的特点,可设计出佛教寺庙游、书法修学游等产品,这些都是针对性原则的体现。

(四)以可行性为前提,控制产品成本

前面提到,旅游产品必须具备好的创意,并且这个创意要在旅行社现有资源和条件下能顺利生产,并投入市场。然而,资源优势不一定具备市场价值,因此,在产品开发时,必须遵循可行性原则。旅游产品的可行性具体包含以下几方面。

1. 旅游景区的可进入性

在旅游产品的开发过程中,应充分考虑产品所涉及的旅游目的地或旅游景点的旅游交通是否便利。"行"是实现旅游六要素成功整合的链条,其畅通与否直接关系到整条旅游线路的质量和价格。因此,旅游景区的可进入性被看作是衡量旅游产品可行性的前提。

2. 客源市场的可接受性

在市场环境中打拼的旅行社,对市场的需求必须保持自身的洞察力。在产品策划过程中要想避免对市场判断的失误,关注并研究消费者的需求变化是必要的前提。以游客的心境来思考某条线路的产品开发。进入潜意识思维阶段时,首先要做的就是理清头绪、把准脉搏,做到思路清晰。其中所应该做的最重要的一件事,就是揣摩客人的心理,以游客的心境来进行换位思考。

显然,旅行社的产品必须既为旅游者所接受,也为当地居民和社会所接受。成功的旅游产品不仅能满足旅行社的经济效益,还必须充分考虑到旅游客源地区居民、企业、政府等相关利益者的综合利益,必须有利于旅游目的地区域经济、环境、风俗、文化、社会风气等多方面因素的和谐发展,不得以牺牲旅游客源地或旅游目的地地区环境、居民生活质量或破坏当

地社会秩序、宗教信仰等为代价设计和开发对旅行社有利的旅游产品。

3.旅行社的资源可利用性

在调研市场需求及旅游线路可行性的前提下,还需考虑旅行社有无能力去整合各类资源,有无相关资源去支撑旅游产品的设计和开发,特别是旅行社的人力资源和经济承受力。因此,在设计旅游产品时,需考虑如何整合旅行社资源才能使得旅游产品体现时间利润最大化,在充分考虑市场可接受度和线路可行性的情况下,选择能产生最大当前利润、现金流量或投资回报率的旅游产品,实现市场份额最大化,增强市场影响力。其次,旅行社在设计产品时应考虑旅游产品在投入市场时,其定价能否为客源市场接受,同时,还需兼顾产品定价是否能达到旅行社盈利的预期目标。

二、旅行社产品的开发程序

旅行社产品的开发是旅行社可持续发展的先决条件,是指在充分调研旅游者消费需求和心理基础上,根据旅行社实际情况,制定合理、科学、可行的产品设计方案,将餐饮服务、旅游住宿、旅游交通、旅游购物、休闲娱乐等有形的资源和导游讲解等无形的服务通过资源整合,设计出拥有一定市场份额的旅游产品体系。

(一)产品调研期

1.市场调研

(1)市场调研的重要性

对于想要拓展的新业务或新产品的企业而言,市场调研是产品可行性的保证。市场调研是旅行社产品开发设计的出发点。产品策略、价格策略、促销策略、流通策略构成了市场营销活动的四大支柱。对旅游市场宏观环境进行分析和调研,就必须首先了解消费者的需求,捕捉市场机会,并制定与之相适应的旅游产品体系来满足消费者的需求。市场调研的过程也是尽早发现问题、解决问题的过程。

(2)市场调研的内容

旅行社设计旅游产品,首先需考虑国家现有旅游政策和相关法律法规,在国家法律允许的,或国家重点扶持,或政策倾斜的领域开拓市场。其次,对游客消费行为特征进行调研分析,如针对的客源群体消费水平、出游距离、出游交通方式、消费趋势、旅游目的地偏好选择等一手资料的搜集。此外,对竞争者的调查也是必不可少的,包括市场上同类产品开发现状、市场饱和度、竞争者的经营状况和特点等问题的把握。

2.市场定位

旅行社的市场定位是针对市场上现有的旅游产品体系进行深入调研后,根据旅行社自身经营状况,选取能够提升现有竞争力,获取一定经济效益的旅游产品体系进行开发,或更新旅行社已有产品,稳固市场形象,并把这种形象通过产品销售传递给目标市场群体,从而使旅行社在客源市场上占有预期市场地位。

一般来讲,旅行社的市场定位可以采取以下两种常用方法。

（1）目标市场定位法

市场定位是企业对目标消费者或者说目标消费市场的选择。旅行社首先确定在哪类旅游细分市场适合销售预期旅游产品，是在南方市场还是北方市场？适合观光旅游者还是度假旅游者？适合青年旅游者还是老年旅游者？通过目标市场定位法，旅行社可根据旅游市场竞争者现有产品在市场上所处的位置，梳理旅游者对该类产品某些特征或属性的重视程度，为本旅行社产品塑造与众不同的、给人印象鲜明的形象，为旅行社产品树立独特的市场地位。

（2）品牌产品定位法

品牌定位是指企业在市场定位和产品定位的基础上，对特定的品牌在文化取向及个性差异上的商业性决策，它是建立一个与目标市场有关的品牌形象的过程和结果。换言之，即旅行社在所有旅游产品中确立1～2个资质较高、需求较高、盈利空间较大的旅游线路，通过主推这类产品，让产品形象在消费者的心中占领一个特殊的位置，当旅行社目标市场群体产生这类旅游需求时，能首先想到这条线路或产品。

（二）方案设计期

1. 策划旅游线路，确定产品主题

在市场调研基础上，选择最有利于旅行社设计的产品体系。在策划旅游线路时必须对各个环节，如交通、住宿、娱乐等进行实地考察，站在旅游者角度分析单项产品的优势和劣势。通过调查走访，了解旅游线路最佳行程时间、景点关联程度、娱乐产品质量等细节问题，以保证产品开发的可行性和必要性。

2. 策划行程活动，制造市场热点

旅游线路中的活动形式和内容直接影响游客的满意度和对旅游线路的兴趣度，可以说是旅游线路中的"软开发"项目，应遵循劳逸结合、丰富多彩、节奏感强、高潮迭起的原则来合理计划活动日程。此外，在方案设计阶段，旅行社人员应全方位、多角度、广范围搜集社会热点，关注旅游市场的需求变化。将社会热点转化为旅游产品融入旅游线路活动中，引起游客对行程的兴趣。

旅游产品本身是一种体验类产品，通过制造市场热点，吸引客源市场关注，通过人气聚集商气，从而使旅行社实现经济效益，是旅行社开发旅游产品的常用方式。近年来，通过制造热点来开发旅游产品的成功案例比比皆是。从各省市或各景区的形象宣传口号可窥斑见豹，如"彩云之南（云南省）""欢乐海岛，四季花园（海南省）""山水之城，美丽之地（重庆市）""拥抱青山绿水，走进健康天地（河南省）"。类似于通过宣传口号定位城市旅游特色，制造旅游热点的旅游产品数不胜数，起到了加强游客印象，吸引市场眼球的目的。

3. 选择交通方式，遵守安全原则

旅游交通方式的选择应遵循"安全第一"的原则，以"高效、快捷、舒适"为前提为旅游者提供便利的交通服务。每条旅游线路采取的交通方式都不一致，选择何种交通方式，首先要了解各种交通方式的游览效果；其次要了解各种交通工具的适用距离和成本控制。总之，交通方式的选择要综合考虑游客舒适度、成本预算及安全管理等多方面因素。

4. 设计每日行程,确保线路顺畅

根据开发的旅游产品特点,为达到预期经济效益,必须合理组织和计划每日行程,有效串联和加强各个景点和设施之间的关联度。如一条线路上有多种类型的旅游景点,在考虑交通成本的基础上,应注重不同类型景点间的错位搭配,即观光类景点后可搭配文化类景点,休闲度假活动后可穿插旅游购物,以避免游客审美疲劳,同时提高游客的参与度。

表 2-1　旅行社产品设计方案模板
方案名称: * * *

(1)市场调研
(2)市场定位
(3)路线设计

[产品名称]	
[产品简介] 包括线路所含景点、活动及消费的大致介绍。	[产品特色] 旅游线路吸引目标客源市场的亮点。 [起价说明] A.产品价格会根据您所选择的出发日期、出行人数、入住酒店房型、航班或交通以及所选附加服务的不同而有所差别。 B.超出期限的报价,因航空机票政策变更、酒店淡旺季房价等因素会使价格有所出入。
信息提示:	旅游目的地
相关景点:	旅游线路上的主要景点名称
证件提示:	所需证件:身份证、护照、签证等

行程推荐:

第1天	[当日行程起始地点]		
	航班/车次		备注: A.[可插入当日景点照片] B.[可标明行程内的可选项和必选项] C.[可标明今日旅游亮点] D.[当日的其他注意事项]
	日程		
	住宿		
第2天	[当日行程起始地点]		
	日程		备注 A.[可插入当日景点照片] B.[可标明行程内的可选项和必选项] C.[可标明今日旅游亮点] D.[当日的其他注意事项]
	特色购物		
	特色餐饮		
	自由活动		
	推荐自费		
	住宿		

续表

第3天	［当日行程起始地点］		
	日程		备注：
	特色购物		A.［可插入当日景点照片］
	特色餐饮		B.［可标明行程内的可选项和必选项］
	自由活动		C.［可标明今日旅游亮点］
	推荐自费		D.［当日的其他注意事项］
	住宿		
第4天	［当日行程起始地点］		
	日程		备注：
	特色购物		A.［可插入当日景点照片］
	特色餐饮		B.［可标明行程内的可选项和必选项］
	自由活动		C.［可标明今日旅游亮点］
	推荐自费		D.［当日的其他注意事项］
	住宿		

费用包含：

A. 交通费用说明,如航空,需标明机票及税金；　　B. 餐饮费用说明:团体餐餐标；
C. 住宿费用说明:住宿条件及是否含餐；　　　　　D. 保险费用说明:责任保险、安全保险等；
E. 其他费用说明:如导游费用、机场接送、加餐、临时增加娱乐活动等可能产生的费用计价办法。

费用不包含：

旅游行程中,没有明文约定的消费项目,一般需列出细项。

特别优惠：

如针对团队客人、淡旺季、回头客的相关优惠。

重要条款及参加须知：

A. 旅行社免责声明　　B. 游客须知(对行程安全、服务项目等重要内容的提示)

××旅行社业务联系人:

日期:

(三)产品试销期

　　方案形成后,还需进一步检验旅游产品的市场接受度。旅行社应对新产品进行相应的效益评估和市场预测,测试新产品在最终大规模投放到市场后能否得到目标旅游客源群体的青睐,因此将新产品投放到有代表性地区的小范围的目标市场进行一次或多次实验性销售,旅行社才能真正了解该新产品的市场前景,以检验旅游者对新产品的反应,降低新产品失败的风险。产品试销的目的主要有三个:一是了解销路情况;二是检验市场经营组合策略的优势;三是发现问题,解决问题。在试销阶段,旅行社应特别注意:一是规模适中;二是保证质量;三是充分估计各种可能,有备无患;四是试销证明确无销路的旅游线路,切忌勉强投入市场。

(四)产品评估期

旅行社产品与传统商品不同,在投入市场阶段,非常容易受到消费者需求偏好的影响,因此,密切关注新产品在试销阶段是否能适应市场发展,达到预期经济效益非常关键。对旅游产品的评估需考察其市场的实际份额大小、打入市场的可能性、目标客源市场对产品的适应度等。此外,还应了解市场需求量与产品设计阶段预估量的差异,并做出相应调整。最后还应对产品适销范围、细分目标市场、地接社接待能力、预期收益、产品价格及旅行社管理等方面进行综合评估。

(五)市场营销期

当确定了投入市场的旅游产品后,为让目标市场尽早对该旅游产品产生兴趣和消费需求,旅行社应主动制订产品营销计划。如进一步形成针对性的价格策略,建立旅游产品销售渠道,对旅行社销售人员进行相关培训,形成售后服务和投诉处理保障体系等,以便于帮助新产品建立通畅的销售渠道。

三、旅行社产品的生命周期与调控

(一)旅行社产品的生命周期

从我国旅行社不断推陈出新的旅游产品种类可知,大部分旅行社旅游产品的生命周期较短,如依托度假胜地开发的产品体系具有明显的季节性特征;依托文化旅游资源开发的旅游产品易受客源市场偏好的变化而受冷落;依托体育赛事开发的旅游产品也具备较强的时效性。一般来讲,没有永恒处于某一阶段的旅游产品,每个旅游产品受到市场环境、游客偏好、企业管理能力等多方面因素的影响,具有有限的生命周期。产品生命周期是指产品从开发生产、投入市场开始,到最终被市场淘汰为止的全部过程所经历的时间,其过程依据产品在市场上的变化规律一般可分为 4 个阶段:导入期、成长期、成熟期和衰退期。因此,某种旅行社产品在市场上经历导入期、成长期、成熟期及衰落期的过程被称为旅游产品的生命周期。旅游产品在生命周期的四个阶段会呈现出不同的特点。

1. 导入期

此阶段是旅游产品刚刚投入市场的初始阶段。旅游产品的设计尚未定型,还有待进一步改善,质量尚未稳定。由于产品刚刚进入市场,尚未被旅游者了解和接受,知名度还不高,销售量增长缓慢且不太稳定。对外宣传和广告费用较高,投资成本不断增长,旅行社利润率较低甚至处于亏损状态。

2. 成长期

新的旅游产品生产设计逐渐定型并形成一定特色,日渐被旅游者所接受,旅游产品知名度日益提高,销售额显著增加,利润也随之稳步增加。与此同时,也吸引大量新的企业开始推出相同组合的旅游产品进入市场,展开竞争。市场上竞争者增多。

3. 成熟期

这一时期是旅游产品销售高峰期,旅游产品已经具有很高的知名度,成为名牌产品,但仿制品、替代品不断出现,产品的销量逐渐达到高峰期并且趋于缓慢增长,旅游市场已趋饱和,企业之间竞争日趋激烈。

4. 衰退期

在这一阶段,旅游产品就要逐渐退出市场了。因此,市场上有更多的新产品出现,现有旅游产品的基础设计逐步老化,不再符合潮流,已不能适应人们不断变化的消费需求,销售量锐减,利润率降低,直至无利可图退出市场。同时,旅游市场上出现了新一代旅游产品,以满足新的消费需求。

(二)产品的生命周期的调控

1. 根本途径:产品创新

产品生命周期理论说明,大多数产品最终都将走向衰落,不再具有盈利能力,因此,任何企业都需要一方面尽力延长现有产品的生命周期,创新是调控旅行社产品生命周期的根本途径,只有不断寻找新的市场机会,不断开发新产品才能保持永久的活力。

2. 旅行社新产品类型

旅行社产品创新是指以旅游者的需求为导向对旅游线路六大依附要素的组合、设计、采购活动的创新以及游客服务的改进和完善。其类型主要有:

(1)创新型产品

创新型产品是指旅行社根据市场的发展和旅游者需求的变化,采用新技术或新思维,开发出具有新技术、新内容等特征的旅游产品。开发创新型产品往往会在短期内取得独占该产品市场的优势,为旅行社获取丰厚的利润。然而,开发全新型产品所需人力、物力、财力和时间耗费大,如果该产品在投放市场后不能立即被广大的旅游者认可和购买,则会丧失盈利的机会,甚至可能会亏本。此外,其他旅行社也会很快仿制出同类产品,形成竞争,影响新产品开发投资的回收。

(2)改进型产品

改进型产品是指旅行社对其原有产品作部分调整或改造,使之具有新的特点和新的突破,重新投放市场的旅游产品。改进后的新产品,其结构更加合理,吸引力增强,能够招徕更多的旅游者,增加产品体验价值。改进产品还能够节省时间,使产品能够尽早投放市场。此外,在原有产品的基础上进行调整和改造,使得产品开发费用低于全新型产品,从而降低了产品开发的成本。新产品的改进升级分为两种,一是扩展产品的深度,比如对产品进行体验化升级;二是改进产品档次,比如对旅游服务项目和质量进行提质升级。

(3)仿制型产品

仿制型产品指旅行社以其旅行社的产品为样品进行引进或模仿所开发的新产品。对于多数中小型旅行社来说,开发新产品往往在财力和人力方面成为一个沉重的负担。因此,采取仿制其他旅行社已经投放市场的新产品的办法来开发自己的新产品,具有投资少,产品更新快,省时省力的优点。但是,这会使得旅行社产品缺少鲜明特色,难以创造出本旅行社的特色形象。

3.旅行社产品创新方法

(1)内容创新

目前,我国大部分旅行社,特别是中小型旅行社,在旅游产品的开发与设计过程中,着重对"食住行游购娱"旅游六要素的打造和串联。随着社会经济的不断发展,人们消费能力的提高,人民群众旅游消费需求从低层次向高品质和多样化转变,人们开始注重差异化的体验和精神层面的满足,体验性和互动性强的旅游产品备受人们青睐。因此,不能简单地将旅游活动设计成景区和酒店的结合,需要从新技术和新理念等角度对旅游产品内容进行创新性挖掘,针对不同群体的需求,推出更多定制化旅游产品、旅游线路,开发体验性、互动性强的旅游项目,从而使旅行社的产品获得持久的生命力。比如,随着5G、VR、AI等数字技术日臻成熟,数字展览、智慧展区、云旅游等新业态、新模式、新场景应运而生。从行、娱、游、购、住等各大元素出发,开发沉浸式特色,比如沉浸式演艺和沉浸式夜游。

拓展材料

瘦西湖唐诗主题夜游

瘦西湖夜游项目"以美轮美奂的瘦西湖为载体,唐诗韵味为灵魂,创意科技应用加持赋能,展开穿越盛唐的烟云画卷,让中外游客近距离感受唐诗魅力与传奇故事,徜徉在'天下三分明月夜,二分无赖是扬州'的诗意中"。瘦西湖唐诗主题夜游,主要集中在瘦西湖南大门至西大门,主游线长达3.5千米,最佳体验时长约90分钟;国际顶尖光影艺术团队组团设计、文化专家学者加盟,历时2年匠心打磨;分为光影诗画夜游、交互场景体验、花车花船双巡游、千灯夜市等四大板块;共有诗路画语、烟花三月、酒逢知己、南柯一梦、云裳花容、春江花月、商贾云集、春风十里、二分明月、夜市千灯等十个篇章,融入唐诗及其唐诗中的经典名句数百首(条)。千古唐诗加光影艺术,点亮瘦西湖唯美夜景。其中,"二分明月忆扬州"沉浸式夜游,结合光影诗画夜游、交互场景体验、花车巡游、千灯夜市四大核心板块,以"烟花三月""二分明月""春江花月"等十大元素为场景转换,采取10~20分钟循环表演的形式,将唐诗、光影、演艺、亲子、非遗等元素完美融合,形成了光彩夺目、梦幻时尚的夜游空间和视觉盛宴。意境悠远的灯光与古典园林、古典建筑相结合,用月与诗词场景的视角及典故贯穿"二分明月夜文旅夜游"光影故事脉络线,重塑古时"夜市千灯照碧云"之繁华景象。

资料来源:根据《跟着诗词游扬州丨瘦西湖唐诗主题夜游》等资料整理。

(2)形式创新

随着游客需求的变化,对旅游业的认识也悄然发生了新的变化,旅游吸引物不再局限于旅游景区(点),而是拓展到更宽的领域;激发游客出游的原因也不仅仅是"游",而是包括了"吃住行游购娱"的各个环节。因此,住宿、餐饮和交通等设施不仅仅是旅游活动的基础设施,还可以成为旅游吸引物。比如,传统旅游方式下,人们只能住在标准化管理的酒店,而共享经济催生了非标准住宿快速发展,人们可以根据自身需求入住个性化的民宿客栈,使旅游者有更多元的住宿选择,丰富了旅游者的住宿体验。

拓展材料

重庆李子坝轻轨及牛角沱地铁站

重庆轨道交通2号线李子坝轻轨站是国内第一座与商住楼共建共存的跨座式单轨高架站,位于嘉陵江畔一栋商住楼的8楼,因轻轨穿楼而过成为"网红车站"。李子坝轻轨穿楼而过走红后,为方便游客更好地观看和拍摄轻轨穿楼的震撼场景,当地相关部门在轻轨站下方修建了一个总面积达1367平方米的观景平台,共设旅游大巴落客区、拍摄广场平台区、玻璃栈桥观景区以及步行通道,能同时容纳约5000人参观游览。

与李子坝相差一站的牛角沱,可以看到真正的"8D魔幻交通"。2号线曾家岩到牛角沱,全程沿着嘉陵江大桥下,足足倾斜了70度,人们在乘坐时可以感受到陡坡向下行驶的感觉,深刻体验立体城市魅力。"牛角沱"地铁口把重庆地铁站2号线和3号线相互连接,在换乘时,必须越过一条隧道,这条隧道在设计上别具一格,选用了全钢化玻璃的设计方案,可以观赏江畔,实现全景看江,因此也被本地人称为"旅游观光长廊"。

资料来源:多角度创新旅游产品,打造"网红"爆款项目。

(3)服务创新

服务作为旅游产品的重要组成部分,不仅影响着旅游产业建设与发展,而且影响旅游消费者的旅游体验,因此,通过对旅行社产品提供个性化、多样化的服务实现服务创新是提升服务质量、实现旅游业高质量发展的决定性力量。比如,杭州宋城景区所有员工都身穿古装上班,营造出穿越时空的景象。

第三节　旅行社产品组合与采购

一、旅行社产品组合

(一)旅行社产品组合的概念

旅游产品的组合也称旅游产品的设计,即旅行社将要向旅游者提供的产品进行安排和调整。具体地说,旅行社的产品组合是指旅行社销售给旅游者的全部产品,它包括旅行社生产或经营的全部产品线和产品项目,是旅行社进行可利用资源整合的过程。其中,产品线是指产品组合中的某一产品大类,是一组密切相关的产品,在规格、款式、档次上有所差别的产品项目的集合。产品项目是指同一产品线内明确的单位,它可以依据天数、价格、质量或者其他属性加以区分。比如,以康养旅游产品为例,可以开发一组与之相关的产品,包括生态康养、文化康养、温泉疗养、运动健身、中医养生等产品线。其中,中医养生的产品线包括中药种植、中医产品购物区、食疗中心、医药科普基地、生态观光、农事体验等产品项目。可见,产品项目是构成产品组合的基本单位,产品线则是由具有大致相同的产品项目所构成的。

(二)旅行社产品组合的类型

旅行社产品组合应以最有效地利用资源为原则,最大限度地满足市场需要。常见的旅行社产品组合有4种类型。

1.全线全面型

全线全面型,即旅行社经营多种产品线,针对全部旅游市场的各种旅游需要的旅游产品组合。如旅行社面向青年、老年等多个市场经营观光旅游、度假旅游、购物旅游、会议旅游等多种产品。

2.市场专业型

市场专业型,即向某一特定的市场提供其所需的旅游产品。如旅行社专门以银发市场为企业的目标市场,开发旅居养老旅游、医疗康养旅游、乡村老年旅游、消夏避暑、自然观光等适合老年人的产品。

3.产品专业型

旅游企业只经营某一条产品线,但尽可能多地增加其产品线的产品项目,以加强产品组合的深度,满足多个目标市场的同一类需要。旅行社生产温泉旅游产品推向青年人、老年人等市场。

4.特殊产品专业型

针对不同目标市场的需求提供不同的旅游产品。如经营研学旅游产品满足少儿旅游市场的需要,经营探险旅游产品满足青年市场的需要,经营康养旅游产品满足老年市场的需要等。

(三)旅行社产品组合开发的有关维度

从某种程度上讲,旅行社产品组合开发作为一项科学性的工作是有特定指标的,可以从产品组合的广度、长度、深度和一致性4种尺度进行分析。产品组合的广度是指该旅行社具有多少条不同的产品线;产品组合的长度是指产品组合中的产品项目总数;产品组合的深度是指产品线中的每一产品有多少品种;产品组合的一致性是指各条产品线在最终用途、生产条件、分销渠道或其他方面相互关联的程度。

上述产品组合的4种尺度,为旅行社确定产品组合发展战略提供了依据。旅行社可以通过上述4种方式发展其业务。例如,旅行社可以依据市场需要增加新的产品线,以扩大产品组合的广度,并充分利用旅行社在其他产品线的声誉扩大新产品线的市场影响;也可以拉长现有的产品线,增加产品的长度,成为具有更加完整的产品线的旅行社;还可以增加每一产品线产品的品种,以增加产品组合的深度,促使旅游产品组合向纵深方向发展;旅行社可以考虑使产品线有较多一致性,以利于产品线之间产生"1+1>2"的整合效应,或者旅行社可以考虑使产品线有较少一致性,使产品形成差别,增强其市场竞争力。

(四)旅行社产品组合评估

为实现旅游企业的经营目标,提高企业的盈利水平,必须对旅游产品组合状况进行分析评价,确定改进措施,不断优化产品的组合结构。对旅游产品组合优化分析的方法很多,最常用的是波士顿矩阵法。

波士顿矩阵认为一般决定产品结构的基本因素有两个:市场引力与企业实力。通过这两个因素相互作用,会出现4种不同性质的产品类型,形成不同的产品发展前景。

由图2-2可知,根据这个分析矩阵,旅行社可以根据不同产品受市场的欢迎程度,把产品划分为不同类别,并提出不同的发展策略。

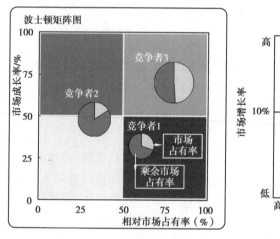
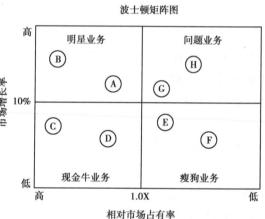

图2-2　波士顿矩阵图

①销售增长率和市场占有率"双高"的产品组合(明星类产品),在市场上非常受欢迎,能够给旅行社带来较高经济效益,这类产品在正式投入市场后最能给旅行社带来经济效益,应得到足够支持和重视。

②销售增长率和市场占有率"双低"的产品组合(瘦狗类产品),这类产品利润较低且不受市场欢迎,不足以支撑旅行社可持续发展,市场成长率不高,旅行社应根据未来发展方向,进一步调研,是否还开发或更新或消除此类产品。

③销售增长率高、市场占有率低的产品组合(问题类产品),这类产品处于高增长率、低市场占有率象限内的产品群,对于此类产品可采用投资的目光,提高市场占有率,让其转化为明星产品。

④销售增长率低、市场占有率高的产品组合(现金牛类产品),这类产品发展相对成熟,市场增长率低但市场份额占有率高,在未来将成为旅行社主要收入来源,具有较高知名度,对此类产品旅行社应保留或升级其发展策略。

二、旅行社产品采购管理

旅行社产品是一种特殊产品。在旅行社产品中,除了诸如导游服务等少数服务项目由旅行社直接提供外,其余的多数服务项目均来自其他旅游服务部门和行业。旅行社按照产品的设计要求,将这些购自其他行业或部门的服务项目按照旅游市场的需要组合成各种各样的产品,投放到市场上进行销售。因此,旅行社在其产品设计完成后,应该立即根据产品内容的构成,向相关行业或部门采购其所需要的各种服务,这是旅行社业务中的一项重要内容。

(一)旅行社产品采购的内涵

旅行社产品采购的内涵是指旅行社为组合旅游产品而以一定的价格向其他旅游企业及与旅游业相关的其他行业和部门购买相关服务项目的行为。值得注意的是,旅行社采购的并不是具体的商品或实物,而是某种设施或服务在特定时间内的使用权。

(二)旅行社产品采购的原则

1. 保证旅游者的需求

旅行社能否满足顾客的需求,便在很大程度上取决于能否采购到所需要的服务。旅行社采购工作的任务是保证提供旅游者所需的各种旅游服务,这是旅行社业务经营中的一个非常重要的方面。特别是由于我国旅游业的发展历史较短,基础薄弱,在客流量最大幅度变化的情况下,常常会出现某些旅游服务供应紧张的现象,要确保按质按量地提供各种服务,确实不是一件容易的事。

2. 降低旅游产品的成本

旅游产品的成本通常表现为各旅游供应商提供的机(车)位、客房、餐饮、门票等的价格。旅游产品的价格是旅游产品成本和旅行社利润的加和。因此,降低旅游产品成本决定了旅行社利润增长的空间以及市场份额的占有。换句话说,旅行社经营的成败在很大程度上取决于旅行社所采购的各种旅游服务项目的价格。计调部门在对外进行相应采购时,应尽量争取获得最优惠的价格,以降低旅游产品总的成本,这也就意味着旅行社利润的增加。另一方面,旅游产品成本的降低,保证了旅行社在激烈市场竞争中获得更多的市场份额。如果旅行社的采购工作得力,能够以低于其竞争对手付出的价格采购到旅游服务项目,那么它就能够在激烈的市场竞争中挫败竞争对手,获得较多的利润。可见,在保证旅游服务供应和确保旅游服务质量的前提下,降低采购成本无疑对旅行社的营业额和利润的实现具有重要意义。

小思考

旅行社是应该重视保证需求还是重视降低成本原则?

当旅游服务供不应求时,旅行社采购工作应该以保证供应为主要的采购策略。当旅游服务出现供过于求时,旅行社就致力于获得最便宜的价格,通过降低成本来增加自己的竞争能力和获得更多的利润,即在供应充足时,应该以降低成本作为主要采购策略。

(三)旅行社产品采购的策略

旅行社作为以营利为目的的旅游企业,要从维护本企业经济利益的立场出发,千方百计地维护自身的利益。因此,在旅游服务采购活动中,旅行社应该根据具体情况,采用不同的采购策略,设法以最低的价格和最小的采购成本从其他旅游服务供应部门或企业那里获得所需的各种旅游服务。所以,旅行社的采购人员必须经常研究市场,分析旅游市场上的供需状况,了解市场上各种旅游服务的价格,采用各种切实可行的采购策略,以获得最大的经济效益。在旅行社采购中,可以采用集中采购、分散采购和建立采购协作网络3种策略。

1. 集中采购

旅行社应该集中自己的购买力以增强自己在采购方面的还价能力,因此,集中采购是旅行社在采购中经常使用的一种采购策略。集中采购有两个方面的含义:一是把本旅行社各部门和全体销售人员接到的全部订单集中起来,通过一个渠道对外采购;二是把集中起来的订单尽可能集中地投向供应商进行采购。集中采购策略主要适用于旅游温、冷点地区和旅游淡季。

2. 分散采购

分散采购也是旅行社采购活动中经常使用的一种采购策略。一种是所谓近期分散采购,就是一团一购的采购方式。二是分散采购就是旅行社设法从许多同类型旅游服务供应部门或企业获得所需的旅游服务的一种采购方法。

3. 建立采购协作网络

为了达到保证供应的目的,建立采购协作网络是旅行社在其采购活动中所能够采用的第三种策略。旅行社产品的高度综合性和强烈的季节性特点决定了建立旅行社协作网络的必要性。不仅如此,旅行社协作网络的质量,还将直接影响到旅游服务采购的质量,并由此对旅行社的产品质量产生直接的影响。

协作网络的建立是旅游服务采购的基础工作,是指旅行社通过与其他旅游企业以及与旅游业的相关各个行业,部门洽谈合作内容与合作方式,签订经济合同书或者协议书,明确双方权利义务和违约责任,从而保证旅行社所需要的旅游服务的供给。具体而言,旅行社的采购内容涉及吃、住、行、游、购、娱等方面,因此,旅行社分别需要跟交通部门、住宿部门、餐饮部门、参观部门、购物商店、娱乐部门等建立广泛的协作网络。在出现旅游服务供不应求时,协作网越广泛,旅行社取得这些紧缺服务的能力就越强。

(四)旅行社产品采购的内容

1. 交通服务采购

迅速、舒适、安全、方便的交通服务是旅行社产品不可缺少的组成部分,并对旅游日程的实施、旅行社的信誉产生至关重要的影响。所以旅行社必须与包括航空公司、铁路局、水上客运公司和旅游汽车公司等在内的交通部门建立密切的合作关系,并争取与有关的交通部门建立代理关系,经营联网代售业务。同时,为寻找稳定的客源渠道,交通部门也非常倾向于同旅行社的业务合作。旅行社要争取取得有关交通部门的代理资格,以便顺利采购到所需的交通服务。事实上,取得交通代理已成为国内许多旅行社获得利润的来源之一。

(1)航空服务采购

作为大众旅游时代远程旅行方式之一,航空服务的主要优点是安全、快速和舒适。一般而言,旅行社选择航空公司主要考虑以下因素:机票折扣、机位数量、工作配合度、付款方式、航班密度,各地联络网络方便与否等。旅行社采购航空服务,具体落实在飞机的订位上。计调部根据旅游接待预报计划,在规定的期限内向航空公司提供订位,如有变更,应及时通知有关方面。航空服务分为定期航班服务和包机服务两种。如遇到客流量超过正常航班的运力,旅游团队无法按计划成行,则旅行社就要考虑包机运输。

小资料

航空交通常识

(1)航班:飞机航行的班期。

(2)航班号:航空公司代号:CZ-南航、CA-国航、MU-东航、3Q-云航、XO-新航、WH-西北航、SZ-西南航、MF-厦航、G4-深航、H4-海航。

(3)机型:国内一般使用4种机型,其中波音(B)居多,欧产空客(A)、麦道(MD)次之,运7(Y-7)用于支线。

(4)舱位等级:分头等舱、公务舱、经济舱。

(5)飞机配餐:飞机超过两个小时有正餐,指米饭;配餐只有点心;特殊旅客(如穆斯林)有特餐。

(6)直达、经停、联航:直达指点到点,不需要技术支持的航班;经停指因技术原因,需要加降,如加油等,也有从经营方面考虑。

(7)订座:票价一般分为公布票价和折扣票价;成人100%,小孩(12岁以内)50%,婴儿(2岁以内)10%;团体指有组织的、同一日期、同一等级、同一目的地,10人以上等。

(2)铁路服务采购

火车具有价格便宜、沿途又可以饱览风光的特点,特别在包价产品中具有竞争力。近年来,我国铁路加大力度改善交通环境,使火车运输仍具有优势。目前,国内多数旅游者仍选择火车作为首选出游交通工具。旅行社向铁路部门采购,主要是做好票务工作,确保团队顺利出行。出票率、保障率是衡量铁路服务采购的重要指标。

小资料:

铁路交通常识

(1)车票:火车票分为4种,分别是YZ、RZ、YW、RW,按运输分类分为普快、直快、特快等。

(2)列车:YZ车厢:24、25型(新型、多用)128座;卧铺车厢:66个铺;双层车厢:162座。

（3）水路服务采购

鉴于我国的大陆形态,除去三峡、桂林等内河及少数海路,轮船不是外出旅游的主要交通工具。旅行社向轮船公司采购水路服务,关键是做好票务工作。如遇运力无法满足,或不可抗力因素无法实现计划,造成团队航次、船期、舱位等级变更,应及时果断地采取应急措施。

（4）公路服务采购

尽管汽车已成为人们普遍的旅行方式,但一般认为,乘汽车旅游的距离不宜过长,最好控制在短距离,否则客人会感觉疲劳。旅行社在采购汽车服务时应考虑车型、车况、司机驾驶技术、服务规范,准运资格等。通过考察,最终选择管理严格,车型齐全、驾驶员素质好、服务优良、已取得准运资格,且善于配合,同时车价优惠的汽车公司,并与之签订协议书。

2. 住宿服务采购

酒店是旅游业三大支柱之一,是旅游产品的重要组成部分,在一定程度上已成为衡量一个国家或地区旅游接待能力的重要标尺。酒店的种类,根据使用目的划分商务酒店、度假酒店、会议酒店、旅游酒店,等等。根据酒店等级划分:有 1～5 星 5 个等级。计调应按接待计划提出的等级要求采购住宿服务,并在选择酒店时充分考虑以下因素:酒店保安、同级备份、房况、酒店销售配合、房价及结算。

旅行社计调部门订房的目的有两个:一是满足客人的要求,向客人提供事先承诺的或合同中约定的饭店房间,从而保证接待工作的质量,使旅游团队顺利进行旅游活动;二是利用合作关系、结合市场状况,考虑季节因素,最大限度地降低采购成本,为旅行社争取最大经济效益。这就要求旅行社计调人员在作业时要有强烈的职业意识和工作责任心,认真细致,必须把工作落实到每一个细节上,及时准确地最好住宿服务预订工作。

具体订房程序如下:第一,认真研究组团社发来的传真或客人的要求,弄清楚旅游者要求的住宿标准;第二,根据旅游者的住宿要求,在已签订协议的合作饭店中选择符合要求的饭店;第三,电话联系饭店营销部,传真发送订房通知单。在订房通知单上准确写订房要求,尤其是对团号、入住时间、入住标准、入住人数、房价（是否含早餐）、有无特殊要求等项目必须正确、清楚、完整地填写,订房通知单示例见表2-2。

表 2-2 ××省中国旅行社订房通知单

收件单位	×××大酒店	发件单位	省中旅×××部
收件人	杨×经理	发件人	李××
传真号	0833-6530××	传真号	028-83384×××
团号	CTSJ200507027A		
入住时间	2019 年 7 月 27 日	入住人数	26+3
入住标准	双人标间	价格	×××元/间（含早餐）
中晚餐标	无	特殊要求	无

续表

备注:	该团 26+3 已确认入住,敬候光临!
	杨× ×××大酒店营销部(印章) 2019-7-23　10:30
	请确认! 谢谢合作! 负责人签字:刘×× 发件日期:2019 年 7 月 23 日

3.餐饮服务采购

餐饮服务是旅游供给必不可少的一部分,是旅游接待工作中极为敏感的一个因素。对现代旅游者来说,用餐既是需要又是旅游中的莫大的享受。餐馆的环境、卫生,饭菜的色、味、形,服务人员的举止与装束,餐饮的品种以及符合客人口味的程度等,都会影响旅游者对旅行社产品的最终评价。因此,计调在选择餐厅时,应着重考虑如下因素:

(1)计调人员应先实地查看餐馆的地点、环境、卫生设施、停车场地、单间雅座、便餐菜单和风味菜单等,并与之签订有关经济合同及协议书等。

(2)与财务部门协商印制专用的《餐饮费用结算单》。

(3)将下列有关内容整理并列表,打印分发给接待部门并报财务部备案:一是签约餐饮单位的名称及电话、联系人的姓名、风味特色等;二是旅游者(团)不同等级(标准、豪华)的价格,便餐、风味餐的最低标准、饮料单价等。

(4)与业务部协商、设计、印制下列订单:《用餐预订单》《用餐变更通知单》。

(5)将用餐地点、餐厅联系人姓名告诉接待部门或陪同人员,以便搞好接待工作。

(6)根据《餐饮费用结算单》(表2-3),与财务部门共同进行复核,并由财务部门定期统一向签约餐馆结账付款。

表 2-3　餐饮费用结算表

付款单位			用途			日期	
旅行团名称			人数			陪同签名	
项目	餐费标准			饮料费标准			
	客人	全陪	地陪	司机		陪餐	饮料
人数							

续表

付款单位		用途		日期	
金额					
合计金额					
备注	须本人单位陪同签名,数量必须大写,涂改无效,无公章无效。				

4. 参观游览景点采购

(1)计调代表旅行社向可供游览参观的单位采购游览服务,此项采购的关键是就价格和支付方式达成协议,并签订协议书及经济合同书:

◆旅游团门票购买记账事宜

◆门票单价

◆大、小车进园的单价

◆结账的期限

(2)与签约单位协商印制结算用的《参观游览卷》(表2-4)

表2-4 游览参观券

游览参观券存根 团名 人数 地点 陪同	中国××旅行社游览参观券 旅游团名称 旅游团人数 收款单位 陪同签名 日期　　　　年　月　日

(3)将以下事宜整理列表,打印后分发给接待部,并报审计、财务部门备案:

◆签约单位的名称、电话、联系人

◆将带团前往某旅游参观点的进门方向

◆去某旅游参观点的行车路线、停车地点

在与参观游览部门合作时,要注意以下问题:首先,结算用的《游览参观券》上必须有导游的签字,否则无效;其次,旅行社计调人员要与游览单位的服务部门和相关服务公司建立合作关系,签订合作协议书,以方便开展旅游团的游览和导游服务工作;最后,旅行社计调部门还应与旅游单位内的餐饮供应点建立合作关系,解决旅游团参观游览过程中的冷热饮料的供给服务。

5. 旅游购物采购

(1)根据国家及地方旅游行程管理机构的有关规定,与定点商店签订协议书,并洽谈以下合作事宜:

◆导游带旅游团前来购物

◆旅行社持有商店的股份或投资合营

◆明确旅行社应尽的义务及经济收益上所占的比例

（2）本着兼顾国家、集体、个人三方面利益，又注意鼓励多劳多得的原则，制定内部分配政策和奖励措施。

（3）将所签约的商店名称、导游带旅游团购物的手续、附属的有关规定等打印出来，分发给接待部。

（4）与财务部和接待部协商后，设计、印刷《购物结算单》，并明确使用方法。

（5）由财务部按所签协议书上的规定及签约商店领取劳务费或按股份分红，然后根据旅行社内部分配政策对各方实行奖励。

6. 娱乐服务采购

（1）与娱乐部门就以下事宜进行合作洽谈，并签订协议书：

①旅行社可以通过电话订票；

②旅行社可以为旅游者（团）包场演出；

③文艺单位送戏上门演出。

（2）将下列事宜整理列表，打印后分发给接待部，并报审计、财务部门备案：

①签约娱乐单位的名称、地址、电话、联系人；

②演出节目的种类和演出时间；

③每张票的价格。

（3）随时与娱乐单位保持联系，有新节目上演时，了解节目内容，索取节目简介并通报接待部。

（4）与外联部协商后，设计、印制《文艺票预订单》《文艺票变更/取消通知单》，并明确其使用方法。

（5）根据接待计划或订票单实施订票，并把订票情况如实转告接待部或陪同。

（6）财务部按协议统一结账或一次一报。

7. 保险采购

（1）认真阅读中华人民共和国国家旅游局〔2001〕第 14 号令《旅行社投保旅行社责任保险规定》和保险公司的有关规定。

（2）与保险公司就旅行社游客的旅游保险事宜签订协议书。

（3）将协议书上的有关内容进行整理打印，发给外联部门并通知其对外收取保险费。

（4）将每一个投保的旅游团的接待通知（含名单）按时传真到保险公司作为投保依据。

（5）注意接收和保存保险公司的《承保确认书》。

（6）按投保的准确人数每季度向保险公司交纳保险费。

（7）当旅游途中发生意外事故或遇到自然灾害，须及时向在第一线的导游了解情况，必要时去现场考察并以最快速度通知保险公司。计调人员还应在事故发生后 3 天之内向保险公司呈报书面材料，其中包括《旅行社游客旅游保险事故通知书》《旅行社游客保险索赔申请书》。

（8）索赔时，须向保险公司提供有关方面的证明，其中包括医院的治理费用单据原件或

《死亡诊断证明》(经司法机关公证)、民航或铁路部门的《行李丢失证单》、饭店和餐厅保卫部门的《被盗证明信》等。

小资料

旅游保险的主要险种

1. 旅游社责任保险

旅行社责任保险是指旅行社根据保险合同的约定,向保险公司支付保险费,保险公司则旅行社在从事旅游业务经营活动中,致使旅游者人身、财产遭受损害应由旅行社承担的责任,承担赔偿保险金责任的行为。

2. 旅游意外保险

旅游意外保险是指旅游者个人向保险公司支付保险费,一旦旅游者在旅游期间发生意外事故,由承保的保险公司按合同约定,向旅游者支付保险金的保险行为。

3. 航空旅客意外伤害保险

航空旅客意外伤害保险,简称"航意险",属自愿保险的个人意外伤害保险。

4. 中国境外旅行救援意外伤害保险

中国境外旅行救援意外伤害保险,属附加性保险,即附加在主保险合同上的保险险种。

8. 旅行社接待服务采购

旅行社向旅游者销售的旅游线路,通常有一至多个旅游目的地。采购异地接待服务的目的,是使旅游计划如期如愿实现。应该说,旅游产品的质量在很大程度上取决于各地接待质量,尤其是各旅行社的接待质量。因此,选择高质量的接待旅行社,是采购到优质接待服务的关键。计调在采购时应考虑到:接待社的资质、实力、信誉;接待社的体制、管理,接待社的报价,接待社的作业质量,接待社的接待质量,接待社的结算周期,接待社的合作意愿。

案例

在组团社与接团社之间

陕西A旅行社在2018年8月中旬向成都B旅行社发了一个22人的团队,旅游路线由成都B旅行社在合同中明确规定为成都市区景点、都江堰、青城山,加上路上时间共四天。但后来皆与合同中的规定不同,游客极为不满。A旅行社与成都B旅行社交涉未果。后来,A旅行社扣其20%的奖金,并相应给游客一定的赔偿,总经理亲自出面道歉,使游客在精神和物质方面都获得一定的赔偿,维护了旅行社的形象。

(五)旅行社产品采购的程序

1. 问题识别

任何旅行社都无法依靠自身的资源条件解决旅游服务的问题。当旅行社意识到某种需要和问题,需要通过对旅游服务的购买才能解决时,旅游购买行为就开始了。可见,采购是以识别问题为起点,识别清楚问题是旅游采购服务的前提。旅行社在运营过程中遇到各种各样的问题,涉及采购的问题一般都与餐饮、住宿、交通、游览、购物、娱乐等部门有关,采购人员必须弄清楚需提供服务的数量要求、质量要求及特殊要求。如:旅游者需要哪一类型的旅游服务;有多少人参加本次旅游活动;旅游线路和旅游目的地的选择,具体时间的安排,活动项目的安排,交通和饮食活动,住宿设施的选择等。只有把问题、要求识别清楚,才可能确立标准,进行采购活动。

2.建立购买标准

明确了旅游的购买需要和问题后,就会为购买确定各种标准。当比较重要的购买标准经过上级主管人员批准以后,就可以根据此项标准来明确和寻找旅游服务企业。

旅行社对旅游服务的购买与其他购买行为不同,旅行社购买的服务的真正消费者不是旅行社,而是旅游者。但旅行社购买的服务又是旅行社产品的组成部分,因此,旅行社购买旅游服务时,一方面必须充分考虑最终消费者的需求意愿,另一方面又必须考虑本社产品组合的需要和成本等诸多因素的要求。这两者之间有时可能会出现偏差,甚至矛盾,这就要求采购人员在满足顾客要求的前提下,充分利用市场资源,综合比较和分析,积极与客户沟通,提出购买标准。

3.寻找旅游服务企业

购买人员可以通过各种方法寻找旅游服务企业。他们可以查找旅游企业名录,或请旅游企业协会的咨询机构推荐,或者请同行推荐。在此基础上,购买人员可以选择4~7个旅游服务企业,把购买标准拟定成投标书或者招聘书,寄送给各个旅游服务企业,并请他们提供各自的建议书或者招标书,以此作为选择的依据之一。

4.选择旅游服务企业

在这一过程中,购买人员依据各个旅游服务企业提供的招标书或者建议书选择旅游服务企业。在选择时,决策人员应考虑旅游服务企业的信誉、产品质量、价格、支付条件、营销人员的素质以及其对购买人员的需要所作出的反应。广告、宣传品等都可以对购买人员的决策产生重大的影响。购买人员根据他们感知到的每个旅游企业的特点和提供服务的能力等,进行综合权衡,找出最具有吸引力的旅游服务企业。

在大批量、高价值的购买成交之前,购买人员一般会与两家以上的旅游服务企业进行洽谈,以便在价格上和服务项目上获得更多的收益和优惠。有时候,大公司还有可能将大批量的旅游购买分成几个小的批量,选择几个不同的旅游供应商,以便分散风险,并加强与小型旅游业的联系。

5.购买以后的评估与反馈

购买结束后,购买人员要对每个旅游服务企业的效能进行综合评估。评估和反馈经常依据购买人员与旅游服务企业的营销人员的交往进行评估,比较重大的旅游购买活动发生以后,购买人员一般都要向产品和服务的最终使用者征求意见,了解他们对产品和服务的满意程度。购买以后的评估和反馈最终可以引起购买者决定继续购买或者不再购买该旅游企业的产品和服务。因此,旅游营销人员应该注意购买人员和最终使用者两方面对旅游产品的评价和对服务的反映,以便及时提供以后的服务并及时根据市场变化更新产品。

值得注意的是,并非所有购买产品和服务的活动都应该经历这样 5 个完整的采购阶段。只有价值高、批量大、重要程度高的旅游购买才会经历这样完整的 5 个采购程序,对于一般性的预订而言,购买人员大多数情况下是依据个人经验和他们的推荐或者使用者的要求直接购买,而不需要经历复杂的选择过程。

(六)旅行社产品采购管理

1. 广泛建立的采购合作网络

为了达到保证供应的目的,旅行社应该和有关的旅游服务供应企业建立广泛和相对稳定的合作关系,在旅游服务供不应求的时候,协作的网络越广泛,旅行社取得这些紧缺服务能力就越强;在旅游服务供过于求的时候,采购工作的重点转向取得优惠的价格方面,为了取得最便宜的价格,同样需要有一个广泛的协作网络。旅行社要建立和维持广泛的合作关系,一是应该善于运用经济规律,与合作的企业建立互惠互利的合作关系;二是应该善于开展公共关系活动,促进企业之间和有关销售人员之间建立良好的伙伴关系。

2. 正确处理保证供应与降低成本的关系

当旅游服务供不应求时,旅行社采购工作应该以保证供应为主要的采购策略。当旅游服务出现供过于求时,旅行社就致力于获得最便宜的价格,通过降低成本来增加自己的竞争能力和获得更多的利润,即在供应充足时,应该以降低成本作为主要采购策略。

3. 正确处理集中采购与分散采购的关系

作为旅游中间商,旅行社把旅游者的消费需求集中起来向旅游服务供应企业采购,因此,旅行社的采购是大批量进行的,在一般情况下,批发价格应该低于零售价格,这就是集中采购的优势。所以,旅行社应该集中购买以增强在采购方面的还价能力。在这方面做得好,降价和获得利润的空间就大些,推出市场的价格就更有竞争力,更能吸引消费者。但是,在供不应求的情况下,一个或少数几个旅游服务供应部门或企业不能提供旅行社所需的大量旅游服务供应,分散采购可能更易于获得客人需要的服务。另外,在供过于求十分严重的情况下,分散采购又反而能够得到便宜的价格。

4. 正确处理预订与退订的关系

旅游属于预约性交易,旅行社一般在年底根据其计划采购量和旅游服务企业洽谈未来一年的业务合作事宜,计划采购量一般是由旅行社参照前几年的实际客流量,并根据对下一年度市场的预测来确定的。计划采购量与实际消耗量之间总有差距。一般来说,供过于求的市场状况有利于旅行社取得优惠的交易条件;另一方面,双方协商的结构还取决于旅行社的采购信誉。

5. 加强对采购合同的管理

旅行社购买各种旅游服务项目而与旅游企业或相关部分订立的各种购买契约通称为旅游采购服务合同。它以一定价格向其他旅游企业及与旅游相关的其他行业和部门购买相关的服务行为,是一种预约性的批发交易,通过多次成交完成。这种采购特点决定了旅行社同采购单位签订经济合同的重要性,以避免和正确处理可能发生的各种纠纷。

采购合同的基本内容如下：

（1）合同标的

合同标的是指法律行为所要达到的目的。旅游采购合同的标的就是旅行社向旅游企业或相关部门购买的服务项目，如客房、餐饮、航空、陆路交通等。

（2）数量和质量

数量指买卖双方商定的计划采购量（非确切购买量）；质量则由双方商定最低的质量要求。

（3）价格和付款方法

采购价格是合同中所要规定的重要内容。确定采购量和定价的关系，以及合同期内价格变动情况，还要规定结算方式及付款时间等。

（4）合同期限

一般是一年签一个合同，也有的每年按淡旺季签两个合同。

（5）违约责任

违约双方要承担支付违约金和赔偿金的义务。

（七）变更后的采购

旅行社作为供应商，处于产业链的中端，是连接旅游供应商和游客的中间桥梁。正是由于旅行社在产业链的位置十分特殊，所以旅行社制定的旅游计划极易受到相关因素以及突发事件的影响，从而导致旅游计划变更，这会直接对原先的采购产生影响。当外联部或接待部告知变更时，计调部应积极协助处理，并作出相应调整，如根据团队人数增减、交通问题、行程变动等情况，作出修改行程，取消原定并重新采购等。

通常，计划在对原计划进行调整时，应遵循以下原则。

（1）变更最小原则。即将因计划变更所涉及的范围控制在最小限度，尽可能对原计划不作大的调整，也尽量不引起其他因素的变更。

（2）宾客至上原则。旅游计划是旅游活动的依据，旅行社同旅游者一旦形成约定关系，一般不要随意更改，尤其在行程进行中。对不可抗力因素引起的变故，应充分考虑旅游者的意愿，并求得他们的谅解。

（3）同级变更原则。变更后服务内容应与最初的安排在级别、档次上力求一致，尤其是用房。

变更后的采购所用通常方法：航班变故（考虑包机，但注意控制成本）、飞机改火车（尽量利用晚间，但距离不宜过长）、房、餐出现问题（应选择就近同级房、餐）。另外，采取加菜、赠品等小恩惠弥补因变故给客人带来的损失。

计调承上启下，连接内外，在旅行社中处于中枢位置。当计划变更和突发事件发生时，计调应立即拟出应急方案，并与旅行社的相关部门，如外联、接待以及交通、酒店、地接社等迅速构成协同通道，用以应对所有可能的突变。

【实训项目】

项目名称:旅行社产品现状调研

项目内容:了解一家旅行社旅游线路设计现状及经营状况

项目要求:要求了解一家旅行社最畅销的旅游产品线路,并分析其成功原因;了解该旅行社旅游产品类型和主要客源市场;针对旅行社经营现状,分析其未来发展趋势和方向;最后,结合上述资料,为该旅行社设计可行性高的新旅游线路。

项目流程:

1. 将全班学生分为若干组,每组同学联系一家本地旅行社;

2. 与旅行社经理进行访谈,搜集一手资料;

3. 对资料进行筛选,确定畅销旅游线路的优势特征(类型、价格、特色等)、旅行社目标客源市场、未来发展趋势等;

4. 针对该旅行社现状和发展方向,为其设计1~2条新旅游线路,并分析其市场接受度和可行性;

5. 形成方案。

【复习与思考】

一、实践思考题

1. 对本地旅游市场的客源特征进行调研和分析,形成调研报告。

2. 利用假期,参加一次团队旅行,结合所学知识,对其旅游线路设计进行分析。

二、案例分析

新兴旅游产品——医疗旅游抢占商机

随着中国游客前往韩国、日本等地医疗旅游的人数持续增加,马来西亚也看准了其中商机。马来西亚医疗理事会联合《车游天下 Getaway》在沪举办马来西亚医疗旅游展览会,向上海市民推广马来西亚医疗旅游的独到之处,除了先进的医疗水平、合理的医疗费用,还有当地丰富的旅游资源。

此次展览分成6个不同的健康领域,包括儿童健康,女性健康、健康体检、癌症治疗、心脏治疗和整形美容,这6个健康领域均由专业的医疗团队组成。马来西亚提供全面的医疗服务包括健康体检、整形美容、心脏手术等,拥有完备的医疗服务体系及拥有优质的医疗服务,医疗费用远远低于美国。马来西亚的医生和专家多拥有英国、澳洲、印度和美国承认的研究生学历,以及拥有包括普通话、英语、各种方言的多种语言能力。

据悉,医疗旅游是马来西亚新崛起并受到高度关注的"旅游"新领域,近年来,在政府的大力推行及私人医院的配合下,马来西亚已经以其完善和先进的医疗设备以及医疗水平,在国际上奠定了一席之地。据统计,2010年总共有38万的医疗游客到马来西亚,多数是进行心脏外科手术、骨科手术、整形手术、牙科手术、试管婴儿和健康检查等。2011年,中国医疗旅客达到6 000名,预测今年的中国医疗游客会不断的上升。(案例来源:上海商报)

(1)试分析医疗旅游产品的特色和发展空间。

(2)新旅游产品在投入市场时如何进行营销和宣传?有哪些方法?

【延伸阅读】

大唐不夜城

　　大唐不夜城步行街,位于曲江新区核心区,是陕西省、西安市重点建设项目,承载着曲江新区文化、旅游、商贸三位一体的重大项目集群,南北长2 100米,东西宽500米,总占地1 000亩。中轴线路以中央景观带为核心,分布着盛世帝王、历史人物、英雄故事等九组主题群雕,无不彰显着千年之前万国来朝的盛世景象,以及千年古都沉淀历史底蕴与文化创新的盛世气象。

　　大唐不夜城依托高质量夜游产品,如"盛唐密盒""贞观之治"等唐文化特色演出与"不倒翁"等极具创新度、辨识度和传播度的行为艺术演出,利用夜色特有的氛围感,以文化塑造夜游产品的内核,把无形的文化融入有形的体验,让游客沉浸其中、陶醉其中。夜经济的回归,反映了中国消费市场具有的韧性和潜力,通过发展夜经济,大唐不夜城不断升级业态、打造消费场景、提振消费信心和消费预期,从而助力经济实现稳步增长。

　　大唐不夜城街区在保护与还原盛唐文化原生态韵味的同时,不断加强文化创新,推出了"丝路长歌""俏唐妞"等精彩演艺跟游客产生更多互动,提高旅游品质。同时创新推出"乐舞长安""霓裳羽衣""华灯太白"等全新的行为艺术和表演,全网总曝光率超25亿次;以"不倒翁小姐姐"为代表的系列IP人物火遍全国后,大唐不夜城相继推出"与李白对诗送肉夹馍"活动,点评赞过亿。不仅给游客提供了不亚于繁华商圈的服务,也成为本地消费者的新的消费聚集地。

　　资料来源:根据《点亮"夜经济",融合共济文商旅! 大唐不夜城以文化创新续写盛世繁华》整理。

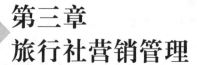

第三章
旅行社营销管理

【本章导读】

旅行社营销管理是旅行社经营管理的重要内容,也是旅行社管理者所面临的最重要的管理与决策工作。旅行社营销活动贯穿于旅行社经营管理的全过程,旅行社营销工作的水平直接决定着旅行社的核心竞争力。旅行社营销是旅行社产品与服务价值转移和增值的过程,涉及旅行社营销环境分析、市场调研与预测、市场细分、目标市场选择、市场定位等基本环节,也涉及旅行社产品的价格、渠道、促销等方面,需要整体考虑,系统推进。

【学习目标】

1. 通过本章的学习,使学生了解旅行社营销环境,理解旅行社营销组合策略,熟悉旅行社目标市场策略选择的影响因素,熟悉旅行社产品价格的构成、影响价格制定的因素及价格制定的方法与策略,熟悉旅行社的销售渠道的类型,熟悉中间商的选择与管理方法。

2. 学生能掌握旅行社市场调研与预测的方法;掌握旅行社目标市场选择策略;掌握旅行社定价策略、渠道策略和促销策略。

3. 培养学生按照国家经济规律和法律法规从事旅行社营销的意识和素质;培养学生在旅行社激烈的市场营销活动中敢于竞争、善于竞争的意识和能力。

【关键术语】

旅行社营销;营销组合;旅行社产品价格;旅行社销售渠道;旅行社促销

【本章导入】

大唐不夜城以盛唐文化为背景,以唐风元素为主线,建有大雁塔北广场、玄奘广场、贞观广场、创领新时代广场等四大广场,有西安音乐厅、陕西大剧院、西安美术馆、曲江太平洋电影城等四大文化场馆,还有大唐佛文化、大唐群英谱、贞观之治、武后行从、开元盛世等五大文化雕塑。大唐不夜城依托超级IP,创新旅游产品和营销方式,打造顶级的体验式旅游,满足旅游者的需求,取得了巨大成功,是西安唐文化展示和体验的首选之地。2020年7月至今,大唐不夜城步行街入选首批全国示范步行街名单,第一批国家级夜间文化和旅游消费集聚区名单,以及唐文化全景展示创新实践成果。

大唐不夜城的成功给旅行社营销工作带来了极大的启示:通过营销管理,精准识别市场需求,设计个性化产品,合理定价,多元促销,不断满足旅游者需求。在全面小康和大众旅游背景下,人们的旅游需求正从单一的观光旅游向兼顾观光旅游与休闲度假转变,向亲子、研学、医疗、体育等个性化、多元化需求转变。这就要求旅行社提供的旅游产品要从以前以资源为中心向现在以游客需求为中心转变,从以产定销向以销定产转变,创新旅游产品营销管理,丰富旅游产品供给。同时,消费群体的扩大和互联网技术的发展也对旅行社的营销方式提出了更高的要求,旅行社必须打破传统的营销模式,满足人们利用碎片化时间了解旅游信息、订购旅游产品的需求。旅行社只有不断优化并创新营销管理策略,才能做得更好,走得更远。

那么,旅行社从产品设计、产品定价到营销渠道选择、促销策略组合等工作应当如何协调开展工作呢?

第一节 旅行社营销概述

一、旅行社营销的概念

(一)市场营销

美国市场营销协会(AMA)、日本市场营销协会(JMA)、英国市场营销学会等组织,以及尤金·麦卡锡、马尔康·麦克纳尔、彼得·德鲁克等专家均对市场营销进行过定义。而其中最具代表性的还是营销大师菲利普·科特勒的观点,他认为市场营销是个人或集体通过创造、提供、出售并同他人交换产品和价值,以满足其欲望与需求的社会过程和管理过程。该观点揭示了市场营销的主要手段和最终本质。

(1)市场营销是以满足消费者需求为中心,坚持市场导向原则,通过研究商品供求规律和产销依存关系来探索、追求生产与经营活动的最佳路径,实现企业预期目标。

(2)市场营销活动起始于市场调研和消费者需求分析,包括营销战略管理、市场细分、目标市场选择、市场定位、产品开发、定价、渠道、促销等营销管理活动,贯穿市场经营管理的全过程。

(3)市场营销强调交换,与促销不同。促销以现有产品和服务为出发点,而营销则以市场需求为出发点;促销以广告和推销为活动方式,而营销则以产品、价格、渠道、促销等整体组合策略为活动方式;促销以增加销售量为目标,而营销则以提高顾客满意度为目标。

(二)旅行社营销

旅行社产品不是单纯以物质形态表现出来的有形产品,而是以线路产品为主体,以无形服务为核心的综合产品。因此,旅行社营销必须区别于传统实体产品的营销。具体来说,旅行社市场营销活动应当具备这样的功能。首先,了解旅游者的合理需求和消费欲望;其次,设计、组合、创造适销对路的旅行社产品,制订合理的价格,以满足旅游者的需要。因此,旅行社营销活动必须是旅行社与酒店、交通、景区等行业密切配合的结果。旅行社市场营销的作用在于沟通旅行社与旅游者之间、旅行社与供应商之间的各种关系,寻求旅行社的最佳经营效益。

综上,旅行社营销是为了让旅游者满意,实现旅行社经营目标而开展的一系列有计划、有组织、有步骤的活动,其核心任务是满足旅游者合理需求,最终目的是保证旅行社获得持续稳定的经营业绩和目标利润。旅行社营销就是在适当的时间、适当的地点,以适当的价格,通过适当的渠道,采用适当的促销策略,向目标旅游者销售适当的产品与服务,其出发点和落脚点都是旅游者需求和旅游者满意。

二、旅行社营销环境分析

营销环境是影响旅行社营销活动的重要因素和影响力量。旅行社面临的宏观环境和微观环境客观存在,形态各异,动态变化,广泛复杂。科学认识和分析旅行社营销环境,可以帮助旅行社认清自身优势和劣势,发现和识别市场机会,更好地提高环境适应性,从而提高市场竞争能力。

(一)宏观环境

宏观环境是指旅行社运行的外部大环境,市场营销人员必须根据外部环境中的各种因素及其变化趋势制定和调整自身的营销策略,以达成经营目标。旅行社业均受到外部宏观环境的制约,旅行社的宏观环境大都不可控,唯有努力适应。在旅行社市场营销活动中,宏观环境因素主要包括人口地理环境、政治法律环境、社会文化环境、经济环境、科技环境等几个方面。

1.人口地理环境

影响旅行社市场营销的人口环境与地理环境因素是多方面的,通常包括人口数量、构成情况、增长速度、文化水平、地理距离等。

(1)人口环境

人口环境是指旅行社业务范围所在区域的人口状况,包括人口分布、性别比例、年龄结构、流动状况、文化水平、人口收入、家庭结构以及所属民族等。人口与旅行社营销的关系十分密切,因为人是市场营销的主体,现实旅游者和潜在旅游者都是由具有一定特征的人所组成。人口特征新变化给旅行社带来了新的机遇和挑战:银发市场将成为未来旅游市场的一股生力军;人口出生率呈下降趋势,将出现更多的"丁克"家庭;城市之间、城乡之间的人口流动量将增大;女性、儿童、老年在旅游消费中开始扮演越来越重要的角色;体育旅游、文化旅游、康养旅游将成为具有持续竞争力的旅游新业态;研学、自驾、露营等家庭消费将成为旅游消费新主体;消费需求升级,消费者越来越关注旅游产品与服务的品质。旅行社需要适应人口变化,为不同职业的旅游者群体提供个性化、特色化的旅游产品。

（2）地理环境

旅游客源与地理距离关系密切,随着地理距离的增大,客源就会逐渐减小。因为旅游地理距离扩大,就意味着旅游费用和时间成本的增多,所以,国内旅游人次总是多于国际旅游人次,中短程国际旅游人次多于远程国际旅游人次。

2.政策环境

政策环境影响着旅行社营销活动的开展,包括政治环境、法律环境和政策环境,属于旅行社不可控因素。

（1）政治环境

政治环境是能够对旅行社营销产生重大影响的外部政治形势和状况。任何旅游企业都是在一定的社会形态和政治体制中运行的,因此,旅行社要了解所在国、所在地的政治局势、政府态度。这些因素不仅会影响到经济发展和市场购买力,而且对社会稳定和消费心理也会产生重大影响,特别是对于国际旅行社的经营产生重大影响,需要高度关注。

（2）法律环境

法律环境是旅行社必须严格遵循的规范,是旅行社经营必须遵守的准则。旅行社开展市场营销活动,必须全面了解并遵守相关国家或政府颁布的各项法律法规,从而保证旅行社在法律允许的范围内进行一切经营活动。同时旅行社还应注意用法律法规来对付竞争对手的"违法行为",保护自己的合法权益。

（3）政策环境

政策环境是政府为有效推进社会、经济、科技协调发展的一种带有强制性的规范,旅行社要多学习、研究有关政策规定,从中发现有价值的条文和信息并善加利用。比如国家关于带薪假期、旅游签证等问题的相关规定会影响旅游者的收入状况和可自由支配时间。比如,目的地国政府对旅游的资助、关税减免、长期低息贷款、信誉担保、免除收入及不动产、公共事业费减免、实行特殊的旅游者兑汇率,以及积极地提供各种优惠条件,鼓励投资者向旅游投资等,这些积极的扶持措施都会促使旅游业得到快速的发展。

3.社会文化环境

社会文化环境包括价值观念、教育水平、消费习俗、地位阶层、相关群体、家庭生命周期等各个方面。社会文化环境是被社会所公认的行为规范,也是一种经长期熏陶而形成的情感模式、思维模式和行为模式。

（1）价值观念

价值观念是社会中人们评判是非的标准,符合旅游者价值观念的产品就认为是好产品而受欢迎,不符合旅游者价值观念的旅游产品就会被认为是不好的产品而被冷落。中国传统的价值观念与西方文化相互影响,逐渐形成一种中西合璧的价值观念,如崇尚个性解放、时间观念、健康意识、环保意识等的觉醒,这些都是旅行社在开展营销活动时所必须关注的问题。

（2）教育水平

教育水平是指人们的语言文字和受教育程度,集中反映一个国家或地区的文明程度。

受教育程度的高低影响到一个人的修养、思想和行为,从而影响到旅游者对旅行社产品和服务的需求和选择。

(3)消费习俗

消费习俗是指人们在长期的经济与社会生活中形成的一种消费方面的风俗习惯,包括人们的信仰、饮食、节目、服饰等精神与物质产品的消费。消费习俗包括政治性的消费习俗、信仰性的消费习俗、纪念性的消费习俗、禁忌性的消费习俗、喜庆性的消费习俗、地域性的消费习俗等。旅行社要努力抓住不同的消费习俗,有针对性地设计独具特色的产品和服务,来满足旅游者不断变化的需求。

(4)地位阶层

地位阶层是按个人或家庭相似的价值观、生活方式、兴趣及行为等进行分类的一种相对稳定的等级制度。不同阶层对旅游商品的类别和档次需求不同,同一阶层对旅游商品的需求大体相似。因此,旅行社市场营销人员必须弄清楚旅游者所属的地位阶层,以便有针对性地开展营销活动。

(5)相关群体

相关群体是指能影响一个人的态度、行为和价值观的群体,如家庭、邻居、亲友和周围环境等。在网络经济时代,相关群体对旅游者的旅游决策产生重大影响,旅行社必须高度重视相关群体的示范作用和口碑效应。

(6)家庭生命周期

家庭生命周期是指家庭所处的不同阶段和形态,主要包括单身、新婚、空巢、满巢等几个阶段,不同阶段人员构成不同,家庭成员对旅游产品的购买种类和购买行为也不同,从而影响到旅游决策和消费支出。

4. 经济环境

经济环境是影响旅行社营销活动开展的重要因素,它直接关系到市场需求状况及其变动趋势。本国或本地的经济衰退会使得旅游消费大大缩减,国际经济事件也会对旅游产生重大影响。一般来说,影响旅游市场营销推广的经济因素主要包括以下4个方面。

(1)经济规模

要估计某一国旅游市场的潜力,营销人员要了解的就是经济规模及其变化趋势。主要了解国内生产总值、人均国内生产总值、收入构成及消费支出、个人消费模式与偏好等有关购买力的变量。

(2)经济发展阶段

不同的国家和地区经济发展阶段不同,人们对旅游这一活动的认知、接受和喜欢的程度也不同。一方面,经济比较发达的国家,其交通便利、通信发达、设施完善、资金雄厚,出门旅游的人数就越多。另一方面,发达的经济本身就可以为国家或本地区增加吸引力,吸引别国旅游者前往旅游。相反,一个贫穷落后的国家,设施落后,纵使有再美的风景,旅游者也大都会望而却步。

(3)货币汇率

这是反映不同国家货币之间的比价,对国际旅游需求的变化起重要的作用。如旅游客源国的货币升值,而旅游目的地国旅游商品价格未相应提高,则旅游者的实际货币成本就会降低,从而促使旅游需求的增加;反之,旅游客源国的货币对旅游目的地国的货币贬值,旅游成本上升,旅游需求相应减少。

(4)可自由支配收入

可自由支配收入指个人或家庭收入中扣除应纳所得税、社会保障性消费、日常生活必须消费部分之后所剩余的收入部分。一个消费者的可自由支配收入越多,其可以用于旅游或其他活动的支出也越多。个人可自由支配入是决定旅游者购买力和支出能力的决定性因素。旅行社营销人员要了解目标市场的消费者如何分配他们的可支配收入及其消费模式。

5.科技环境

科技环境是指科技要素及与该要素直接相关的各种社会现象的集合,包括国家科技政策、科技水平和科技发展趋势等。互联网、物联网、云技术、大数据等的发展对旅行社在全国乃至世界范围内的网络化营销管理都将产生革命性的影响。科技进步不仅大大提升旅游者的旅游体验,而且可以大大提高旅行社的工作效率,对旅行社营销活动产生重大影响。

(二)微观环境

微观环境是指对旅行社营销产生直接影响的各种力量。相对于宏观环境,旅行社对微观环境的可控性较强。为了提高营销效率,旅行社可部分控制或调整微观环境。旅行社营销人员应定期对企业所面临的微观环境及其因素进行分析,以便认清形势,更好地适应环境的变化,及时调整企业的营销策略。

1.消费者

旅行社营销的最终目的是在满足游客需求的基础上实现企业利润。因此,影响旅行社营销活动的最基本、最直接的环境因素就是各类消费者,旅行社始终要以旅游市场需求满足作为其营销活动的起点和终点。消费者分为旅游购买者和公司购买者。

(1)旅游购买者

旅游购买者是指最终旅游消费者,是影响旅游企业营销活动的最基本、最直接的环境因素。这类消费者具有以下特征:第一,人多面广。购买旅游产品的旅游者包括各种类型、各个阶层的人员。第二,需求差异大。旅游者因性别、年龄、习惯的不同,对旅游的具体需求存在较大的差异。第三,多属小型购买。旅游者多以个人或家庭为单位,团体购买的数量相对较小。第四,购买频率较高。旅游者的购买量虽小但品种多样,频率较高,如家庭出游的次数就比较频繁。第五,多属非专家购买。由于大多数旅游者对旅游产品缺乏专门知识,他们对旅游产品的选择不属于专家购买。第六,购买流动性较大。旅游者的购买力和购买时间都有一定限制,对所消费的旅游产品都需慎重选择,这就造成旅游者对地区、企业及替代品的选择的流动性较大。旅行社需要根据旅游购买者的年龄、性别、经济条件、文化程度、消费偏好、消费行为等特点,将旅行社产品和服务设计为各种档次、各种类别来满足不同层次旅游者的需求。

（2）公司购买者

公司购买者是指为开展业务而购买旅游产品的各种企业或机关团体等组织。其特点如下：第一，购买者数量较小，但购买的规模较大。购买者大多数是企业单位，购买者的数量比个人消费者少得多，但购买规模较大；第二，公司购买属于派生需求。购买者是为了开展业务、扩大自身利益而购买，其费用往往是公司的经营成本部分，如企业奖励旅游就具备这种特征；第三，公司购买需求弹性较小。因为公司是为了开展业务或者企业文化建设而购买，费用由单位支付，所以公司购买者对旅游商品和服务的需求受价格变动的影响较小；第四，专业人员购买。公司有专门的购销人员，他们往往是具有相应专门知识、相对内行的人员，他们购买时重视产品和服务的质量，一般的广告宣传对他们影响不大，对此类购买者可采用高价优质旅游产品策略。旅行社需要高度重视旅行社产品和整体服务质量，为公司购买者提供高效而满意的对客服务。

2. 供应商

旅行社供应商是指向旅行社及竞争者提供生产旅游产品和服务所需资源的企业或个人，是影响旅行社营销最重要的微观环境之一。旅行社应建立并维持与旅游供应商良好而稳定的关系。对旅行社而言，旅游供应商包括旅游景区、交通运输、宾馆酒店、娱乐场所等。维系好稳定而高效的供应商体系，不但有利于旅行社保证产品质量，而且有利于降低生产和经营成本。目前，许多旅游企业采取定点策略，使食、住、行、游、购、娱形成一条龙服务，互荐客源，互惠互利，收效颇佳。

3. 中间商

旅游中间商是指处于旅游生产者与旅游者之间，协助旅行社推广、销售和分配产品与服务给最终消费者的企业。中间商是参与旅游产品相关流通业务，促使买卖行为发生和实现的集体与个人，包括经销商、代理商、批发商、零售商、交通运输公司、营销服务机构和金融中间商等。旅游中间商在旅行社与旅游者之间扮演中间商的角色，在营销活动中具有重要的地位。旅行社与旅游者之间存在时间、空间、供求数量、产品品种等方面的矛盾，为妥善解决这些矛盾并节余社会劳动和交易成本，旅行社营销需要向中间商借力。中间商是旅行社营销的销售系统重要组成，是旅行社营销活动成败的关键因素之一。

4. 竞争者

竞争者主要是指那些在一定的地域内，提供的产品或服务在内容或档次上相同或相似，面对相同客源市场的旅行社。无论是国内旅行社还是国际旅行社，都在一定范围和程度上面临竞争。特别是国际旅行社，面临全球国际性市场，旅游产品的替代性强，潜在的竞争对手也多，市场环境极为复杂，市场竞争会非常大。竞争者的营销战略及营销推广活动的变化对旅游企业的营销工作肯定有明显冲击，旅游企业必须密切注意竞争者的任何变化，并作出相应的市场反应。此时，需要重点考虑以下情况并适时做出营销反应：旅游企业面临的主要竞争者和类型，包括同类旅游项目或者产品的竞争者、相互可以替代的旅游项目或产品之间的竞争者和争夺客源的竞争者；竞争者的市场营销推广状况；竞争者的内部管理状况。

5.社会公众

旅行社生存与发展依赖于良好的工作关系和社会环境。社会公众是旅行社市场营销微观环境中重要的影响因素。旅行社的社会公众是指与旅行社存在各种关系,能对旅行社施加影响的所有个人与组织,如新闻媒体、金融公众、政府机构、群众组织、社区公众、内部公众等。旅行社应重视与相关公众建立和谐的关系,营造良好的舆论氛围,以赢得社会公众的理解、好感、信赖、合作与支持。

(1)新闻媒体。新闻媒体主要是指报社、杂志社、广播电台、电视台、出版社等大众传播媒介。

(2)金融公司。金融公司是指影响旅行社获取资金能力的财务机构,包括银行、投资公司、保险公司、信托公司、证券公司等。

(3)政府机构。政府机构是指负责管理旅行社的业务和经营活动的有关政府机构。例如,旅游行政管理部门、工商、税务、卫生检疫、技术监督、司法、公安部门及政府机构等。

(4)群众组织。群众组织是指消费者权益保护组织、环境保护组织以及其他有关的群众团体等。

(5)社区公众。社区公众是指旅行社所在地附近的居民和社区组织。

(6)内部公众。内部公众是指旅行社内部的所有员工。

旅游产品生产与消费的同一性特点,使外部顾客参与旅游服务的生产过程,旅行社职工同时扮演生产者、销售者、推销者、服务人员等多种角色。旅行社必须采取适当措施与各种公众搞好关系,因为以上公众都能促进或阻碍旅游企业实现其市场目标。

三、旅行社市场调研与预测

(一)旅行社市场调研

1.旅行社市场调研的含义

旅游市场调研是指旅行社运用科学的方法,有目的、有计划、系统、客观地收集旅游市场的有关资料数据,并进行整理和分析,总结市场的变化规律并预测未来的方向,为旅行社管理者了解市场环境,发现经营问题和盈利机会,提供可靠依据的活动。旅行社营销是以满足旅游者的合理需求作为前提和基础,因此,旅行社营销的重要任务就是市场营销调研,充分、全面、科学了解旅游者的需要和欲望,并据此设计符合其需求的产品和服务。营销调研是旅行社营销活动的起点,也是旅行社最重要、最基础的工作。

2.旅行社市场调研的内容

(1)市场需求研究

市场研究包括市场潜在需求量、旅游者分布及旅游者特性研究。也包括旅游者购买行为研究,包括旅游者购买动机、购买行为决策过程及购买行为特性研究。

(2)营销环境研究

营销环境研究包括研究人口、经济、社会、政治、科技等因素的变化对旅游市场结构及营销策略的影响。

(3)产品及服务研究

产品及服务研究包括产品及服务设计、开发及实验,旅游者对产品形状、包装、品位等的喜好研究,现有产品改良建议,竞争产品的比较分析等。

(4)广告及促销研究

广告及促销研究包括测验、评估旅游商品广告及其他各种促销的效果,寻求最佳促销手法,以促进旅游者的有效购买行为。

3. 旅行社市场调研的类型

(1)探测性调研

探测性调研是对旅游企业发生的问题缺乏全面认识,甚至是在一无所知的情况下,为弄清问题而收集相关资料,对相关问题的范围、性质、原因而进行的小规模调研,在较小范围有选择性地向熟悉情况的人士征询意见。

(2)描述性调研

描述性调研是旅行社通过详细的抽查和分析,客观地反映旅游市场情况,清晰地描述旅游市场特征,提出多方面的有针对性的假设。

(3)因果性调研

通过调研确定企业各种变动因素间的相互关系。一方面是认清影响旅行社的关键因素,另一方面是测定这些因素影响旅行社经营与管理活动的内在关系。

(4)预测性调研

预测性调研可以通过专家和有经验的人士,对旅游市场的发展趋势做出判断,并可以在描述性调研或因果性调研的基础上进行分析和计算,预测未来变化的量值。

4. 旅行社市场调研的步骤

(1)识别问题

识别问题是进行市场调研的基础和前提。问题识别是否准确是影响旅行社市场调研是否成功的首要条件。调研人员必须清楚调研的主要目标、关键任务和主要内容,做到有的放矢。

(2)确定信息源

第一手资料是为特定的目的而收集的原始信息资料;第二手资料是调研人员较能直接以资料性质而掌握分析的资料。旅行社市场调研需要根据实际需要,确定采用相应的信息源,不同信息源对调研工作的要求和强度不同。

(3)收集信息

收集的信息包括显性资料与隐性资料。收集信息的过程须注意过程的科学性和实用性,使得信息真实有效。

(4)分析信息

营销信息的分析与统计是一项专业性极强的工作,需要专业的数理分析人员,采取科学的方法来开展,只有这样,才能保证得出的结论真实有效。

(二)旅行社市场预测

1.旅行社市场预测的概念

旅游市场预测是指旅行社根据既有的市场事实,利用已经拥有的知识、预测技术和经验,对影响市场变化的各种因素进行研究、分析、判断和估计,以掌握市场发展变化的趋势和规律。旅游市场预测主要包括:对市场的客源流向预测;对市场营销预测;对顾客人均消费额的预测;对产品的价格和利润预测等。市场预测是旅行社在广泛调研的基础上,根据充分的信息资料和经验,经过系统分析和逻辑推理,对市场变化作出定性的或者定量的判断,保证企业竞争的主动性。

2.旅行社市场预测的内容

(1)生产者预测

生产者的预测包括企业各个部门,尤其是对客服务的一线生产部门,要定期预测下个阶段的生产能力,如生命周期、客房出租率、餐位周转率、员工出勤率、资金周转额、接待量、生产费用、生产成本与利润、市场占有率等。

(2)旅游者预测

旅游者的预测包括市场需求量、潜在需求量、人均消费额、消费习惯、旅游者构成,以及他们的兴趣、爱好及其对旅行社产品价格的承受力等。

(3)竞争者预测

竞争者的预测通过合法手段来获取竞争对手尽量多的隐性信息。

3.旅行社市场预测的方法

(1)定性预测法

该方法是根据旅行社的实际情况,对企业发展的性质、方向和程度作出判断。定性预测方法包括专家会议法、德尔菲法、经理人员判断法、销售人员意见法、消费者购买意向调查法等。

(2)定量预测法

该方法是根据准确、系统、全面的调查统计资料和经济信息,运用统计方法和数学模型,对未来的旅游市场需求进行预测。定量预测方法包括时间序列预测法和因果关系预测法。

四、旅行社营销组合策略

(一)定义

1960 年美国著名的市场营销专家麦卡锡教授提出了著名的 4Ps 营销策略组合理论。4P 即产品(Product)、定价(Price)、渠道(Place)、促销(Promotion)。4Ps 营销组合策略在服务业,特别是在旅游市场营销中得到了广泛而长久的应用。

旅行社营销组合策略是指旅行社在选定的目标市场上,综合考虑环境、资源、能力、竞争状况和自身可控的各种营销因素,以满足和创造旅游者需求为中心,进行优化组合和综合运用,合理组合和设计旅行社的产品(product)、价格(price)、分销(place)以及促销(promotion)等活动,充分发挥整体优势和效果,以便更好地服务于目标市场,增强竞争实力,实现旅行社营销目标。

旅行社营销不是采用单一手段从事经营活动,而是强调在产品、品牌、定价、财务、服务、渠道、促销等各个方面都要制定相应的营销策略,以综合性的营销策略组合进行整体营销。这些策略和手段总体来讲包括产品策略、定价策略、渠道策略、促销策略等四大方面,以及公共关系策略、财务控制策略、服务营销策略、信息化营销策略等。旅行社需要整体组合这些策略,使之相互联系,共同作用,形成有针对性和实效性的营销手段和方法。

(二)特点

1. 动态性

4Ps营销组合是一个变量组合,随着市场需求、竞争关系等的变化而动态变化。构成旅行社营销管理组合的产品、定价、渠道、促销等四大因素就是自变量,是最终影响和决定旅行社市场营销效果的决定性要素。营销组合的最终结果就是因变量,即为这些自变量的函数。从这个关系看,营销管理组合是一个动态组合,只要改变其中的一个要素,就会出现一个新的组合,也产生不同的营销效果。

2. 层次性

旅行社营销管理组合由许多层次组成,就整体而言是一个大组合,每个层次又包括若干的要素。因此,旅行社在确定营销管理组合时,不仅更为具体和实用,而且相当灵活,不但可以选择各个要素之间的最佳组合,而且可以恰当安排每个要素内部的组合。

3. 整体性

旅行社必须在准确地分析、判断特定的市场营销环境、企业资源及目标市场需求的基础上,才能制定出最佳的营销管理组合策略。因此,最佳的市场营销组合绝不是产品、价格、渠道、促销四个营销要素的简单相加,而是各个因素相互配合、相互作用,协同一致,整体推进,产生$1+1>2$的营销效果。

4. 可控性

旅行社市场营销管理组合因素都属于旅行社企业内部可以控制和调整的因素。旅行社可以根据旅游市场需求与竞争状况,设计旅游产品的结构、质量、数量,制定灵活的价格策略,自由合理地选择营销渠道和促销手段。

5. 灵活性

旅行社营销管理组合必然会受到不可控的外部因素的影响,对旅行社营销活动产生直接或间接的制约作用。因此,旅行社必须预测外部环境的变化,具备充分的应变能力,能根据旅游需求特点,市场竞争状况,以及外界环境的变化,适时调整内部可控因素,合理组合营销策略。

第二节　旅行社目标市场选择策略

旅行社的一切营销活动都是围绕目标市场展开的。目标市场是指企业决定进入的具有共同需求或特征的购买者的集合。旅行社在开展营销活动时,首先应注重基础环节的研究,这些基础环节的工作主要包括市场细分、目标市场选择和市场定位。市场细分、目标市场选择和市场定位是一个连续的过程,需要统筹规划。这些工作是旅行社发现潜在市场机会,进入目标市场的关键和前提。在市场细分的基础上,旅行社根据自己的优势条件确定目标市场,明确具体的服务对象,对企业和企业产品进行科学定位,实施相应的营销策略。

一、选择目标市场的步骤

1.预测市场需求

旅行社选择目标市场,必须对其现有和未来的市场需求和容量做出客观的分析与预测,包括当前旅行社的市场份额、未来可能达到的市场份额等。由于未来市场增长与经济发展、收入水平、人口增长等宏观因素有着密切的关系,因此旅行社还要分析这些因素的发展变化是否有利于自身企业市场需求的发展,最后综合评价、决定是否需要进入这一市场。

2.旅游市场细分

为了适应旅游者多样化、个性化的需求,旅行社需要根据地理、人口、心理、行为等因素,将整个市场划分成不同类别的细分市场,辨别具有不同需求的旅游者群体。地理因素是指以旅游者所在的不同的国家、地区或区域作为划分市场的标准,这是最基本的一种旅游市场细分标准。人口因素包括旅游者的性别、年龄、收入水平、职业与受教育程度、家庭生命周期等因素。消费者需求和偏好与人口统计变量关系密切,且人口统计变量比较容易度量,相关数据共享度高,相对容易获取。因此,人口统计变量是旅行社最常用的一种市场细分标准。心理细分变量根据旅游者的社会阶层、生活方式、个性特征等划分不同市场群体。消费行为细分变量包括消费者的购买目的、购买时机、购买数量、购买频率和对品牌的忠诚度等。例如,按照年龄细分可以划分为银发市场、中年市场、青少年市场、儿童市场等,按照地理细分可以划分为东南沿海市场、西北地区市场等,按照行为动机细分可以划分为观光旅游市场、休闲旅游市场、度假旅游市场等。

3.目标市场选择

旅行社在市场细分的基础上,充分考量自身企业的资源和实力,根据各细分市场的吸引力,评估旅行社的营销机会,从中选定一定数量的细分市场作为自己的目标市场,制定具有针对性的营销策略,满足目标市场的个性化需求。例如,驴妈妈旅行网关注到了女性旅游者的快速崛起,重点关注女性旅游者的个性化需求,围绕"她经济"做文章,注重提升和优化旅游产品的品质和综合服务能力,且关注女性游客的人身安全与权益问题。飞猪旅行把目标客群锁定为互联网下成长起来的个性化的一代,结合阿里大数据生态资源优势,通过互联网手段,让年轻消费者获得更自由、更具想象力的旅程。马蜂窝旅游网以"自由行"为核心,提供旅游攻略、旅游问答、旅游点评等资讯,以及酒店、交通、当地游等独具特色的自由行产品及服务。

4. 旅游市场定位

市场定位是根据竞争者现有产品在市场上所处的位置,针对旅游者对该产品某种属性的重视程度,进行设计、包装、宣传、促销,塑造出旅行社与众不同的、个性鲜明的、符合旅游者需求的市场形象,并通过有效的方式传递给目标旅游者,从而在目标市场上占有强有力的竞争地位。准确的市场定位是旅行社立足市场,取得成功的重要前提。

旅行社的市场定位策略可以强调产品特征方面的差别,如旅行社的线路、项目、特色等,也可以强调服务水平、价格、价值等方面的差别,以便旅游者能够将该旅行社及其产品与竞争对手区别开来。市场定位是以了解和分析旅游者的需求为中心和出发点的,其目的是让旅行社的产品或服务走进旅游者心灵深处,设定本旅行社独特的、与竞争者有显著差异的形象特征,引发旅游者心灵上的共鸣,留下深刻印象并形成记忆,以确定旅行社产品独一无二的形象与地位,以便于旅游者识别和购买。从本质上讲,市场定位的过程就是旅行社创造需求、促进购买的过程。

二、旅行社目标市场营销策略

旅行社在选择自己的营销策略时必须根据自身的条件、产品与服务的特点以及市场的竞争状况,在无差异目标市场策略、差异目标市场策略和集中性目标市场策略之间进行选择。

(一)无差异目标市场策略

无差异目标市场策略是指旅行社忽视旅游者需求的差异性,而将整个旅游市场都作为自己的目标市场,只推出一种产品和服务,制定一种价格,运用统一的营销组合策略开展营销活动。这种策略突出的优点在于可以简化分销渠道,相应地节省市场调研和广告宣传的经费开支,使产品平均成本降低。缺点是忽视了旅游者的差异性和个性化需求。随着旅游者的收入水平、社会地位、生活方式以及兴趣偏好的不断变化,对旅行社产品多样化、特色化的需求日益增长,单一的市场营销策略很难满足旅游者的差异化需求。因此,本策略主要适用于市场上供不应求或少数垄断性较强的旅行社企业,在竞争激烈的市场中总体上不能适应现代旅游业的发展。

(二)差异性目标市场策略

差异性目标市场策略是指旅行社根据旅游者的不同需求特点对整体市场进行细分,并在此基础上选择整体市场中数个或全部细分市场作为自己的目标市场,针对不同细分市场的需求特点,提供不同的产品与服务,制订不同的营销组合策略,满足不同的细分市场需求。该策略多为技术和资金实力雄厚的大旅行社所采用。例如,旅行社针对老年人的"夕阳红"

产品系列,针对家庭的亲子游、研学游产品系列,针对金领女性群体多推出的高端购物游产品系列等。

这种策略的优点是能更好地满足旅游者的不同需求,有利于提高旅行社产品的竞争力,扩大整体市场份额。如果一个旅行社能够同时在几个细分市场上占有优势,就会产生连带效应,有助于树立起令旅游者信赖的、具有较高美誉度的市场形象。另外,由于旅行社同时经营数个细分市场,有助于降低其在某个单一市场中的经营风险。这种策略的局限性主要表现在由于多品设计,多线经营,增加了生产、管理和营销成本,又由于经营分散使得旅行社在单一子市场中难以实现规模经济,从而影响了经营效率。

(三)集中性目标市场策略

集中性目标市场策略是指旅行社集中所有力量,以一个细分市场作为目标市场,实施高度专业化的服务,试图在较小的细分市场上占有较大的市场份额。集中性市场营销策略主要适用于资源有限的中小旅行社或者初次进入新市场的大旅行社。例如,驴妈妈主要针对女性旅游市场,满足女性游客的自由行出行需求。这种策略的突出优点是目标市场集中,能快速开发适销对路的产品,提高旅行社及产品在市场上的知名度,有利于集中企业资源,降低生产成本,节省营销费用,增加企业盈利。但是,由于目标市场相对狭小,经营风险较大,一旦市场需求发生变化或出现更强的竞争对手,旅行社就可能陷入经营困境。

三、影响旅行社目标市场选择的因素

(一)旅行社的资源或实力

旅行社资源包括旅行社的人力、物力、财力、时间、信息、技术及旅行社品牌等。如果旅行社规模较大,实力雄厚,有能力占领更大的市场,则可以采用差异性市场营销策略;如果旅行社资源有限,实力较弱,无力兼顾整体市场或较多的细分市场,则可以采用集中性市场营销策略。

(二)旅行社产品的同质性

同质性是指本旅行社产品与其他旅行社产品的相似性。如果本旅行社产品同其他旅行社产品相同或者高度相似,说明产品同质性高,适宜采用无差异性市场营销策略;反之,如果产品差异较大,则适宜采用差异性市场营销策略或集中性市场营销策略。

(三)旅游市场的需求特性

市场特性主要是指市场的同质性,即细分市场之间旅游者需求特征的相似程度。若旅游者需求比较相近,对旅游产品的兴趣和偏好大致相同,旅行社则应采取无差异性营销策略;反之,则应考虑采取差异性营销策略。

(四)旅游产品的生命周期

旅游产品所处生命周期阶段不同,旅行社采取的营销策略也不相同。旅行社推出新产品时,因竞争者相对较少,旅游者对该产品了解程度有限,故宜采用无差异性营销策略。当旅游产品进入生命周期中的成长后期和成熟期时,投入市场中的产品品种增加,市场竞争加剧,旅行社为了在角逐中战胜竞争对手,需要延长产品的生命周期,宜采用差异性营销策略。当旅游产品进入衰退期时,旅行社为了维持一定的市场份额,常常采用集中性营销策略。

(五)旅行社竞争者的数量

当旅行社的竞争者数量较少时,一般可以采用无差异性营销策略;当竞争者数量较多且市场竞争较为激烈时,宜采用差异性或集中性营销策略,以确保本旅行社的产品和服务在一个或多个方面区别于竞争对手,以形成竞争优势。

(六)竞争者的市场营销策略

旅行社在选择目标市场的营销策略时,必须考虑竞争对手所采取的营销策略。如果某个实力较强的竞争对手已经采用了差异性营销策略,在本旅行社难以与之抗衡的情况下就应该进行更有效的市场细分,实行集中性营销策略;如果竞争对手的力量较弱,而自己的力量较强,则可完全根据自己的情况确定市场营销策略。

第三节　旅行社产品定价方法与策略

价格是旅行社产品价值的货币表现形式,是旅行社营销组合中唯一产生收入的因素。合理的产品定价和价格策略,可以影响旅行社生产效率,影响旅游市场供求关系。制定产品销售价格是旅行社营销管理的一项重要内容。旅行社产品价格是旅游者参加由旅行社组织的旅游活动或委托旅行社为其提供某项服务所需付出费用的总和。价格策略是指旅行社通过对旅游市场需求量的估计和成本的核算,按照相应标准为相应产品制定合理的价格,最终实现旅行社的营销目标。因此,旅行社需要采用合理的价格策略来吸引旅游者,既要避免因价格过低而导致旅行社产生损失,又要防止因价格过高造成目标市场不接受。

一、旅行社产品的价格构成

旅行社产品的价格,从旅游者的购买方式上看,可分为单项服务价、半包价和全包价。旅游者可根据需要,选择不同的购买方式。其中包价旅游主要包括综合服务费、房费、城市间交通费和专项附加费4个部分。

(一)综合服务费

其构成含餐饮费、基本汽车费、杂费、导游费、领队减免费、全程陪同费、接团手续费和宣传费。

(二)房费

旅游者可以根据本人意愿,预订高、中、低各档次酒店,旅行社按照与酒店签订的协议价格向旅游者收费。

(三)城市间交通费

城市间交通费是指飞机、火车、轮船、内河及运河船和汽车客票价格,因受供求关系以及设施改善等方面因素的影响,每年都要做出相应的调整。

(四)专项附加费

1.汽车超公里费

凡去机场、车站、码头接送游客者接送各按一次(即一次实驶、一次空驶)计费,即单程公里数价格。几个游览点在同一方向路线上,单项游览时按单项计算,多项游览时只取最远点计算,不能多项合并计算。

2.特殊门票费

一般情况下是指景点第一道门票费、游江游湖费、缆车费等。

3.专业活动费和风味餐费

一般情况下,专业活动费和风味餐费是由旅游者现付。

二、旅行社产品定价的影响因素

商品价值决定商品价格,旅行社提供的旅游产品的价格是由旅游产品本身的价值所决定。由于受多种因素变动的影响,旅游产品的价格总是围绕价值上下波动。旅行社产品是一种特殊产品,其价格受到产品成本、营销目标、供求关系、竞争状况、认知价值、汇率变化、政策因素等共同影响。

(一)产品成本

产品成本是影响旅游价格的最直接因素。旅行社生产和销售产品,需要获得一定的收益来弥补其成本开支。成本既是价格的组成要素,又是产品定价的主要依据。旅行社可以通过不同的方法计算其成本,但产品定价不应低于成本。旅行社产品的成本,在许多情况下不是旅行社单方面所能控制的。旅行社的产品具有较强的综合性,其中大部分项目和服务都是从旅游供应商采购而来的。如果供应商根据自身经营情况进行了价格调整,旅行社产品的成本就会发生相应的变化,这就必然会影响到旅行社产品的价格。

(二)营销目标

不同时期,不同阶段,旅行社有不同的营销目标,有时是为了增加销售量,提高市场占有率;有时是为了击败竞争对手,站稳脚跟;有时是先打响知名度,再提升美誉度。不同的营销目标会影响到旅行社产品的定价。

(三)供求关系

市场供给量和市场需求量之间的数量对比关系,在很大程度影响着旅游产品价格。在某一时期内,某一旅游市场在旅游产品的供给规模既定的前提下,对某一旅游产品的需求量的增加会导致该产品供给的相对短缺,旅行社为了赚取更多的利润,会提高该产品的价格,形成卖方市场。反之,需求量的减少会导致旅游产品供给的剩余,旅行社为出售商品而降价,形成买方市场。如果旅游市场的需求量和供给量达到平衡状态,旅游产品的价格就会趋于稳定,但这种稳定只是暂时的,很快又会产生新的波动。

(四)竞争状况

在竞争激烈的旅行社业中,产品的定价常常不得不考虑竞争对手的因素。旅行社之间是一种激烈的博弈关系,旅行社产品的降价和提价都要考虑竞争对手的反应,在此基础上确定最终的价格。目前,旅行社业整体供过于求,且产品相对雷同,旅行社企业之间的竞争非常激烈。多数旅行社都采用价格这一最直观、最有效的竞争手段来吸引旅游者,使得削价竞争长期存在。

(五)认知价值

需求价格是指在一定时期内旅游者对特定产品所愿意支付的价格,是旅游产品的实际成交价格。旅游者对旅游产品价值的理解和认知决定了他愿意支付的价格。如果旅游产品的价格超过了旅游者所理解的产品价值,旅游者就会认为不值而放弃购买,从而影响旅游产品价值的实现。这种情况下,旅行社倾向于以较低的价格换取旅游者的接受和购买。

(六)汇率变化

汇率是两种不同货币之间的比价,也是一国货币单位用另一国货币单位所表示的价值,汇率对国际旅行社影响较大。旅行社在国际旅游市场的产品售价,一方面取决于产品本身的价值,另一方面取决于本国货币与外国货币之间的比率。在旅行社产品价值不变的情况下,产品售价应与汇率变化呈反比例关系。例如,当人民币升值时,我国旅游产品的国际市场价格实际上涨了,为避免由此失去客源,旅行社应适当降低产品的售价。当人民币贬值时,我国旅游产品的国际市场价格实际上降低了,为避免由此带来的经济损失,旅行社应适当提高产品的售价。

(七)政策因素

这是影响产品定价的一个政治因素。国家对某些产品规定了最高限价,对某些产品则规定了最低保护价。旅行社在定价时应首先服从国家的价格政策,在这个大范围内参照其他因素进行定价。

总之,影响旅行社产品定价的因素是多方面的,并且各因素之间互相作用,旅行社要科学、合理地进行定价,充分运用价格杠杆开展营销活动。

三、旅行社产品价格制定的原则

价格决策是旅行社决策最重要的内容之一,旅行社的经营管理人员要制定出合理的产品价格,必须遵循旅行社行业的相关原则。

1.市场化原则

旅行社经营管理者在制定产品价格时,应遵循市场原则,以旅游市场需求为导向,根据市场需求的变化制定和调整产品的价格。当旅行社产品供不应求,处于卖方市场时,产品的价格可以适当脱离产品成本的制约,以旅游市场的实际需求为依据,适度提高产品的销售价格。当旅行社产品在市场上供过于求,处于买方市场时,旅行社则应该将产品的价格做适当的下调,以求薄利多销,提高产品的市场竞争力。

2.质量化原则

旅行社产品的核心是通过向旅游者提供与产品价格相等的服务,使旅游者的旅游需求得到满足。旅行社应做到按质论价,优质优价,以达到旅游者的期望值为准则,决定产品价格的高低,使产品的价格与旅行社提供的服务相匹配。旅行社在制定产品价格时,必须坚持质量原则,既不应使产品价格过分高于旅游者的期望值,给旅游者造成产品质次价高的不良印象,也不应把产品价格定得过低,使旅行社自身蒙受不必要的损失。

3.稳定性原则

旅行社产品的需求弹性系数较大,因而旅游者对于旅行社产品价格的变化相当敏感。旅行社产品价格的频繁变化或较大幅度地提价会给旅游市场带来一定程度的波动,使潜在的旅游者在心理上产生不稳定的感觉,挫伤他们购买本旅行社产品的积极性,进而影响本旅行社产品的市场需求。因此,旅行社的经营管理者在制定和调整产品价格时,必须遵循稳定性原则,使产品的价格在一段时间内保持相对稳定,以增加旅游者对本旅行社产品的信心,提高本旅行社产品在旅游市场上的竞争地位。

4.灵活性原则

旅行社产品一般由多种单项旅游服务构成,如旅游交通、住宿餐饮、游览参观、娱乐购物等。这些单项旅游服务多具有供求关系多变和不可贮存等特点。因此,旅行社产品也具有同样的性质。例如,同一个旅行社产品,在旅游旺季时可能供不应求,是一种紧俏商品,而到了旅游淡季却又可能供大于求,变成滞销商品。由于旅行社产品不可贮存的性质,旅行社不能将旅游淡季里的滞销产品保存起来,等到旅游旺季到来时再投放市场。所以,旅行社在制定产品价格时,必须根据旅游市场需求的变化,对产品的价格做出灵活的调整,以增加产品的销售量,从而提高旅行社的经济效益。

四、旅行社产品的定价目标

旅行社在定价之前必须首先确定定价目标。旅行社产品的定价目标是旅行社营销目标的基础,是旅行社选择定价方法和制定价格策略的依据。一般情况下,旅行社产品的定价目标有以下 4 种。

(一)利润最大化

此种定价目标就是通过制定高价格,以期在较短的时间内获取最大利润。旅行社通过高价以获取最大利润或投资收益,它并不等于简单追求最高价格,而是追求长期最高利润。采用这种定价目标的旅行社,其产品多处于绝对有利的地位。但使用这种定价目标应注意,由于旅游者的担忧、竞争者的增加、替代品的产生等因素,旅行社的有利地位不会保持很久。因此,尽管是以追求最大利润为目标,其定价还是应当适中,要着眼于长期最大总利润。为实现这个目标,旅行社应不断改善经营管理,提高服务质量。若旅行社只顾眼前利益,将产品价格定得过高,不仅风险过大,还易损害企业形象,失去客源市场。

(二)预期投资利润

此种定价目标是指旅行社把通过定价使价格有利于在一定周期内实现企业的投资,且能够获得一定的预期投资报酬作为定价目标。由于预期投资报酬是通过销售产品来实现的,因此,产品的价格水平应努力确保预期投资报酬的实现。旅行社一般是根据投资额,把期望得到一定百分比的纯利或毛利作为目标,将产品的成本加上预期的利润,作为产品的价格。采用这种定价目标应注意确定合理的利润率。

(三)市场占有率

市场占有率是指企业产品销售量在同类产品市场销售总量中所占的比重,它反映了一个企业的经营状况和产品在市场上的竞争能力。维持或提高市场占有率,对旅行社来说有时比单纯获取投资报酬更为重要。旅行社采用这种定价目标是从占领市场的角度来考虑产品价格的。一般来说,在市场占有率一定的前提下,提高或维持市场占有率需要采用低价格策略。市场占有率高,则可取得规模效益,降低成本,增加盈利。旅行社以低价渗透来获取较高的市场占有率,是以降低单位产品利润为代价的,因此,选择这一定价目标,旅行社需具备不断扩大再生产的物质条件,以保证旅行社大量生产。

(四)稳定市场价格

为了长期稳定地占领目标市场并获得适当的利润,企业采取保持价格稳定的方法,可避免不必要的价格竞争或价格骤然波动所带来的经营风险,这是获得一定的投资收益和长期稳定利润的一条重要途径。以稳定价格为营销目标对大旅行社而言是一种稳妥的价格策略,而中小旅行社一般也愿意追随大旅行社制定价格。

五、旅行社产品的定价策略

旅行社产品的价格是旅行社营销活动中一个十分敏感、十分重要的因素,对价格的管理关系旅行社营销的成败。旅行社产品需求弹性较大,它的价格强烈影响到旅游者的购买行为,影响到旅行社旅游产品的销量及利润。不同的价格目标决定了要采用不同的价格策略,旅行社的定价策略必须服从和服务于旅行社产品的定价目标。定价策略是旅行社制定价格的指导思想和行动方针,旅行社应根据不同的产品和市场状况,以及旅游者心理特点,采取相应的定价策略,实现产品的定价目标。旅行社产品的定价策略一般分为新产品定价策略、差别价格策略、心理定价策略和折扣定价策略。

(一)新产品定价策略

在激烈的市场竞争中,旅行社开发的新产品能否及时打开市场销路,获取高额利润,很大程度上取决于是否有一套行之有效的产品定价策略。常用的新产品定价策略有以下几种。

1. 撇脂定价策略

这是一种高价策略,即在新产品投入市场之初,通过制定高价在短期内获得较大利润。撇脂定价策略不仅能在短期内为旅行社新产品赢得利润,而且还便于在竞争加剧时采取降价手段。但该价格策略价格高,利润大,会引起大量竞争者涌入市场。

2. 渗透定价策略

这是一种低价策略,即在新产品投入市场时,以较低价格吸引消费者,从而迅速在市场上站稳脚跟。渗透价格策略以低价渗透市场,有利于增加销售量,尽快获得市场占有率。同时也便于阻止竞争对手进入,有利于控制市场,但若产品不能迅速打开市场或者遇到强有力的竞争对手,将会给旅行社造成重大损失。

3. 适宜定价策略

适宜定价是介于撇脂定价和渗透定价之间的价格策略。新产品价格定在高价与低价之间,可以使各方都满意。旅行社适宜定价,属于保守行为,不适宜于瞬息万变和竞争激烈的市场环境,易丧失市场份额及获取高额利润的机会。

(二)差别价格策略

差别价格策略是指相同的旅游产品以不同的价格出售的策略,其目的是形成若干个局部市场,以扩大销售,增加利润。

1. 地理差价策略

各地旅游资源丰度不同,吸引力大小不同,可进入性强度不同,服务水准不同,造成旅游者对不同地区的旅游需求也不尽相同,因此,出现了旅游热区、热点、热线和冷区、冷点、冷线以及温点温区。旅行社应根据所处地区的不同,采用地理差价策略,以吸引旅游者,扩大客源市场规模。

2. 时间差价策略

时间差价策略,即对相同的产品,按需求的时间不同制定不同的价格。旅游活动有较强的季节性,旅游旺季旅游者大量涌入,对旅行社产品需求量大,造成产品供不应求。而旅游淡季由于旅游者大幅度减少,旅行社产品出现供过于求的情况。根据淡季、平季、旺季分别采取不同的时间差价,有利于调节旅游者的流量和流向,降低旅行社的经济损失。旅游季节差价一般可控制在 20% ~ 30%,幅度大小也可视产品特点和市场需求而定。

3. 质量差价策略

高质量的产品,包含着较多的社会必要劳动时间,可实行优质优价策略。旅游产品构成中无论是有形的物质性产品还是无形的服务,在质量上都存在很大差异。在现实的旅游市场营销中,需要使产品质量为广大旅游者认识和承认,成为一种被消费者偏爱的产品,才能产生质量差价。

4. 批零差价策略

批零差价策略,即同种旅游产品,由于销售方式不同所引起的价格差别。比如,旅行社对团队购买者和散客购买者实行差别价格。

(三) 心理价格策略

心理价格策略是指运用心理学原理,根据不同类型的消费者购买旅游产品的心理动机来制定价格,刺激其购买行为发生的策略。

1. 尾数定价策略

尾数定价策略是指保留价格尾数,采用零头标价,以满足消费者求廉价的消费心理。又由于尾数标价精确而给人以信赖感,对于需求价格弹性较强的商品,尾数定价策略可大大增加销售量。旅游线路虽然一般采用整数定价,但近些年旅游者在购买旅行社产品,尤其是单项服务产品时,乐于接受尾数价格而不喜欢整数价格,认为尾数定价使其获得了一种折扣优惠。所以,不少旅行社也在尝试采用尾数定价策略。

2. 整数定价策略

旅行社在定价时,采用合零凑整的方法,制定整数价格。这是针对消费者心态对高档消费品采用的定价策略。消费者往往是通过价格来辨别产品的质量,而整数价格又能提高身价,使旅游者产生"一分钱一分货"的想法,促使旅游者从价格来判断产品性能的高低、质量的好坏,有利于提高产品的市场形象。例如,高端豪华旅游产品常常以整数作为尾数,以彰显高端大气、品质卓越的市场形象。

3. 声望定价策略

针对消费者"价高质必优"的心理,对在消费者心目中享有声望、具有信誉的产品制定较高价格。价格档次被当作商品质量最直观的反映,因此旅行社,尤其是在一定区域内声望高、信誉好的旅行社,为了保持和提高自己的声誉,可为产品制定较高的价格,提升品牌地位,塑造高品质、高价值、高品位的品牌形象。

4. 招徕定价策略

利用消费者廉价消费的心理,对旅行社产品以低价或降价的办法吸引消费者,借机扩大销售,打开销路。这种定价策略以旅行社的整体利益为目标,而不是以个别旅游产品的收益为目标。

5. 分级定价策略

分级定价策略,即把同类产品的价格有目的地分档形成价格系列,针对旅游者比较价格的心理,价格制定者让旅游者明显感到产品存在高低档次的差别,便于旅游者按自己的习惯与能力选择和购买相应档次的产品。

(四)折扣价格策略

折扣价格策略是一种在交易过程中,把一部分价格空间转让给旅游者以此争取更多市场份额的价格策略。旅行社采用折扣价格策略,应先确定旅行社产品的基本价格和折扣办法。

1.数量折扣

这种策略也可称为批发折扣策略,这种折扣以购买金额或购买数量为基础,累计达到一定的数量,在价格上给予一定的折扣,折扣幅度会随购买数量或购买金额的增加而增大。

2.现金折扣

这种策略是旅行社对及时付清账款的客户给予的一种折扣。这样可以加快旅行社的资金周转率,减少因赊欠造成的利息损失和坏账损失。

3.季节折扣

季节折扣是指旅行社针对客户购买淡季产品或冷点旅游线路的一种折扣,又称之为季节差价。旺季价格高,淡季价格低;热点价格高,冷点价格低。此外,在举行大型节庆或其他活动(如奥运会、世界博览会等)时,客流量集中,也可临时适度降低旅游价格等,可以根据实际情况灵活运用。

4.同业折扣

同业折扣是旅行社对同一集团网络或战略联盟内部接收的客源给予价格折扣,如某地中国旅行社对当地华侨大厦的住客报名参加该社旅游时给予一定的价格优惠,因为中旅社与华侨大厦同属于中旅系统成员。

5.整体折扣

将旅行社的一系列产品组合成一个整体进行"捆绑"销售,并给予较大的整体折扣,比如景区+酒店可以享受到更好的折扣。旅游者购买这个"捆绑"的产品时,可以获得比单项购买更大的优惠。

六、旅行社产品的定价方法

旅行社为了在自己的目标市场上实现预期的定价目标,就要确定适当的定价方法,给已有的产品制定基本的价格,并对价格变化做出事先的计划。旅行社在定价时应对市场需求、产品成本和竞争状况进行综合研究,定价方法不尽相同。旅行社的定价方法可大致分为以成本为中心、以市场需求为中心和以竞争为中心三大类型。

(一)成本导向定价法

1.总成本加成定价法

在计算出旅游产品成本后再确定一个能收回成本并包含一定利润的加成百分比,然后定出产品的价格。其计算公式为：

$$单位产品价格＝单位产品总成本×（1＋目标利润率）$$

例如，某旅行社一日游的产品成本为100元，旅行社确定的成本利润率为20%，则一日游产品价格＝100×（1＋20%）＝120（元）

这种定价方法是旅行社常见的一种定价方法，简便易行，以成本为中心，不必依据需求情况而作调整，采用这种方法可以使旅行社获得正常利润。但是，这种定价法单从旅行社的利益出发进行定价，忽视了市场需求及需求变化，且成本利润率只是一个估计数，缺乏科学性，会导致旅行社产品在市场上缺乏竞争力。

2. 目标收益定价法

这种定价法是根据旅行社的总成本或投资总额、预期销量和目标收益额来确定价格。旅行社在确定目标利润额及预测全年旅游者天数以后，先按旅游者总人天数计算出总成本，然后用总成本加预测总利润并除以外联人天数，就可以得出平均销售价，其基本公式为：

$$单位产品价格＝（总成本＋目标收益额）/预期销售量$$

例如，某旅行社以接待国内旅游团队为主营业务，该旅行社2023年的目标利润总额是570 000元，固定成本是760 000元，根据预测，该旅行社2023年将接待38 000人天的国内团体包价旅游者。据调查，该旅行社所在地区适宜接待国内旅游团队的酒店平均房价是180元/间（双床）；旅行社接待每一人天的综合变动成本为25元；那么，该旅行社接待国内旅游者的每人天收费是：

$$\{[760\,000+38\,000×（90+25）]+570\,000\}/38\,000＝150（元/人天）$$

在理论上，这种定价方法可以保证目标利润的实现，但由于此方法是以预计销售量来推算单价，而忽略了价格对销售量的直接影响，只有经营垄断性产品或具有很高市场占有率的旅行社才有可能依靠其垄断力量按此方法进行定价。

3. 边际贡献定价法

边际贡献定价法是指旅行社在产品定价时，只计算变动成本，而不计算固定成本。这种方法主要用于同类旅行社产品供过于求、市场竞争非常激烈、客源相对不足的市场环境。其计算公式为：

$$单位产品价格＝单位产品变动成本＋单位产品边际贡献$$

例如，某旅行社在旅游淡季推出一日游团体包价旅游产品，每人市内交通费40元，正餐费30元，导游费15元，门票费26元，共计111元。由于市场竞争激烈，又时值旅游淡季，客源较少。因此，旅行社难以用111元的价格招徕大量的旅游者。在这种情况下，旅行社采用边际贡献法，将价格降为104元，即减少导游收入7元。这样，该项旅行社产品的单位售价为104元，高于变动成本96元，仍可获得边际贡献8元。

这种定价法能给旅行社提供衡量销售价格的客观标准，便于旅行社掌握降价幅度，开展价格竞争。只要边际贡献大于零，旅行社就可以在更大的范围内开展价格竞争，争取市场比较优势。

(二)市场导向定价法

以市场需求为中心定价是根据旅游者对旅行社产品价值的认识和需求程度,而不是根据成本来定价的一种方法。

1.理解价值定价法

这是以旅游者对产品价值的认识程度为依据而制定价格的方法,其特点是根据旅游者对产品或服务项目价值的感觉而不是根据成本来制定价格。运用这种定价方法,要求旅行社必须准确测定产品在旅游者心目中的价值水平。因此,旅行社必须利用市场营销组合中的非价格因素,如产品质量、服务水准、广告宣传等,来影响旅游者,使他们对产品的功能、质量、档次有大致的判断。如果旅行社开发的产品是高质量、豪华型的,只要通过促销宣传使消费者意识到这是一种高档消费产品,即使旅行社定价偏高还是能吸引旅游者。利用这种定价方法,需对市场进行深入细致的调查研究,以正确判断市场的理解价值。

2.需求差异定价法

需求差异定价法是指同一旅行社产品,对于需求不同的旅游者,采用不同的价格。一般以该产品的历史价格为基础,根据市场需求变化情况,在一定幅度内变动价格。

(1)以顾客为基础的差别定价,如旅行社对于散客、团队分别采取不同的价格。

(2)以时间为基础的差别定价,如旅行社分别在淡、平、旺季采用不同的价格。

(3)以地点为基础的差别定价,如对旅游热点、冷点、温点的旅游线路分别制定不同的价格,以调节旅游者的流向和流量。

(4)以产品为基础的差别定价,全包价产品和单项服务产品定价各不相同。

(三)竞争导向定价法

以竞争为中心定价是指旅行社在制定价格时,主要以竞争对手的价格为基础,以应对和避免竞争为目的而制定价格。

1.率先定价法

在竞争激烈的市场环境中,通过特别手段,采取特殊营销,使同质的产品在市场中树立起不同的产品形象,从而选择或高或低的具有竞争性的价格来占领市场。这是一种进攻性的定价方法。

2.随行就市定价法

这是一种旨在避免竞争的定价方法。旅行社根据同一行业的平均价格或其直接竞争对手的平均价格来制定自己的价格。在竞争对手众多的旅行社产品市场,价格稍有出入,旅游者便会涌向廉价旅行社,因此,随行就市定价法在竞争态势不明朗,旅行社缺乏较强竞争力的情况下有利于避免竞争,帮助旅行社保持既有市场份额。这是一种防御性的定价方法。

3.追随核心定价法

假定市场上有起核心作用或居主导地位的旅行社大企业,其他中小旅行社需跟随这个核心制定大致相仿的价格并随其价格变化而调整。旅行社应根据自身产品特点和市场供求状况,灵活选择运用定价方法,同时注意与其他非价格竞争手段的协调配合。这是一种跟随性的定价方法。

第四节 旅行社营销渠道策略

任何一个旅行社在具有了足够的生产能力时,都希望能尽量扩展营销渠道,一方面这是因为扩展营销渠道能使旅行社接触到更多的消费者,从而扩大产品的销售量,增加旅行社的市场份额,实现旅行社的发展壮大,使旅行社具有强大的竞争优势。另一方面,由于旅行社的目标市场与本企业空间距离较远,比如国际旅行社,其目标市场遍布世界很多地方,旅行社必须借助营销渠道中各中间商的力量,才能接触到目标市场,实现产品的销售。

一、旅行社营销渠道的概念

旅行社营销渠道,又称分销渠道,是指旅行社生产出来的产品,在适当的时间、适当的地点,以适当的价格提供给旅游者,是其产品所经历的各个中间环节所连接起来的通道。简而言之,旅行社营销渠道是指旅行社将产品转移给最终消费者的实现途径。按照旅行社是否涉及中间环节,营销渠道分为直接营销渠道和间接营销渠道。

二、旅行社营销渠道的类型

(一)直接营销渠道

直接营销渠道是指旅行社直接将产品销售给旅游者,又称为零层次渠道,是一种产销结合的销售方式,是最短最简单的营销渠道。直接销售的方式有:人员推销、自设门市或销售网点销售、电话或网络销售、以旅游展销会等形式与顾客直接签售。

直接营销渠道是最古老的销售方式。直接营销渠道,旅行社省去了与中间商的合作,易于控制价格;能及时获得旅游者需求变化的市场信息等第一手资料;可及时加快资金的周转,减少佣金开支;激励旅行社向旅游者提供高质量的旅游产品,树立旅行社形象。但是,直接营销渠道存在一定缺陷。当销量小或销量不稳定时,旅行社的销售成本增加,经营风险增大;当销售面广、旅游者分散时,旅行社难以把产品全部出售给旅游者。

(二)间接营销渠道

间接营销渠道是指旅行社借助中间商将产品出售给最终消费者。

1. 单层次渠道

单层次渠道是指旅行社与旅游者之间只存在一个中间环节。通常是旅行社将其产品销售给中间商,一般是由旅游零售商作为销售代理将产品销售给旅游者。一般情况下,通过零售商或专业媒介向旅游者销售的产品均为包价旅游产品,这类产品既适合个体旅游者,也适合团体旅游者。

2. 双层次渠道

双层次渠道是指旅行社与旅游者之间存在着两个中间环节。这种营销渠道多用于入境旅游产品的销售，旅行社将其产品提供给境外旅游批发商或旅游经销商，然后再通过客源地旅游代理商或零售商出售给终端旅游者。

3. 多环节渠道

多环节渠道是指旅行社与旅游者之间存在 3 个及以上的中间环节。例如，有的渠道中间比双层次渠道多一个地区产品销售总代理。通过批发商、经销商或专业媒介向旅游者销售产品，虽然介入了另一个中间环节，价格并未增加，因经营商或批发商实力较大，通常可以获得较理想的批量折扣。批发商还可以根据自己的经验，在相关旅行社产品基础上进行加工和组合，如加上其他国家和地区的产品，经过这样加工后的产品往往更适合当地旅游者的需求。

与直接营销渠道相比，间接营销渠道增设了中间环节及扩大了销售队伍，因此，旅行社销售活动的辐射范围增大，销售能力增强。但是，旅行社对销售活动的控制力减弱，难以控制产品的最终售价，费用结算相对较慢，容易延缓旅行社资金周转的速度；同时，旅行社需支付中间商一笔佣金，增加了旅行社的成本。

三、旅行社营销渠道选择的影响因素

旅行社在经营过程中，既可以选择直接营销渠道，也可以选择间接营销渠道。旅行社销售人员究竟应该在什么情况下选择直接营销渠道，什么情况下选择间接营销渠道，必须从旅行社同其产品的目标市场之间的距离、客源市场的集中程度、旅行社的自身条件和经济效益四个方面进行分析，选择合理的营销渠道。

（一）旅行社同目标市场的距离

如果旅行社所选定的目标市场距离旅行社较近，甚至与旅行社同在一个城市或地区，那么旅行社一般应采用直接营销渠道。这样，旅行社既可以不通过任何中间环节而直接向旅游者销售产品，达到节省销售费用和提高销售利润的目的，又能够更好地了解旅游者的需求，根据旅游者的意见对产品做出及时的改进，有利于产品的销售。

然而，如果旅行社距离目标市场较远，则应采用间接营销渠道，这是因为间接营销渠道具备独特的优势：

（1）熟悉市场。由于生产产品的旅行社远离目标市场，很难做到对潜在旅游者十分了解，而当地的旅行社则因长期与该地区的旅游者打交道，比较熟悉所在地区的市场情况，能够根据当地旅游市场的特点进行有的放矢的宣传促销，吸引更多的潜在旅游者购买旅行社的产品。

（2）节省销售费用。旅行社如果派遣销售人员到远离其所在地的旅游客源地直接销售其产品，需要花费包括长途交通费、食宿费、销售人员工资或销售佣金等大量的销售经费，会降低旅行社的销售利润，而利用目标市场所在地旅行社作为中间商进行销售，则只需付出一定比例的销售佣金，低于直接销售的费用。

（二）客源市场的集中程度

对于那些范围小而潜在旅游者又很集中的旅游市场,旅行社可以采取直接营销渠道。在这种市场上,由于客源集中,旅行社可以在客源所在地设立相应数量的销售机构,就能够将数量较多的产品销售出去,可以收到销售成本低,招徕的客源多,销售利润高的效果。对于那些范围广,潜在旅游者非常分散的客源市场,旅行社一般应充分发挥间接营销渠道的作用,广泛招徕旅游者。

（三）旅行社的自身条件

所谓旅行社的自身条件,包括以下几个重要因素,即旅行社的声誉、财务能力、管理经验和能力、对营销渠道的控制能力等。第一,如果旅行社拥有良好的声誉和财务能力,可以组织自己的销售网点进行直接销售;反之,如果旅行社及其产品的声誉尚未在旅游市场上确立,或者旅行社缺乏资金,则最好采用间接营销渠道销售其产品。第二,如果旅行社在市场营销管理方面具有较强的能力和较多的经验,可以直接向旅游市场推销其产品;反之,如果旅行社缺乏在这方面的经验或管理能力较弱,则应该选择有能力的旅游中间商帮助销售产品。第三,如果旅行社具有较强的控制营销渠道能力,可以采用在客源市场所在地区设立分支机构的方法,直接经营向旅游者销售产品的业务;反之,如果旅行社缺乏控制营销渠道的能力,则可以采取与旅游中间商合作的方式,通过间接营销渠道进行产品销售。

（四）经济效益

旅行社通过旅游中间商销售其产品所获得的销售收入要低于由旅行社直接进行产品销售所获得的收入,因为旅游中间商要将产品销售的部分收入留下,作为它帮助旅行社销售产品的报酬,因而使旅行社的产品销售利润降低。然而,旅行社通过旅游中间商进行产品销售可以为其节省数目可观的销售费用,从而降低旅行社产品的销售成本,并提高旅行社的总利润,因此,旅行社在决定采用哪种营销渠道时,应将两种营销渠道所产生的实际效益进行对比,从中选择经济效益比较好的营销渠道。

四、旅行社营销渠道策略

营销渠道策略是影响旅游产品销售的关键因素。国内旅行社在销售活动中,都同时采用直接营销渠道和间接营销渠道。对于近距离的目标市场,旅行社多采用直接营销渠道。而对于庞杂、分散的目标市场,旅行社多采用间接营销渠道,借助各类型中间商的力量,扩大旅行社销售活动的辐射空间。间接营销渠道通常采用以下三种销售策略。

1. 广泛性营销渠道策略

广泛性营销渠道策略,即广泛地委托零售商或通过各地旅行社及相关企业销售产品,招揽客源的一种策略。其优点是选择广泛的渠道推销产品,方便了旅游者的购买,同时便于旅行社联系现实旅游者和潜在旅游者,也有利于在广泛销售的过程中发现理想的中间商。不利之处在于销售过于分散,管理难度大,成本较高。

2.选择性营销渠道策略

选择性营销渠道策略,即旅行社在一定时期、一定市场中选择少数几个中间商的策略。往往是经过了广泛性营销渠道策略之后,旅行社从广大中间商中优选出几家有利于产品推销的中间商来作为以后的产品营销渠道。优点是目的明确,重点集中,易于控制,成本降低,缺点是一旦中间商选择不当则可能影响相关市场的产品销售。这种策略适用于专业性较强、成本较高的旅游产品,比如,旅行社推出的探险旅游、沙漠旅游、体育旅游等专项旅游项目。

3.专营性营销渠道策略

专营性营销渠道策略是指在一定时期、一定地区内旅行社只选择一家中间商的销售策略。此时,作为旅行社总代理的中间商一般不能同时代销其他竞争对手的产品。优点是可以提高中间商的积极性和推销效率,旅行社与中间商联系单一,产销双方利害关系紧密,可以有效降低成本。缺点在于如果中间商经营失误,就可能在该地区失去一部分市场份额,若中间商选择不当,则可能完全失去该市场。

五、旅游中间商的选择

旅游中间商是指协助旅行社推广、销售旅游产品给最终消费者的集体和个人。它主要包括旅游批发商、旅游经销商、旅游零售商、旅游代理商,以及随着互联网的产生与发展而出现的在线网络服务商。

(一)旅游中间商的类型

旅游中间商是指介于旅行社与旅游者之间,从事转售旅行社产品,具有法人资格的经济组织或个人。根据旅游中间商的业务范围,大体上可分为旅游批发商和旅游零售商两大类。根据旅游中间商是否拥有所有权,又可将其划分为旅游经销商和旅游代理商,而旅游批发商和旅游零售商都属于经销商。

1.旅游经销商

旅游经销商是将旅游产品买进以后再卖出(即拥有产品所有权)的旅游中间商,他们的利润来自旅游产品购进价与销出价之间的差额。其又分为以下两大类。

(1)旅游批发商

旅游批发商是指从事批发业务的旅游中间商,他们一般不直接服务于最终消费者。旅游批发商通过大量订购旅游交通、景点、酒店等旅游单项产品,将这些产品编排成不同时间、不同价格的包价旅游线路,然后再批发给旅游零售商,最终出售给旅游者。目前,国内的旅行社都尝试"旅游批发"这种新的经营模式。一般来说,旅游批发商的经营范围可宽可窄,有的旅游批发商可在全国甚至在海外通过设置办事处或建立合资企业、独资企业等形式进行大众化产品的促销工作,或者广泛经营旅游热点地区的包价旅游产品;有的旅游批发商也可在特定的目标市场中只经营一些特定的旅游产品,如专项体育活动、专项节日活动等产品;有的旅游批发商则可以通过某一交通运输工具组织包价旅游,如我国的长江三峡豪华游艇包价旅游、汽车穿越塔克拉玛干沙漠包价旅游等。

（2）旅游零售商

旅游零售商是指那些直接面向广大旅游者从事旅游产品零售业务的旅游中间商。旅游零售商主要向旅游者宣传与销售最终的整体旅游产品，是旅游产品销售的主要形式。旅游零售商承担着旅游者决策顾问与产品推销员的双重角色。为适应旅游者的多种需求，旅游零售商要熟悉多种旅游产品的优劣、价格和日程安排，要了解和掌握旅游者的支付水平、生活需求、消费方式等情况，以帮助旅游者挑选适宜于其需求的旅游产品。同时，旅游零售商在市场营销活动中应具有较强的沟通能力和应变能力，要与旅游目的地的酒店、餐馆、风景点，以及车船公司、航空公司等旅游接待企业保持良好的联系，能根据旅游市场及旅游者的需求变化而相应地调整服务。

2. 旅游代理商

旅游代理商，是指那些只接受旅游产品生产商或供应商的委托，在一定区域内代理销售其产品的旅游中间商，他们的收入来自被代理旅行社所支付的佣金。旅游代理商的零售业务包括为游客提供旅游咨询服务、代客预订、代办旅行票据和证件等。

（二）旅游中间商选择的标准

旅游中间商的选择，直接决定着旅行社间接营销渠道策略的成败。旅行社应首先进行综合分析，明确自己的目标市场，了解旅游市场需求状况，确定旅游产品的种类、数量和质量，选择营销渠道策略，然后有针对性地选择适合自己的旅游中间商。旅行社对中间商的选择应从以下几个方面进行考察。

1. 经济效益性

总的原则应考虑成本相对较低、利润相对较高的销售网络和中间商，实际中注意风险与利润的辩证统一关系。毫无疑问，风险小，利润小，风险大，利润也大，所以应该在风险大小与利润高低之间进行合理平衡和选择。

2. 市场一致性

旅行社在选择旅游中间商时，还要看该中间商的目标群体是否与旅行社的目标市场相一致，一般说来，目标群体与旅行社目标市场相一致的旅游中间商比其他旅游中间商更具备销售旅行社产品的能力、经验与愿望，例如，某旅行社以专业旅游者为目标市场，应选择专门经营或主要经营专业旅游业务的旅游中间商作为合作伙伴。

3. 商誉与能力

中间商应有良好商业信誉、较强的推销能力和偿付能力，其中偿付能力是双方合作的经济保障。

4. 业务依赖性

依赖性大小影响着中间商的努力程度。一般专营中国旅游业务的中间商对我国旅行社具有相当大的依赖性。而既经营中国旅游业务，又同时经营多国旅游业务的中间商，依赖性就较小，甚至不存在任何依赖性。

5. 规模与数量

选择的中间商过多会造成销售费用的增加,同时,因交易次数增加也会增加产品成本,中间商之中也会因"粥少僧多"而影响推销积极性;中间商过少有可能形成垄断性销售。从规模上来说,中间商规模大,组团能力强,易形成垄断性销售,往往使旅行社自身受制于中间商;但中间商规模过小,实力单薄,也不利于产品推销,因此应该合理考虑中间商的数量和规模。

6. 合作意向

旅行社应通过不同的渠道,了解中间商是否有意与旅行社合作。旅行社与中间商之间存在相互选择的问题。旅行社在选定中间商后,便可以签订合同,协同开展业务。

(三)旅游中间商的管理

旅行社对旅游中间商的管理,主要通过以下 4 个途径。

1. 建立旅游中间商档案

旅游中间商档案可包括不同内容,可详细可简单,但都要包括中间商的基本信息。中间商档案信息的积极备案在旅行社与中间商合作过程中起着决定性作用。

2. 旅游中间商的激励

旅行社应不断采取相应的激励措施,最大限度地发挥中间商的销售职能。一般来说,激励方法有正刺激和负刺激两种。正刺激是最主要的手段,通常有利润刺激、资金支持、信息支持等。

3. 旅游中间商的协调

为保证营销渠道畅通,旅行社应尽量使各中间商结成利益共同体,协调各中间商以合作为主,这样各方所获得的信息和效益才能更大。营销渠道的冲突,会发生在零售商与零售商之间,或旅行社与批发商之间,或批发商与零售商之间。为了将冲突带来的损失降到最低,协调中间商的经营,旅行社可依据具体情况采取适当措施,通常可采用共同目标法、互相渗透法、责权利法等。

4. 旅游中间商的调整

市场千变万化,经常令旅行社应接不暇。旅行社应当不断调整中间商队伍,通常可采用增减中间商数量、增减营销渠道等手段,以确保营销渠道的畅通。

第五节 旅行社促销策略

旅行社促销是指旅行社通过各种方式向旅游者和从事旅游招徕业务的旅行社介绍本旅行社的产品信息,影响并说服他们购买或推销这些产品的策略与方法。旅行社在市场经营过程中经常面对广大的现实旅游者和众多的潜在旅游者,为了增加其产品的销量,旅行社必须将各种产品信息通过广泛高效的传播手段最大限度地告知公众,通过反复提示和引导,以引起旅游者对这些产品的注意和兴趣,进而产生购买的欲望和动机,以便最终达成购买和消费。由此可见,产品促销是旅行社的一项重要经营业务,也是旅行社营销活动成功的保证。

一、旅行社促销的作用及原则

(一)促销的作用

促销的主要任务是传递信息、增加销售。一般来说,旅行社促销有以下几方面的作用。

1. 提供信息

旅行社将产品推向市场,为了使更多的旅游者了解此产品,就需要旅行社及时提供产品信息,向旅游者进行大力宣传,以引起他们的注意。大量的旅游中间商需要采购适销对路的旅游产品,也需要旅行社提供信息。

2. 激发需求

旅行社向旅游中间商和旅游销售者宣传介绍旅游产品,不但可以激发需求,有时还能创造需求。

3. 突出特色

在同类旅游产品竞争比较激烈的情况下,由于许多旅游产品只有细微的差别,旅游者难以察觉和辨别,此时,旅行社通过促销活动,加强宣传,帮助旅游者认知并区别自身产品与竞争产品的特质,进而促进产品销售。

4. 扩大销售

在激烈的市场竞争中,由于各种原因,旅行社某些产品的销售量可能波动较大,通过适度的促销活动可以引导更多的旅游者形成对本旅行社产品的偏爱,从而达到扩大销售的目的。

(二)旅行社促销的原则

1. 实事求是原则

宣传促销的内容要真实,不夸大,不缩小,更不要无中生有。促销宣传所反映的内容,必须是旅游者后来能亲身领略到的。失真必然失信,百分之一的失真,可能导致整个宣传促销效果的全部丧失。

2. 常变常新原则

旅游宣传促销要讲究实效,不断创新,不断变化内容和形式,经常保持吸引人的新鲜感。因为旅游业是一个综合性的行业,新情况、新动态层出不穷,加之竞争激烈,这些都需要不断更新和改善宣传,提高自身的竞争力。

3. 有的放矢原则

旅游宣传需要具备针对性,要针对所要吸引的旅游者的主体进行宣传。还要考虑到旅游者所在国家和地区的旅游资源情况,如对北欧国家宣传推销我国黑龙江的滑雪场和冰雕艺术,就无法收到好的效果。

4.唯我独有原则

激烈的市场竞争和多元需求差异,决定着旅游促销必须从内容到形式都具有独特的个性,能给人与众不同的新鲜感,从而产生强烈的吸引力。从形式上,必须具有浓厚的地方特色,是别的国家和地区所没有的东西;从内容上,必须是任你走遍世界,只有本旅行社提供的旅游产品才能让你享受到的体验感;从选材上,虽然宣传的内容非常广泛,但在具体的宣传促销工作中,选材必须少而精,必须抓住重点,精选唯我独有的内容,防止面面俱到,多而不精。

二、旅行社促销组合策略

(一)旅行社促销组合的内涵

促销组合指旅行社在营销沟通过程中各个要素的选择、搭配及其运用。促销组合一种组织促销活动的策略和思路。旅行社将各种基本促销方式组合成一个策略系统,使其全部促销活动互相配合、协调一致,最大限度地产生整体效果,从而顺利实现经营目标。

(二)旅行社促销的基本策略

不同的促销组合形成不同的促销策略。从促销活动运作的方向来分,有推式策略和拉式策略。

1.推式策略

推式策略是以中间商为主要促销对象,把旅行社产品推入分销渠道,最终推向市场。采用推式策略的旅行社通过说服旅游中间商向旅游者推销旅行社产品,达到促进旅行社产品销售的目的。推动式促销策略的基本逻辑是旅行社把产品推荐给旅游批发商,再由旅游批发商推荐给旅游零售商,最后由旅游零售商推荐给最终消费该产品的旅游者。推式策略适用于中小型旅行社。

2.拉式策略

拉式策略是指旅行社以消费者为促销主体,通过大量的广告宣传,来诱发旅游者的购买欲望,使旅游市场产生对该产品的强烈需求,从而推动旅游中间商向旅行社购买旅游产品的促销策略。由于广告的费用大,所以拉式策略多为大型旅行社所采用。

(三)旅行社促销的主要方式

促销组合包括广告促销、人员促销、营业推广、公共关系以及新媒体营销等。

三、旅行社广告促销

广告促销是指企业按照一定的预算,支付一定数额的费用,通过不同的媒体对产品进行广泛宣传,促进产品销售的传播活动。旅游广告具有传播面广、表现力强、人均成本低等特点。旅行社在广告促销中常用的工具分为自办媒体、大众媒体、网络媒体三大类型。旅行社的自办媒体包括户外广告牌、广告传单和载有企业或产品信息的纪念品。自办媒体广告具有能够自主选择宣传对象和广告命中率高的优点。大众媒体通常包括报纸、杂志、广播、电视等,是旅行社开展促销活动中经常利用的传播媒体,具有形象生动、影响力强和传播范围广等特点。网络媒体是指以互联网为主要载体的传媒形态,是继大众传播媒体之后,迅速成长的又一重要传媒形态。

(一)确定广告目标

实施广告策略,首先要确定广告目标。广告目标是指企业通过广告要达到的目的。广告目标的实质就是要在特定的时间,对特定的受众,完成特定内容的沟通。旅游企业的广告目标取决于企业所在的发展阶段和整体营销目标。一般来说,具体分为以下3种基本类型。

1. 告知型广告

告知型广告是指旅游企业通过广告向目标对象提供各种旅游产品信息,如产品类型、产品特色、产品价格等。其主要应用于旅游产品市场开拓的起步阶段,主要介绍新旅游服务项目,有利于激发潜在消费者的初步需求和树立良好的市场形象。此外,通过告知型广告,企业还可以向市场介绍一项老产品的新用途,介绍产品的变化和可以提供的服务,说明产品的性能和功效。

2. 说服型广告

说服型广告主要用于旅游产品的成长期。此时,旅游者对某一产品有需求,但还没形成品牌偏好,可在不同品牌中进行选择。因此,说服型广告主要突出本企业产品的特色、与竞争者产品之间的差异等,目的在于建立旅游者对本企业的品牌偏好,改变旅游者对本企业产品的态度,鼓励旅游者放弃竞争者的产品进而购买本企业的产品。

3. 提示型广告

提示型广告主要是为了随时提醒消费者旅游产品的存在及优势,保持旅游产品的知名度和吸引力。实践证明,提示型广告不但可以提醒旅游者及时购买旅游产品,还能够大大缩短旅游者重复购买旅游产品的间隔时间。

(二)进行广告预算

为了实现成本与效果的最佳结合,以较低的广告成本达到预期的广告目标,旅游企业必须进行合理的广告预算,即投放广告活动的费用及使用计划,它规定了各种经费额度和使用范围等。具体分为以下4种方法。

1. 量力而行法

量力而行法是指根据旅游企业财务的承受能力来决定企业广告预算的方法。这种方法简便易行,但是容易造成广告费用和真正需要的费用脱节,从而导致广告计划难以执行,无法实现预期的广告目标。相对来说,这种方法较适用于小型旅游企业的广告及临时的广告开支。

2.销售百分比法

销售百分比法是指把某一时期内销售额的一定百分比作为广告预算。这种方法使广告费用与销售收入挂钩,简便易行,但是这种方法颠倒了两者之间的关系,忽视了广告促销对销售收入的正效应。同时,使用这一方法,需要根据本企业的历史经验和数据、行业一般水平等来确定该百分比,没有充分考虑未来市场的变化。

3.目标任务法

目标任务法是指根据为实现广告目标所必须完成的任务及为完成这些任务所需要的费用来决定广告预算。目标任务法具有较强的科学性,注重广告效果,使预算能满足实际需求。但是用该方法确定各费用带有一定的主观性,且预算不易控制。

4.竞争平衡法

竞争平衡法是指参照竞争对手的广告费用来确定能与其抗衡的广告费用。把竞争对手的广告费用考虑进来,有利于与竞争对手在同一平台上对话,保持在广告促销中处于平等或优势地位,但是这种方法过于关注费用支出,忽视了竞争者广告费用的不合理性及与竞争者之间的差异。因此,使用竞争平衡法时应考虑企业自身的实力及与竞争者之间的差别,不能盲目攀比。

(三)设计广告信息

广告能否达到预期效果和目标,取决于广告信息设计得是否有创意,是否对消费者有吸引力和感染力。因此,旅行社在广告设计中应遵循真实性、针对性、创造性、简明性、艺术性和合法性等原则。

1.真实性原则

真实性原则是指旅行社广告设计人员在设计广告时必须做到所展示的信息全部真实、可靠。旅行社不得在广告中夸大其词,无中生有,对旅游者产生误导。广告中不得含有故意欺骗旅游者或恶意攻击、诽谤其竞争对手的内容。

2.针对性原则

针对性原则是指旅行社的广告必须从内容到形式都围绕着广告主题,根据现实旅游者和潜在旅游者的心理特征、消费偏好、购买习惯等特点,提出广告设计方案。广告中应尽量避免出现与主题无关或关系不大的内容,切忌空泛,不着边际。

3.创造性原则

广告是旅行社向现实旅游者和潜在旅游者宣传本旅行社产品,树立本旅行社形象的手段,应该具有浓郁的特色,富于创造性,给旅游者以新鲜感。每一个广告都应该是一件崭新的作品,充满时代气息。设计人员在广告设计和制作中应该具有一定的超前意识,广告内容和形式均不可照搬照抄现有模式,切忌陈词滥调、千篇一律。

4.简明性原则

旅行社广告必须简明扼要,在有限的广告时间或版面内向现实旅游者和潜在旅游者传递尽可能多的信息。广告必须适应听众、观众或读者的视、听、读、记忆和理解的能力,做到简洁、清晰、醒目、易懂、易记。广告的语言和内容不能冗长拖沓、长篇大论、空话连篇,浪费宝贵的时间或版面。

5. 艺术性原则

旅行社的广告应该讲究艺术性,多采用生动活泼、丰富多彩的艺术形式,使现实旅游者和潜在旅游者在获得旅行社产品信息的同时,也得到美的享受。通过广告宣传,旅游者不仅能够对旅行社产生深刻的印象,而且也受到艺术魅力的感染与熏陶。

6. 合法性原则

旅行社的广告必须在内容、项目、形式上都完全遵守国家的有关法律法规,不准设计或制作违反国家法律、政策的内容,不能出现损害国家和民族尊严或含有反动、淫秽、迷信、丑恶、诽谤他人等国家明令禁止的内容。

(四)选择广告媒体

广告设计人员根据已确定的广告设计方案制作出广告以后,须选择能够与促销对象有效沟通的最佳广告媒体。所选择的媒体恰当与否,直接影响广告的成败。为了使广告能够达到预期的促销效果,旅行社必须选择那些覆盖面、接触面和作用强度等3个方面最符合旅行社促销目的的媒体。选择媒体时,除了应考虑所促销的产品、目标市场、使用媒体的成本等因素外,还应对广告媒体的使用时间、次数等做妥善安排。

(五)评价广告效果

广告效果评价是广告促销整体管理中不可缺少的重要组成部分。它不仅能够衡量广告投入是否达到了预期的效果,还能为下一步的广告策划提供改进的依据。广告效果评价主要分为以下两个方面。

1. 广告传播效果评价

广告传播效果是指广告信息传播的广度、深度对消费者的认知和偏好所产生的影响程度,主要表现为受众对广告信息的接触度、理解度和记忆度等。

(1)接触度评价

受众对广告的接触情况表现为对音像广告的视听情况和书面广告的阅读情况。例如,电视广播广告的视听率、报纸杂志的阅读率、网络广告的点击率等。

(2)理解度评价

主要测定接触过广告的受众对广告信息的认知、理解情况。例如,受众对广告信息的个人观点、联想和看过广告后对旅游产品的评价等。

(3)记忆度评价

记忆度主要是指受众对接触过的广告信息的印象深刻程度,记住了多少关键信息。

2. 广告销售效果评价

广告销售效果不等于广告传播效果。通过广告提高了产品的知名度,不一定能提高产品的销售量。因此越来越多的企业开始注重对广告销售效果评价,即广告发布后在相关市场上旅游产品的销售变化情况。

四、旅行社人员推销

旅行社人员推销是最传统的一种促销方式,同时也是现代旅游企业中最常用、最直接、最有效的一种促销方式。在一些传统行业,销售人员面向最终消费者开展的是上门推销或电话推销活动。但是对旅游业而言,由于销售人员对散客进行上门或电话推销不会带来理想的收益,旅行社销售人员所针对的对象大多数是团体购买者或是批量购买者,主要方式有营业推销、会议推销和派员推销。

(一)营业推销

营业推销是指旅游企业各个环节的从业人员在接待现实旅游者或潜在旅游者的过程中销售旅游产品的推销方式。旅游企业的所有人员都可以是推销员,他们依靠良好的服务和接待技巧,不失时机地向旅游者推销本企业的产品和服务,努力提高旅游产品销量。

(二)会议推销

会议推销是指旅游企业利用各种会议宣传本企业旅游产品的一种推销方式。例如,销售人员可以通过参加各类旅游订货会、旅游交易会、旅游博览会、旅游年会等进行销售。这些会议的参会人员都有可能成为本企业的潜在顾客。通过这种形式进行推销接触到的目标客户较多,能进行较集中的宣传和促销,省时省力,不仅有机会吸引到更多的顾客,而且有利于扩大企业的影响。

(三)派员推销

派员推销通常是指在选定目标客户的基础上,通过面对面地向客户推介本企业的产品或服务,直接与客户开展交易谈判,争取客户选择使用本企业的旅游产品或服务。在实际工作中,销售人员对客户进行拜访的直接目的因具体情况而定,主要包括进一步证实客户的资质,了解该客户的服务需求,达成新的交易等。

五、旅行社销售促进

销售促进又叫营业推广,主要有针对旅游者的销售促进,针对旅游中间商的销售促进,针对销售人员的销售促进三大类。旅行社可以根据促销目标、目标市场类型、市场营销环境等因素来选择适合的促销方式。

(一)针对旅游者的销售促进

针对旅游者的销售促进主要作用包括鼓励老顾客继续消费,促进新顾客消费,培养竞争对手顾客对本企业的偏好等。

1. 样品试用

样品试用是指为旅游者提供一定数量的样品供他们免费试用,使他们在购买之前实际感受产品的性质、特点、用途,从而坚定他们的购买信心。

2. 优惠券

优惠券是指旅游者在购买某种商品时,持券可以减免一定比例的金额,或者购买商品后赠送一些其他产品的优惠券。

3. 赠送

旅游企业通过赠送旅游纪念品的方法促进销售。例如,旅行社赠送旅游者旅行包、太阳帽等。

4. 购物抽奖

一般是对购买特定商品或购买总额达到一定额度的旅游者所给予的奖励,可以是一次性的,也可以是连续性的。一次性抽奖是为了在一定时间内销售完某种产品,产品售完即停止奖励。连续抽奖是为了刺激旅游者在较长时间内购买该类产品,如连续抽奖,各期奖品可以成为一整套系列奖品。

5. 组合展销

旅游企业将一些能显示企业优势和特征的产品集中展示,做到边展示边销售。

(二)针对旅游中间商的销售促进

为鼓励旅游中间商大批量购买,动员所有旅游中间商积极购存或推销某些旅游产品。

1. 促销合作

在旅游中间商中开展促销活动时,旅游企业提供一定的帮助和协作,共同参与促销活动。促销合作既可以提供现金,也可以提供实物或劳务。

2. 批发回扣

为鼓励中间商多采购或经销旅行社的产品,旅行社可以根据其经销的产品的一定比例给予相应的回扣,经销越多,回扣越多。

3. 销售竞赛

根据中间商经销本企业产品的业绩,为业绩突出者提供一定的奖励或优惠。

(三)针对销售人员的销售促进

针对销售人员的销售促进主要有分提销售额、推销竞赛、以销定奖等,其目的是激发销售人员销售产品的热情,促使他们积极开拓新市场。

六、旅行社的公共关系

公共关系是指通过信息沟通,发展旅行社与社会、公众、旅游者之间的良好关系,建立、维护、改善或改变旅行社及产品的形象,营造有利于旅行社的经营环境和经营态势的一系列措施和行动。旅游公共关系是一种可信度较高的信息沟通方式,旅行社常用的公关工具主要有以下几种。

(一)新闻报道

新闻报道是指将有新闻价值的企业活动信息或产品信息通过新闻媒体向公众传递。新闻报道通常是客观描述事实,并以新闻工作者的风格来阐述,同时力争使其新闻价值最大化,以产生有利于企业的公众效应。企业公关部门还可将企业的发展史、营销状况、重大发展动向、企业文化建设等内容写成新闻稿件,通过新闻媒体报道出去。此外,企业还以邀请新闻记者来企业参观、召开新闻发布会和记者招待会等形式,向外界报道企业的情况,让社会公众多了解企业,以收到良好的宣传效果。

(二)演讲策划

演讲策划是指由旅行社通过一定渠道或活动发表演讲,介绍企业的相关情况,以及企业回报社会和消费者的实际行动,以提高社会公众对企业的关注、好感和认同。

(三)公益活动

企业可以赞助教育、环保、健康等公益事业,或者给发生灾害的地区和人们进行捐赠。一方面,这些赞助和捐赠表现了企业高度的社会责任感;另一方面,公众通过这些活动对企业增加了认知,产生对企业的好感,从而树立企业良好的公众形象,促进企业产品销售等。

(四)事件赞助

旅行社还可以通过赞助国内外有价值的事件提高新闻覆盖率,同时这些事件也有助于提高企业品牌的知名度。例如,赞助一些体育、音乐、艺术活动,学术竞赛,智力竞赛等。德国青年旅行社为2023年"文化中国·水立方杯"中文歌曲大赛提供机票代金券,这不仅为晋级的优秀歌手赴北京参加全球总决赛施展才艺、创造佳绩提供了便利,而且也为自身做了很好的宣传。相关旅游企业连续多年赞助全国旅游院校服务技能大赛等赛事,这些事件赞助都大大提高了相关旅行社的知名度和美誉度。

七、旅行社新媒体营销

随着新型传播媒体互联网的出现以及互联网新技术的发展与应用,旅游企业的营销渠道更加丰富,营销活动也更为复杂,营销手段则更为多样。

(一)网站营销

网站类别繁多,大部分企业网站兼具多类网站的功能。小型旅游企业可以只考虑唯一类别网站,而大型旅游企业根据需要往往建立门类齐全的众多网站或网站群。网站的重点不在建设,而在于内容和栏目导航,难点则在于推广、营销网站本身。网站营销非常重要,旅行社可以利用网站宣传自己的理念、价值、品牌和形象,营销自己的产品和服务。比如 BBS

论坛、电子邮件、手机短信平台、电子问答、400 电话、社交互动媒体、电子百科、电子商店、短视频、博客、微博、微信、微网站、微视、微电影、直播平台等为当下流行的网络营销方式。

（二）App 应用

此类应用是在手机和平板电脑等终端的应用软件或从应用商店植入到用户手机和平板电脑中，可持续与用户保持联系，带给用户前所未有的体验，其功能类似于手机移动网站。App 契合手机的便捷性、移动性、互动性等特点，容易通过微博、SNS 等方式分享和传播，实现裂变式增长。App 的用户增长速度快，经济能力强，思维活跃。企业 App 的传播，多采用自愿下载和购机预装的方式，一旦有效应用，其黏性极强，订单转化率较高。随着智能手机的普及和旅游预订 App 的不断完善，线下用户和潜在用户已经开始逐渐向手机旅游预订用户转化。比起网络预订，App 最大的优势在于可实现随时预订，并且"与人相关""当即决策"，这既是用户需求，也渐渐成为用户习惯。例如，抖音、快手的出现使得更多的人可以便捷地推送旅游信息，大部分景点因此迅速成为"网红景点"，吸引许多游客去当地打卡。

（三）企业微信

旅行社实现微信开发，首先应该申请订阅号、视频号和服务号，并经过认证，输送大量的企业营销信息；其次，进一步利用微信资源搭建微信店铺、微网站，并申请微信支付功能，这样就可以将营销转化成有效的订单。

（四）微博开发

旅行社可通过微博发布产品知识、搜索关键词、开展话题讨论，找到对一些特定关键词和话题感兴趣的受众，积极与用户互动。

（五）手机短信

旅游企业可以建立自己的客户管理系统，做好基于大数据理论的客户深度开发和细分应用，通过对客户进行分类、分级整理，利用一定的技术手段，来完成与现实旅游者及潜在旅游者的频繁交流，实行不同的营销和信息推送策略。

（六）其他网络平台

如信息发布平台 BBS、百科知识、问答平台、企业名录网站、电子邮件投送、事件投票系统等，都是旅行社可以利用的互联网资源。

【项目实训】

项目名称：旅行社促销方案创新设计

项目要求：了解旅行社的主要客源市场、中间商、竞争对手；针对旅行社经营现状，用相关分析方法分析其经营管理情况；根据分析的结果为该旅行社优化设计具有可行性的促销方案。

项目流程:

1. 先进行分组,明确分工,联系一家本地旅行社;

2. 与旅行社联系,获取有用的信息和资料;

3. 对资料进行筛选,并确定所用理论;

4. 对资料和数据进行具体分析;

5. 制订旅行社详细的促销方案;

6. 形成文字报告和 PPT,分小组进行课堂分享;

7. 教师点评、总结。

【复习思考】

一、名词解释

1. 旅行社营销组合策略

2. 成本加成定价法

3. 理解价值定价法

4. 撇脂定价策略

5. 渗透定价策略

6. 尾数定价策略

7. 声望定价策略

二、简述题

1. 旅行社目标市场营销策略有哪些?

2. 影响旅行社产品价格制定的因素有哪些?

3. 旅行社产品定价方法有哪些?

4. 旅行社产品定价策略有哪些?

5. 旅行社销售渠道策略有哪几种? 请简述各自的优缺点。

6. 比较旅行社产品直接销售渠道和间接销售渠道的优缺点。

7. 旅行社常用的促销方法有哪些? 请简述各自的优缺点。

三、实践题

选择 1～3 家当地知名旅行社进行实地调研,考察其旅游产品现状及营销现状,并形成综合调研报告。

四、综合设计题

重庆是知名的热门旅游目的地城市,请以地接社的身份,从营销的角度对重庆城市旅游进行营销方案设计,要求方案具有针对性、科学性和可行性。

【延伸阅读】

中青旅营销创新:以新媒体营销作为主要方式

在 2022 年上半年度报告中,中青旅提到:"中青旅采取轻营销策略,专注细分市场,组建直播和短视频团队,搭建全新的客群运营体系,有效降低运营成本,增强客群黏性。"

其实,早在 2020 年,中青旅遨游网就明确将以新媒体营销作为主要营销方式,替代传统的线下营销。2020 年,中青旅遨游网打造了专属直播间。也是在 2020 年,开通了微信小店。截至目前,基本实现了多平台直播,打通了多频道的直播和关联销售。2023 年,中青旅遨游网还采取室内和户外相结合的方式,完成了多场营地实景户外直播,并且保持着每周两三次户外实景直播的频率。

"每年,从直播脚本、放品、选品要求、主播人设塑造等方面,我们都在持续升级。"中青旅遨游科技发展有限公司董事、总裁助理刘杰说,从两年来的实践看,新媒体营销确实降低了企业的营销成本,拓宽了获客渠道,实现了更好地为客户种草以及售卖的目的。同时锻炼了队伍,中青旅遨游网的主播团队都是由销售和产品人员转岗组成的,可以看到团队整体技能在不断提升。

"创新新媒体营销,最大的收获就是把我们要给客户种草的信息传播出去,得到客户的关注,再经过一系列的转化实现售卖,形成闭环,实现良性循环。"刘杰说。因这种良性循环受益的不仅是中青旅遨游网,还有光大集团旗下的多个景区、酒店。比如,今年中青旅遨游网的首场营地实景户外直播就设在古北水镇。借助新媒体营销,中青旅遨游网将目光聚焦光大集团内部,提出"只此青旅 亲情服务"企业客户旅行解决方案,以 8 000 人服务集团内部 8 万人,实现内部良性循环。

"从目前看,集团内部员工占比并不高。我们会通过短视频以及内部沟通软件,进行一对一沟通,把我们的产品推荐给他们。另外我们会走进集团内部其他企业,进行产品宣讲。光大集团有自己的直播间,我们的主播会定期走进直播间宣传产品,吸引更多集团内部员工实现购买。"刘杰说。

此外,中青旅遨游网还面向集团内部企业客户提出了"八项承诺、八个方案、五个统一、四个专属、三个入口",为企业客户提供线上线下一体化企业客户旅行综合解决方案,从资源采购、产品设计、系统建设、客户服务等方面全面保障企业客户旅行。"八个方案"包含:企业员工疗休养管理方案,包含服务方案制订、专项额度管理、预存款管理、员工权益保障计划制订;企业员工旅游度假解决方案,包含跟团游、自由行、机票酒店、签证办理、私人定制、露营、民宿、亲子、康养、研学、户外等全产品体系服务;企业活动解决方案,包含企业团建、党建、培训、特种场地拓展训练等;企业奖励旅游方案,包含大型企业奖励旅行团队交通、住宿、餐饮、线路设计、导游管理及优势资源匹配一站式解决方案;企业活动会议解决方案,包含活动会议管理、活动策划、会议接待、嘉宾管理、线上视频会议直播综合解决方案,图片直播、会议视频剪辑等一站式解决方案;企业综合电商服务方案,包含网站建设、视觉设计、H5 小程序开发、电商运营等;企业差旅管理解决方案,包含商旅平台技术系统搭建及专业差旅全流程服务;企业宣传推广解决方案,包含向中青旅遨游网 1 000 万会员和光大集团 4 亿高净值用户开展联合活动策划推广、广告投放等服务业务。

原题:《直播带货+短视频营销,从被动到主动——三家传统旅行社热情拥抱新媒体》

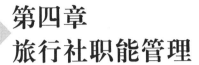

第四章
旅行社职能管理

【本章导读】

　　旅行社的职能管理需要具体的职能部门来实现,其中包括计调、接待等业务部门,也涵盖了人力资源管理、财务管理等职能部门。其中旅行社的接待工作往往是旅游者真正意义上的旅游活动开始。在旅游接待过程中,旅行社从业人员提供的安全与服务是旅游业发展的生命线,在旅行接待过程中发生的不当行为不仅给游客带来了损失,也给经营者带来财产与名誉的损失,由此可见,旅行社的接待业务,无论是团体旅游还是散客旅游的接待和管理工作,在旅行社的各项工作中都发挥着十分重要的作用。

【学习目标】

　　1.通过学习旅行社接待业务管理,了解旅行社团队旅游和散客旅游的类型、特点和区别,掌握旅游团队接待与散客接待的程序,熟悉团体旅游的接待过程管理。

　　2.通过学习旅行社门市业务管理,熟悉旅行社门市业务人员的要求,理解旅行社门市业务管理的内容。

　　3.通过学习旅行社人力资源管理,熟悉旅行社人力资源管理流程和内容,培养学生爱岗敬业的职业素养。

【关键术语】

　　团体接待业务;散客接待业务;旅行社门市业务管理;旅行社人力资源管理

【本章导入】

　　黄某等20名旅游者报名参加某国际旅行社组织的北京—宜昌—重庆—成都旅游团,双方签订了《旅游合同》。在旅游过程中,因组团社与地接社之间发生团款纠纷,耽误了旅游行程,造成重庆红岩村等景点的游览项目被迫取消。旅游结束后,黄某等旅游者向旅游质量监督管理部门投诉,称组团社与地接社的纠纷殃及无辜旅游者,旅行社应当承担违约责任,要求赔偿全部旅游费。被投诉旅行社辩称,此次旅游景点的遗漏,完全是地接社的原因造成的,组团社并没有过错,不应该承担责任,但是考虑到旅游者的实际利益,同意先退还遗漏景点门票费每人32元。如旅游者还有其他赔偿要求,应向有过错的地接社提出。

思考: 通过案例说明旅行社在组织团队旅游业务时候,与地接社产生纠纷或矛盾,应该如何处理。

第一节　旅行社接待业务管理

团队旅游(Group Inclusive Tour,简称 GIT)也称集体综合旅游。通常是指 10 人以上组成的团队,以旅行社组织的集体方式共同开展的旅游方式。团队成员遵从旅行社统一安排的旅游线路行程和计划,采用包价方式一次性提前支付旅费并享受团队折扣优惠。在导游的陪同下,按照规定的线路完成吃、住、行、游、购、娱等旅游过程。

一、旅行社团队接待业务

(一)团体旅游类型

按组团形式主要分为以下三类。

1. 入境团体旅游

入境团体旅游,是指由旅游目的地国家的旅行社到其他国家或地区招徕旅游者,或者委托境外的旅行社等机构进行招徕,并将他们组织成 10 人以上(含 10 人)的团体,前往旅游目的地国家进行的旅游活动。入境旅游团体由境外启程,在旅游目的地国家的口岸入境,并在境内进行一段时间的游览参观活动,最后从入境的口岸或另外的开放口岸出境返回原出发地。

2. 出境团体旅游

出境团体旅游,是指旅游客源国或地区的旅行社招徕本国公民并将他们组织成 10 人以上(含 10 人)的旅游团队,前往其他国家或地区进行的旅游活动。出境旅游团体由本国或本地区启程,在旅游目的地国家的口岸入境,并在境内进行一段时间的游览参观活动,最后从入境的口岸或另外的开放口岸出境并返回本国或本地区。

3. 国内团体旅游

国内团体旅游,是指一个国家的旅行社招徕本国公民,并将他们组织成 10 人以上(含 10 人)的旅游团队,前往国内的某个或某些旅游目的地进行的旅游活动。国内团体旅游包括旅游团队前往附近的旅游目的地进行的短途旅游和前往其他省(自治区、直辖市)旅游目的地进行的省际旅游。

(二)团体旅游的特点

1. 入境团体旅游的特点

(1)停留时间长

入境旅游团队的第一个特点是在旅游目的地停留的时间比较长。以中国的旅游市场为例,除了少数港澳同胞来内地旅游的团队外,多数入境旅游团队在中国内地旅游时,通常在多个旅游城市或旅游景点所在地停留。因此,入境旅游团队的停留时间少则一周,多则十几天。因为在旅游目的地停留的时间长,所以入境旅游团队在旅游期间的消费一般较多,能够给旅游目的地带来比较多的经济收益。因此,旅行社在接待入境旅游团队时,应针对这个特点,为入境旅游团队安排和落实其在各地的生活服务和接待服务。

（2）外籍人员多

入境旅游团队多以外国旅游者为主体,其使用语言、宗教信仰、生活习惯、文化传统、价值观念、审美情趣等均与旅游目的地国家有较大差异。即使在由海外侨民或有本国血统的外籍人所组成的旅游团队中,多数旅游者由于长期居住在旅游客源国,其生活习惯、使用语言、价值观念等方面也发生了重大变化。例如,许多来华旅游的海外华人已经基本上不会讲汉语,或根本听不懂普通话了。因此,旅行社在接待入境旅游团队时,必须充分尊重他们,为其安排熟悉其风俗习惯、文化传统并能够熟练使用外语进行导游的人员担任入境旅游团队的全程陪同或地方陪同。

（3）预订期长

入境团体旅游的预订期一般比较长,从旅游中间商开始向旅游目的地的接待旅行社提出接团要求起,到旅游团队实际抵达旅游目的地时止,旅行社同旅游中间商之间需要进行多次联系,对旅游团队的活动日程、人员构成、旅游者的特殊要求等诸多事项进行反复磋商和调整。另外,旅游中间商还要为旅游团队办理前往旅游目的地的交通票预订、申请和领取护照和签证等手续,组织分散在各地的旅游者,在规定的时间到达指定地点集合,组成旅游团队并搭乘预订的交通工具前往旅游目的地。因此,相对于国内团体旅游,入境团体旅游的预订时间一般比较长,有利于接团旅行社在旅游团队抵达前充分做好各种接待准备,落实各项旅游服务安排。

（4）落实环节多

在各种团体旅游接待工作中,入境旅游团体接待业务要求接团旅行社负责落实的环节最多。入境旅游团在旅游目的地停留的时间和地点比较多,其旅游活动往往涉及旅游目的地的各种有关的旅游服务供应部门和企业。为了安排好入境旅游团的生活和参观游览,接待旅行社必须认真研究旅游接待计划,制定出缜密的活动日程,并逐项落实整个旅行过程中的每一个环节,避免在接待中出现重大人为事故。

（5）活动日程变化多

入境团体旅游的活动日程变化比较多,如出发时间的变化、旅游团人数的变化、乘坐交通工具的变化等。因此,接团旅行社在接待过程中应密切注意旅游团活动日程可能出现的变化,及时采取调整措施,保证旅游活动的顺利进行。

2. 出境团体旅游的特点

（1）活动日程稳定

出境旅游团的活动日程一般比较稳定,除非发生极其特殊的情况,否则其活动日程很少发生变化。无论是组织出境旅游团的旅行社还是负责在旅游目的地接待的旅行社,都必须严格按照事先同旅游者签署的旅游协议,安排旅游团在境外及境内的各项活动。组织出境旅游的旅行社应委派具有丰富接待经验的导游员担任出境旅游团的领队。

（2）消费水平高

出境旅游团的消费水平比较高，他们一般要求在旅游期间乘坐飞机或豪华包车，下榻档次比较高的饭店，并往往要求在就餐环境比较好的餐厅用餐。此外，出境旅游团的购物欲望比较强烈，采购量和采购商品的价值均较大。据一些担任过出境旅游团领队的导游员和旅行社经理们的反映，我国出境旅游团在旅游目的地的购物消费甚至超过来自某些发达国家的旅游者，深受当地商店的欢迎。因此，旅行社的领队在陪同出境旅游团在境外旅游期间，应在当地接待旅行社导游人员的配合下，组织好旅游者的购物活动，满足他们的需要。

（3）文化差异比较大

出境旅游团队的成员中，有许多人从未到过旅游目的地国家或地区，缺乏对当地的历史文化、人文风俗等的了解，与当地居民之间存在较大的文化差异。特别是像我国这样的自身文化传统悠久，出境旅游发展时间较短的国家，旅游者除了在文化上与旅游目的地国家或地区有较大的差别外，在语言方面也存在着一定的差异。目前，我国参加出境旅游的旅游者，除个别人外，外语水平一般比较低，许多人根本不懂外语。到达境外后，同当地人交流成为一个严重的问题。有些旅游者由于既不会讲当地语言也不懂英语，结果闹出不少的误会和笑话，甚至发生上当受骗的事情。因此，旅行社应选派熟悉旅游目的地国家或地区的风俗习惯、历史沿革，精通旅游目的地语言或英语的导游员，担任出境旅游团的领队，帮助旅游者克服文化和语言方面的障碍。

3. 国内团体旅游的特点

（1）准备时间短

国内旅游团的预订期一般比较短，由于不需要办理护照、签证等手续，所以国内旅游团的成团时间较短。从旅游者提出旅游咨询到旅游团成团出发，一般只需要一周时间。旅行社在接待国内旅游团时常会感觉准备时间不像接待入境旅游团或出境旅游团那样充裕。针对这个特点，旅行社应一方面在平时加强对接待人员的培训，使他们熟悉国内团体旅游接待的特点和要求，以便接到旅游接待计划后能够在较短时间内制定出当地的活动日程，做好各项接待准备。另一方面，旅行社应根据当地旅游资源和本旅行社接待人员的特点，设计出针对不同国内旅游团的接待规范和标准活动日程，使接待人员能够按照接待规范和标准活动日程进行接待准备，提高接待准备工作的效率。

（2）日程变化小

国内旅游者一般对于前往的旅游目的地有一定程度的了解，并能够在报名参加旅游团时对旅游活动日程做出比较理智的选择，因此他们很少在旅游过程中提出改变活动日程的要求。加之国内旅游者往往把旅行社是否严格按照事先达成的旅游协议所规定的活动日程安排在旅游目的地及旅行途中的交通看成旅行社是否遵守协议，保证服务质量的重要标志，所以他们对于旅行社更改活动日程的反感较之入境旅游团和出境旅游团更加强烈。旅行社在接待国内旅游团时，必须注意到国内团体旅游接待业务的这一特点，尽量避免修改活动日程。

（3）消费水平差别大

参加国内旅游团的旅游者经济消费水平参差不齐。例如,消费水平较高的旅游者可能要求在档次较高的星级饭店下榻和就餐,乘坐豪华客车,增加购物时间,而另一些消费水平较低的旅游者则可能对住宿、餐饮、交通工具等要求不高,希望增加参观游览时间,减少购物时间。旅行社在接待不同的国内旅游团时,应根据他们的消费水平和消费特点,在征得旅游团全体成员或绝大多数成员同意的前提下,对活动日程做适当的修改,以满足不同旅游者的需要。

（4）讲解难度小

国内旅游团在游览各地旅游景点时,一般对这些景点事先有所了解。另外,除了少数年龄较大的旅游者外,多数国内旅游者具有一定的文化水平,对于导游员在讲解过程中所使用的历史典故、成语、谚语、歇后语等比较熟悉,容易产生共鸣。因此,导游员在导游讲解中可以充分运用各种方法,生动地向旅游者介绍景点的情况,而不必像接待入境旅游团那样,因担心文化上的差异和语言方面的困难而不得不放弃一些精彩的历史典故介绍,也不必担心因旅游者无法理解导游讲解中所使用的各种成语、谚语、歇后语等而影响导游讲解的效果。

（三）团体旅游的接待过程管理

团体旅游接待业务按照流程顺序可以分为准备阶段、接待阶段和总结阶段三个部分。旅游团抵达前的准备、旅游团抵达后的实际接待过程和旅游团离开后的总结,必须有一套科学而严密的程序化安排。只有这样才可以避免旅行社提供服务时的随意性,从而保障旅游者的权益,同时很好地为旅行社在实际操作过程中找到依据。

1. 准备阶段管理

做好准备工作是旅行社提供良好的旅游服务的前提,若是准备不周则可能出现各种差错。因此,准备工作应该细致、周密、全面。

（1）认真做好接待准备工作

接待部门做接待计划时在认真研究旅游者行程及其国籍、年龄、兴趣爱好、受教育程度等方面的基础上,要对食、住、行、游、购、娱各个要素都做好有针对性的落实及确认,还要做好出发前的知识准备、心理准备和物质准备。旅游接待常常会受到市场因素、自然因素乃至政治因素等多方面的干扰,因此旅行社在保证计划性的同时还应兼顾灵活性,准备充分的补救措施,以防止在旅游旺季超负荷运转。旅行社还要准备各种方案应对团队临时取消、任务突然增加、人数增减等突发情况的发生。

（2）配备合适的接待人员

接待部门应根据旅游计划中对游客的介绍和要求,以及旅游者的文化层次、年龄结构、职业特点等因素,安排合适的导游人员,这就要求旅行社接待部门的负责人对本旅行社的导游人员的性格、知识水平、身体条件等有全面的了解。例如,如果接待的是老年团队,就应该委派一名热情、细心、性格温和、生活经验丰富,并具有一些医学常识的导游人员。如果接待的是女性团队,就应该为她们配备一名年龄相仿的并比较了解女性心理且对购物比较在行的导游,这样有利于提供有针对性的服务。

(3)检查接待工作的准备情况

旅行社接待部门的负责人应适时检查或者抽查准备工作的进展情况和接待计划以及落实情况,以便发现计划的不足之处和某些环节可能存在的漏洞。主要是对承担接待任务的导游的准备工作的进展情况和活动日程的具体内容进行检查。负责人对于进展较慢的导游人员要加以督促,对于活动日程中的不适当安排要提出改进意见,特别是对重点旅游团的接待计划和活动日程,要给予特别关照。对于新手拟订的接待计划或者新上岗的导游人员,负责人应提供必要的指导和帮助,确保各个环节的工作顺利进行和落实。通过对接待工作准备情况进行检查,接待部门能及时发现和堵塞漏洞,防患于未然。

2.接待阶段管理

整个旅游过程中发生的问题多集中在接待阶段,所以接待阶段是接待过程中最重要的环节。为此,旅行社接待部门的管理人员应特别重视该阶段的管理。

(1)保证上下级及各部门沟通畅通

信息是进行决策的依据,在旅游接待过程中,信息的畅通与否是旅行社能否及时掌握旅游团队(者)的旅游活动进展情况的关键。建立畅通的信息沟通渠道,旅行社就能对发生的不满和意外情况采取及时有效的措施,弥补接待过程中发生的服务缺陷,减少不必要的投诉,保证旅行社良好的声誉并为自己争取更多的回头客。

(2)对进行中的团队活动进行必要的督导和检查

旅行社管理人员需要主动去掌握旅游接待计划实施的进展情况,了解旅游者的反映,对进行中的团队活动进行必要的督导和检查,而不只是通过导游人员的汇报来获取信息。这样才可以更好地了解整个旅游接待计划的实施情况,防患于未然,以减少不必要的投诉。

(3)建立请示汇报制度

旅行社的接待工作过程具有较强的独立性,作为接待过程的主角——导游人员,应该具有较强的组织能力和应变能力。虽然导游人员具有这些独立能力和一定的权利,但在现实的接待工作中,还是要遵守严格的请示汇报制度。由于导游人员的个人知识、能力和经验是有限的,因此对一些重大变化和事故等问题的处理,需要通过请示汇报,以获得必要的指导和帮助,尤其是对新手而言更为重要。所以,这种严格的请示汇报制度既要允许导游人员在一定的范围内和一定程度上拥有随机处置的权利,以保证接待工作的高效率,同时又要求导游人员在遇到重大变化或事故时应及时遵守严格的请示汇报制度。

3.总结阶段管理

总结阶段主要是对接待过程中发生的各种事件、对旅游者的建议和投诉、对导游人员的表现和处理事件的行为进行分析总结,总结出经验和教训,以提高旅行社的接待水平。

(1)做好总结

总结是接待服务不可缺少的一个环节,是旅行社提高工作效率和服务质量的必要手段。我国旅行社发展的实践已经证明,凡是总结制度健全的旅行社,其服务质量和接待人员水平就高,相反则低。这就要求旅行社必须建立健全接待总结制度,不断提高接待服务质量。为了提高旅游团接待工作效率和服务质量,旅行社应建立一团一结的总结制度,主要从旅游接待计划完成情况、游客满意度、旅游收入等方面进行总结。

（2）抽查陪同日志

陪同日志和接待记录是记载导游人员工作过程的实质性文件资料。旅行社通过抽查这些文件资料可以了解旅游者的接待情况和相关服务部门的协作情况，为旅行社改进产品、提高导游人员水平和完善协作网络提供必要的依据。

旅行社还可以采用其他方式对旅游团接待过程进行总结。例如，旅行社接待部经理可以采用听取导游人员当面汇报、要求导游人员提交书面材料、抽查导游人员填写的"陪同日志"等接待记录的方式，更好地了解导游人员对旅游者的接待情况和相关服务部门的协作情况，及时发现问题，采取补救措施。

（3）做好一般事故的总结及重大事件的处理工作

旅行社应对接待过程中发生的各种问题和事故、处理的方法及其结果、旅游者的反映等进行认真总结。旅行社可以将成功的经验加以宣传，使其他导游人员能够学习借鉴；并将接待中出现的失误加以总结，提醒其他人员在今后的接待工作中尽量避免犯同样的错误。旅行社通过总结达到教育员工、提高接待水平的目的。

（4）做好表扬和投诉的处理

处理旅游者对导游员接待工作的表扬和投诉是总结阶段中旅行社接待管理的一项重要内容。一方面，旅行社通过对优秀工作人员及其事迹的宣扬，可以在接待人员中树立良好的榜样，激励旅行社接待人员不断提高自身素质。另一方面，接待管理人员通过对旅游者提出的针对导游员接待工作投诉的处理，既教育了受投诉的导游员本人，也对其他接待人员进行了鞭策，使大家在今后的接待工作中不再犯类似的错误。

二、旅行社散客接待业务

散客旅游（Full Independent Tour）又称自助旅游或半自助旅游，在国外也称为自主旅游。散客旅游是由旅游者根据自己的兴趣爱好，自行安排旅游线路和行程、零星现付各项旅游费用的旅游形式。散客并非只是单个游客，可以是一个家庭、几个朋友，或是临时组织起来的散客旅游团，人数一般在9人以下。散客旅游不意味着全部的旅游事务都由游客自己办理而全不依靠旅行社，旅行社可为散客提供出游前咨询、单项服务（委代办业务），如提供导游服务、代订交通票据和文娱票据、客房餐饮、代办出国签和入境签证等单项服务。一些旅行社会针对散客开发设计"机+酒""航+游"等套餐的自由行产品，除了套餐产品由旅行社代办，其他由旅游者自行安排。

（一）散客旅游产品的类型

1. 单项委托服务业务

（1）受理散客旅游者来本地旅游的委托业务

旅游者在外地委托当地的旅行社办理前来本地旅游的业务，并要求本地的旅行社提供该旅游者在本地旅游活动的接待或其他旅游服务。旅行社散客业务人员应在接到外地旅行社的委托通知后，立即按照通知的要求办理旅游者所委托的有关服务项目。如果旅游者要求旅行社提供导游接待服务,旅行社应及时委派本部门的导游员或通知接待部委派导游员前往旅游者抵达的地点接站并提供相应的导游讲解服务和其他服务。如果旅行社认为无法提供旅游者所委托的服务项目,应在接到外地旅行社委托后 24 小时内发出不能接受委托的通知。

(2)办理散客旅游者赴外地旅游的委托业务

旅行社的散客业务人员在接到旅游者提出的委托申请后,必须耐心询问旅游者的旅游要求,认真检查旅游者的身份证件。如果旅游者委托他人代办委托手续,受托人必须在办理委托时出示委托人的委托信函及受托人的身份证件。旅行社散客业务人员在为旅游者办理赴外地旅游委托手续时,应根据旅游者的具体要求,逐项填写《委托代办书》。填好后,散客业务人员将《委托代办书》的第一联交给旅游者,将第二联留下。

旅游者在旅行社办理旅游委托后又要求取消或变更旅游委托时,应至少在出发前一天到旅行社办理取消或变更手续,并承担可能由此造成的损失。对于取消旅游委托的旅游者,旅行社经办人员应收回《委托代办书》,将其存档。

(3)受理散客旅游者在本地的单项旅游委托业务

有的时候,散客旅游者在到达本地前并未办理任何旅游委托手续,只是当他到了本地后,由于某种需要到旅行社申请办理在本地的单项旅游委托手续。旅行社散客业务人员在接待这些旅游者时,应首先问清旅游者的委托要求,并讲明旅行社所能提供的各项旅游服务项目及其收费。然后,根据旅游者的申请,向其提供相应的服务。如果旅游者委托旅行社提供导游服务,旅行社应在旅游者办妥委托手续并缴纳费用后,及时通知接待部门委派导游员或派遣本部门的导游员为旅游者服务。

2. 旅游咨询业务

旅行社的咨询服务范围很广,主要有旅游交通、饭店住宿、餐饮设施、旅游景点、各种旅游产品价格、旅行社产品种类等。旅行社提供咨询服务可以有效帮助游客选择最佳出游方案,尽快做出旅游决策。散客旅游者可以通过旅行社客户或者呼叫中心咨询相关产品和服务,也可以通过旅行社的微信公众平台或者QQ客服等工具在网上咨询,或向门店柜台销售人员面询等。散客接待服务人员应抓住时机大力推荐本旅行社的产品,扩大销售量。

(1)电话咨询服务

电话咨询服务是指旅行社散客业务人员通过电话回答旅游者关于旅行社产品及其他旅游服务方面的问题,并向其提供购买本旅行社有关产品的建议。散客业务人员在提供电话咨询服务时应做到以下两点。

①尊重顾客。旅行社的散客业务人员在接到旅游者打来的咨询电话时,应该表现出对顾客的尊重,要认真倾听他们提出的问题,并耐心恰当地回答。回答时声调要友好和气,语言应礼貌规范。

②积极主动。散客业务人员在提供电话咨询服务时应积极主动,反应迅速。在圆满地回答顾客问题的同时,应主动向旅游者提出各种合理的建议,抓住时机向他们大力推出本旅行社的各种产品。

（2）网上咨询服务

旅行社可以通过网络及其线上平台向散客提供各种旅游信息,推荐灵活多样的服务项目,及时追踪散客市场动态,做好信息反馈工作,给予散客高质量、多样化、个性化的服务。

（3）人员咨询服务

人员咨询服务是指旅行社散客业务人员,接待前来旅行社门市进行咨询的旅游者,回答他们提出的有关旅游方面的问题,向他们介绍旅行社散客旅游产品,提供旅游建议。在提供人员咨询服务过程中,散客业务人员应做到以下两点:第一,热情友好。在咨询过程中,散客业务人员应热情友好,面带微笑,主动进行自我介绍,仔细认真地倾听旅游者的询问,并耐心地进行回答。与此同时,还应该有条不紊地将旅游者的问题和要求记录下来。此外,还应向旅游者提供有关的产品宣传资料,以加深旅游者对旅行社及其产品的印象,为旅行社争取客源。第二,礼貌待客。旅行社散客业务人员应该坚持礼貌待客,给旅游者一种宾至如归的感觉。礼貌待客显示了旅行社人员的良好素质和对顾客的尊重,会给旅游者留下良好的第一印象。

3.选择性旅游

（1）选择性旅游的内容

选择性旅游是指由旅行社为散客旅游者所组织的短期旅游活动,如小包价旅游的可选择部分、散客的市内游览、晚间文娱活动、风味品尝、到近郊及邻近城市旅游景点的"一日游""半日游""多日游"等项目。目前已有不少旅行社将目光转移到散客旅游这一大有潜力的新市场,纷纷推出各种各样的散客旅游产品,以增加旅行社的经济效益和社会效益,扩大知名度。

（2）选择性旅游的销售

①建立销售代理网络。建立销售网络是旅行社销售选择性旅游产品的另一种途径。旅行社应与国内其他地方的旅行社建立相互代理关系,代销对方的选择性旅游产品。此外,旅行社还应与海外经营出境散客旅游业务的旅行社建立代理关系,为本旅行社代销选择性旅游产品。

②设计选择性旅游产品。旅行社应针对散客旅游者的特点设计和编制出各种适合散客旅游者需要的选择性旅游产品。这些产品中包括"半日游""一日游""数日游"等包价产品;游览某一景点、品尝地方风味、观赏文娱节目等单项服务产品;"购物游"等组合旅游产品。选择性旅游产品的价格应为"拼装式",即每一个产品的构成部分均有各自的价格,包括产品的成本和旅行社的利润。旅行社将这些产品目录,放在门市柜台或赠送给代销单位,供旅游者选择。

（3）选择性旅游的接待

①及时采购。由于选择性旅游产品的预订期极短,因此旅行社的采购工作应及时、迅速。旅行社应建立和健全包括饭店、餐馆、景点、文娱场所、交通部门等企业和单位的采购网络,确保旅游者预订的服务项目能够得以实现。此外,旅行社还应经常了解这些企业和单位的价格、优惠条件、预订政策、退订手续等情况及其变化,以便在保障旅游者的服务供应前提下,尽量降低产品价格,扩大采购选余地,增加旅行社的经济效益。

②搞好接待。选择性旅游团队多由来自不同地方的散客旅游者临时组成,一般不设领队或全程陪同。因此,与团体包价旅游团队的接待相比,选择性旅游团队的接待工作的难度较大,需要配备经验比较丰富,独立工作能力较强的导游人员。在接待过程中,导游人员应组织安排好各项活动,随时注意旅游者的反应和要求,在不违反对旅游者承诺和不增加旅行社经济负担的前提下,对旅游活动内容作适当的调整。

(二)散客旅游业务的特点及接待要求

1. 散客旅游的特点

(1)批量小

散客旅游多为旅游者本人单独外出或与其家属亲友结伴而行。同团体旅游相比,散客旅游的批量一般比较小。

(2)批次多

散客旅游的批量虽然比较小,但是采用散客的旅游者日趋增加,加上许多旅行社大力开展散客旅游业务,更促进了散客旅游的发展,所以散客旅游者的总人数在迅速增加。散客市场规模的日益扩大及其批量小的特征,使得散客旅游形式呈现批次多的特点。

(3)预订期短

散客旅游者旅游决定的过程比较短,相应地使散客旅游形成了预订期短的特点。散客旅游者往往要求旅行社能够在较短的时间内为其安排好旅游线路并办妥各种旅行手续。

(4)要求多

散客旅游者当中有大量的商务、公务旅游者。他们的旅行费用多由所在的企业、单位全部或部分承担。另外,他们在旅游过程中有很多交际应酬活动和商务、公务活动。因此,他们的旅游消费水平较高,且对旅游服务的要求也较多。

(5)变化多

散客旅游者在旅行前往往缺少周密的安排,而在旅行过程中临时变更旅行计划,提出各种新的要求或在旅行前突然由于某种原因而临时决定取消旅行计划。

2. 散客旅游接待的要求

(1)增加旅游产品的文化含量,提供个性化服务

散客旅游者的文化层次通常比较高,旅游经验相对比较丰富。他们十分重视旅行社产品的深层内涵。旅行社在接待散客旅游者时应针对这一特点,多向他们提供具有丰富文化内涵和浓郁地方特色的产品,增加产品的体验性与参与性,以满足他们追求个性化和多样化的消费心理。

(2)采用计算机网络化预定系统

散客旅游者的购买方式多为零星购买,随意性较大。因此,散客旅游对高效、便利、准确的预订系统有着强烈的要求。针对这一特点,旅行社应采用以计算机技术为基础的网络化预订系统,保证散客旅游者能够自由、便利地进行旅游活动。

（3）建立广泛、高效、优质的旅游服务供应网络

散客旅游者多采取自助式的旅游方式，对于旅游目的地各类服务设施要求较高。旅行社应加强旅游服务的采购工作，建立起广泛、高效、优质的旅游服务供应网络，以满足旅游者的需要。

（三）散客旅游接待过程管理

旅行社散客旅游接待过程是指受组团社的委托，由地方接待旅行社向外地组团社发来的散客团体，提供的旅游接待服务。

1. 咨询洽谈

在旅游者决定购买旅行社旅游产品前，旅游者会通过各种方式向旅行社工作人员咨询相关信息，例如，通过电话咨询、网络咨询和人员咨询等。在这个阶段，旅行社工作人员主要是与旅游者进行咨询洽谈，旅行社接待员回答旅游者关于旅行社产品及其他旅游服务方面的问题，并向其提供购买本旅行社有关产品的建议。

2. 签订合同

签订合同是每一个在旅行社报名的旅游者，在出行前都要和旅行社签订的协议，这是对旅游者的保障，也是对旅行社的一种保障。当旅游咨询者决定购买相关的旅游产品后，旅行社会向旅游咨询者出示相关的旅游合同，旅游合同里明确标示了旅游者和旅行社在该次旅游行程中各自的责任和义务，以及其他事项等，旅游者在认真阅读并无异议后，将和旅行社签订出游合同。

3. 采购旅游产品

旅行社根据游客提出的要求对相关的旅游产品进行采购。旅行社及时给散客旅游者采购或者预订符合散客旅游者要求的饭店、餐馆、景点、文娱场所、交通部门等，使得散客旅游者的行程能够按时顺利进行。

4. 选派导游

在散客旅游者的旅游行程开始之前，旅行社需要为散客旅游者分派导游，在游客整个行程中，导游为其提供满意的导游服务，包括吃、住、行、游、购、娱等方面的服务。散客旅游的接待工作难度较大，旅行社需要为其配备经验比较丰富、独立能力较强的导游人员。

5. 导游的接待工作

在接待过程中，导游人员应组织安排好各项活动，随时注意旅游者的反映和要求，在不违反旅游者承诺和不增加旅行社经济负担的前提下，对旅游活动内容做适当调整。导游的接待工作主要包括准备工作、接站服务、入住与交通服务、参观游览服务、送站服务等。

第二节　旅行社计调业务管理

计调是"计划调度"的简称,业内统称"计调"。在从事国际旅游业务的旅行社中通常又称为"OP",即 Operator 的简称,译为"操作者"。旅行社经营管理中,销售部、计调部、接待部构成旅行社具体操作的三大块,计调处于中枢位置,业务连接内外,关乎旅行社的盈利。

一、计调工作特点

计调部在旅行社业务中处于中枢位置,在旅行社运转中的作用日益突出,具有以下共同特点。

(一)计调业务是旅行社经营活动的重要环节

旅行社实行的是承诺销售,旅游者购买的是预约产品。旅行社能否兑现销售时承诺的数量和质量,旅游者对消费是否满意,在很大程度上取决于旅行社计调的作业质量。计调的对外采购和协调业务是保证旅游活动顺利进行的前提条件,而计调对内及时传递有关信息又是旅行社做好销售工作和业务决策的保障。

(二)计调业务是旅行社实现降低成本的重要因素

旅游产品的价格是旅游产品成本和旅行社利润的加总,降低旅游产品成本决定了旅行社利润增长的空间,以及市场份额的占有。旅游产品的成本通常表现为:为各旅游供应商提供的机(车)位、客房、餐饮、门票等的价格,计调部门在对外进行相应采购时,应尽量争取获得最优惠的价格,以降低旅游产品的总成本,这也就意味着旅行社利润的增加。此外,旅游产品成本的降低,保证了旅行社在激烈的市场竞争中获得更多的市场份额。计调业务虽然不能直接创收,但降低采购价格无疑对旅行社的营业额和利润实现具有重要意义。

二、计调工作核心任务

(一)成本领先

计调掌握着旅行社的成本,要与接待旅游团队的酒店、餐馆、旅游车队及合作的地接社等洽谈接待费用。一个好的计调人员必须做到成本控制与团队运作效果相兼顾,必须在保证团队有良好的运作效果的前提下,在不同行程中编制出能把成本控制得最低的线路出来。在旅游旺季,称职的计调要凭自己的能力争取到十分紧张的用车、客房和餐位等。在具体操作过程中,称职的计调要业务熟练,对团队旅行目的地的情况、接待单位的实力、票务运作等都胸有成竹。

(二)质量控制

计调在细心周到地安排团队行程计划书外,还要对所接待旅游团队的整个行程进行监控。因为导游在外带团,与旅行社的联系途径通常就是计调,而旅行社也恰恰通过计调对旅游团队的活动情况进行跟踪、了解,对导游的服务进行监管,并灵活处理游客在旅途中的突发事件。在质量控制上,中小旅行社需要水平高的计调人员进行总控,整合旅游资源、包装旅游产品、进行市场定位等都需要计调来完成。计调还需要具有开发产品的能力和分销意识。

三、计调基本业务

由于旅行社的规模、性质、业务、职能和管理方式不尽相同,各计调部的工作也是因社而异的,但对外采购服务、对内提供信息服务都是旅行社计调业务的基本内容。

对外采购服务是按照旅游计划,代表旅行社与交通运输部门、酒店、餐厅和其他旅行社及其他相关部门签订协议,预订各种服务,满足旅游者在吃、住、行、游、购、娱等方面的需求,并随着计划的变更取消或重订。所谓对内提供信息,是把旅游供应商及相关部门的服务信息向销售部门提供,以便组合旅游产品;做好统计工作,向决策部门提供有关旅游需求和旅游供应方面的信息。

总体来说,计调部的基本业务不外乎信息收集,计划统计,衔接沟通,订票、订房、订餐业务,内勤业务等。

(一)信息收集

主要收集各种资料和市场信息,并进行汇总编辑,编号存档,分析和提炼观点,供旅行社协作部门和领导参考和决策。

①收集整理来自旅游行业的专门信息。

②收集整理来自旅行社同行的专门信息。

③收集整理来自旅游合作单位(诸如旅游景点、运输公司、票务公司、酒店、餐厅、土特产商店等)的专门信息。

④收集整理旅游团队客人的反馈意见或建议(包括表扬肯定或抱怨投诉)。

⑤收集整理涉及文旅行业发展的各种政策或规定。

⑥收集整理当地经济建设的发展现状,以及公众对旅游所持有的各种观念。

(二)计划统计

主要编制计调部的各种业务计划,统计旅行社的各种资料,做好档案管理工作。

①拟订和发放旅游团队的接待计划。

②接收和处理有关单位发来的旅游团队接待计划。

③编撰旅行社的年度、季度和月度业务计划。

④详细编写旅行社接待人数、过夜人数、住房间的天数等报表。

⑤向旅行社财务部门和领导提供旅游团队的流量、住房、餐饮、交通等方面业务的统计和分析报告等。

(三)衔接沟通

主要担当对外合作伙伴的联络和沟通、洽谈和信息传递。
①选择和对比行业合作伙伴,对外报价和接受报价。
②获取和整理信息,传达协调其他部门,汇报支持领导决策。
③做好业务值班,登记值班日志,及时准确传达和知会。
④充分了解和掌握旅行社的接待计划,包括团队编号、人数、旅游目的地、行程线路、服务等级和标准、抵离日期、交通工具、航班时间、导游员、地接社、运行状况等。
⑤全面监控旅游团队的实时变化,诸如取消、新增、变更等情况,并及时通知相关合作伙伴做出合理科学的调整。

(四)订票业务

主要负责旅游者(团队)的各种交通票据(火车票、飞机票、汽车票、游船票等)及景区门票的预订、验证和购买等。
①负责落实旅游者(团队)的各种交通票据,并将具体信息及时准确地转达给有关部门或人员。
②根据有关部门和旅游者(团队)的票务变更信息,及时快速地与合作伙伴处理好取消、新增、变更等事宜。
③根据组团社的要求或旅游者(团队)的具体情况,负责申请特殊运输工具或航程票务,如包机、包船、专列等,并通知有关部门或合作伙伴,及时组织客源和促销。
④根据旅游者(团队)的具体情况,落实景区景点的票务。
⑤全面负责各种票务的核算和结算工作。

(五)订房、订餐业务

主要担当旅游者(团队)的各种订房、订餐业务。
①负责和各种档次的宾馆、酒店、饭店、旅馆进行洽谈,签订合作协议书。
②根据组团社或地接社的订房、订餐要求,为旅游者(团队)及导游司机预订客房、预订进餐。
③根据旅游者(团队)的实际运行情况,及时应对取消、新增、变更等情况。
④全面做好旺季和黄金周包房的销售、协调和调剂工作。
⑤定期或不定期地做好旅游者(团队)住房流量和就餐流量相关报表的制作和统计工作。
⑥配合并协助接待和财务部门做好旅游者(团队)用房、用餐的核算和结算工作。

(六)内勤业务

主要担当计调部的各种内勤内务工作。

①与运输公司和车队拟定合作协议和操作价格；

②与旅游景点或娱乐演出公司确定旅游者(团队)的游览参观或观看节目；

③安排旅游者(团队)运行过程中特殊的拜谒、祭祀、访问或会见等；

④做好部门各种文件的存档和交接班日志等。

第三节　旅行社门市业务管理

旅行社门市是旅行社为方便宣传招揽游客、销售旅游产品而在主要客源区域专门设立的服务网点或营业场所，是旅行社展示、宣传及销售的最佳窗口。

一、旅行社门市作用

虽然信息技术的普及，使得旅行社获取游客的渠道不断丰富，但门市柜台仍然是旅行社的重要销售渠道。特别是随着散客旅游者和入境旅游团的不断增多，使得旅行社门市接待业务越来越多。许多在线的旅行服务商也正在不断向线下延伸，开设自己的门店。门市是旅行社的形象窗口，门市的接待能力对旅行社核心竞争力的形成有至关重要的影响，因此，旅行社做好门市接待工作对整个旅行社的经营具有重要意义。

1. 门市是旅行社的形象

旅行社门市是旅游者与旅行社第一次面对面接触的地方，是旅行社给旅游者留下第一印象的地方。门市服务的好坏，直接影响到旅游者对旅行社的评价。

2. 门市服务可以促进旅行社产品的销售

优质的门市服务是销售的促进剂，可以提高旅行社产品的销售量。正如《哈佛商业杂志》中所说："再次光顾的顾客可以为公司带来25%～85%的利润，而吸引他们再次光临的因素中，首先是服务质量的好坏，其次是产品本身的品质，最后才是价格"，所以，优质的门市服务可以促进产品的销售。

3. 优质的门市服务可以为旅游产品增值

旅游产品作为服务产品，市场上同类产品差异并不大，要对大同小异的旅游产品进行增值使旅行社产品形成差异：一是门市直接面对旅游者时，门市业务人员的销售服务过程；二是旅行过程中，导游人员提供的导游服务。如果门市业务人员为游客提供了高质量的服务，那么旅游者就会带着对旅行社的美好印象开始旅游活动，从而为导游员接待工作的顺利开展奠定了基础。

二、旅行社门市的选址

1. 目标市场

旅行社在选择门市部地点时应首先考虑其产品的目标市场，并根据其产品的目标市场来设立门市柜台。例如,以过往客人作为主要目标市场的旅行社应在飞机场、火车站、长途汽车站、水运码头等处设立门市柜台;以商务旅游者为主要目标市场的旅行社则经常把门市柜台设立在商务饭店内或附近地区;以当地居民为主要目标市场时,旅行社可以把门市部建立在人口稠密的居民区,而以大、中学校教师和学生为主要目标市场的旅行社必须选择距离学校集中的地方。总之,门市部的地址不可距离其目标市场所在地方较远的地点。

2. 方便顾客

方便顾客是旅行社选择门市部地点时需要考虑的第二个因素。一般来说,旅游者很少愿意到距离自己居所或工作单位较远的旅行社门市部进行旅游咨询,他们也不愿意为了解旅行社产品而爬楼梯。因此,旅行社应该设立在商业区、居民区、机关企业等较为集中的地方,而且一般都设在临街的门脸房或楼房的一楼。旅行社很少将门市柜台设在闹市区或商场里面,因为在那里,人群的流动速度太快,不利于旅游者停下脚步寻找旅行社的门市部。如果旅行社将门市设在饭店里,应设在前厅比较显眼的地方,最好能够有临街的单独出入的门,以方便旅游者的进出。

3. 位置醒目

旅行社在选择门市部地点时,还要考虑所选择的地点是否容易被旅游者找到。通常,旅行社把门市柜台设在主要交通干线。即使在交通干线上,也要选择适当的位置,使旅游者能够在较远的地方清楚地看到。

三、旅行社门市业务人员的要求

1. 精通散客旅游产品特色

门市接待人员首先应具备的业务素质是精通散客旅游产品知识,熟悉产品的内容及什么时候、以什么价格能够获得这些散客旅游产品。另外,门市接待人员还应该能够准确地判断各种散客旅游产品的质量,并能够清楚地知道产品的哪些特色能够满足旅游者的需要。

2. 理解散客旅游者的需求

门市接待人员必须能够深刻地理解散客旅游者的需求。为了能够做到这一点,门市接待人员必须具备良好的提问能力和倾听能力,能够从旅游者的回答中抓住问题的实质,发现散客旅游者的真正旅游需求。

3. 善于推销散客旅游产品

门市接待人员必须具备较强的产品推销能力,在旅游者的咨询过程中,积极主动向旅游者介绍本旅行社的散客旅游产品,并善于抓住稍纵即逝的机会引导旅游者购买。

4. 具有较高的文字水平

在旅行社门市接待过程中,接待人员除了回答旅游者提出的各种问题并提供咨询意见和建议外,还要填写各种表册和起草各种业务文件。因此,门市接待人员应具有较高的文字水平。

四、旅行社门市业务管理内容

(一)介绍旅游产品

门市接待人员的岗位职责是向到访的旅游者介绍旅行社的各种散客旅游产品。为了做好这项工作,门市接待人员必须做到:

1.熟悉主要旅游目的地的有关情况

这些情况包括:主要旅游景点名称、游览容量、坐落地点、门票价格、开放时间;饭店、旅馆、市内交通等旅游服务设施的类型、价格;抵达目的地的交通工具类型、价格以及相关订票、乘坐、行李等方面的规定;旅游目的地国家或地方政府的有关法律、法规、政策;旅游目的地的民俗风情,当地居民的生活习惯、宗教信仰及其对外来旅游者的态度;旅游目的地的主要接待旅行社情况,如拥有哪种语种的导游、接待散客旅游者的基本价格、能够提供的散客旅游项目等。

2.掌握本旅行社的主要散客旅游产品情况

这些情况包括:散客旅游产品的种类、价格;办理单向旅游服务的手续、费用;提供选择性旅游活动的内容、价格、出发日期及时间;本地区旅游服务设施的基本情况,如酒店客房房价、地方风味餐馆的菜肴特点及其价格、市内交通的主要运输工具种类及票价等;本地区主要旅游景点情况,如坐落地点、开放时间、主要特色、门票价格等;本地区主要娱乐场所、购物商店情况等。

(二)提供旅游咨询服务

门市接待人员的第二岗位职责是向旅游者提供旅游咨询服务。在提供旅游咨询服务时,接待人员应做到:

(1)热情接待,注意倾听旅游者提出的问题。

(2)运用自己所掌握的业务知识,耐心细致地回答旅游者的提问。

(3)根据旅游者的具体情况,因势利导地向旅游者推荐本旅行社的散客旅游产品。

(4)当旅游者流露出想要购买某种旅游产品的意愿时,要积极引导其做出购买的决定。

(5)如果旅游者未表示想要购买本旅行社的产品,仍要热情为其解答各种问题,不要流露出不满情绪。

(三)销售散客旅游产品

当旅游者决定购买时,门市接待人员应该抓住时机,及时为旅游者办理有关手续并伺机向旅游者推荐其他的相关产品,以扩大旅行社的销售收入。在销售的过程中,接待人员应做到:

(1)请旅游者出示身份证件,并进行认真检查。

(2)根据旅游者的要求认真填写委托代理书(单),并将第一联与第二联交给旅游者,将第三联和第四联留下。

（3）询问旅游者支付旅游费用的方式。如果旅游者使用信用卡结算,应检查该信用卡是否失效;如果采用转账支票结账,应注意检查支票的有效期限;如果使用支付宝、微信等软件支付,则应及时进行确认查收;如果旅游者支付现金,则应即收即付,当面点清。

（4）及时向有关旅游服务接待单位办理订房、订餐、订票等手续。

（5）如果旅游者到外地旅游,应及时通知目的地的旅行社做好准备。

（6）如果旅游者参加本旅行社的选择性旅游项目,则应通知旅行社有关部门或人员提供接待服务。

（四）接受旅游者参加旅游团的报名

门市接待人员在接受旅游者参加旅游团的报名时应做到:

（1）详细了解旅游者参加旅游团的目的、要求。

（2）全面介绍有关旅游团的旅游线路、价格、主要游览景点、乘坐的交通工具、旅游团出发及返回的日期和时间。

（3）询问旅游者在生活和旅游活动等方面是否有特殊要求。

（4）在旅游者充分了解旅游合同（协议）的全部内容的基础上,代表旅行社与旅游者签订旅游合同（协议）。

（5）收取相关的旅游费用,并出具正式发票。

（6）准确记录旅游者的联系方式,并再次提醒旅游者出发的日期和时间。

（五）处理各种文件

门市接待人员应认真整理业务过程中的各种文件,将这些文件存入相关档案中,有条件的话应制作散客旅游者的接待服务卡,将其姓名、年龄、出游爱好、详细联系方式等进行记录,并保持一定的联系,以备今后推荐新的旅游产品和售后服务之用。

第四节　旅行社人力资源管理

一、旅行社人力资源管理的含义与特征

（一）旅行社人力资源的含义

人力资源,是指能够独立参加社会劳动,推动整个经济和社会发展的人口总和,包括劳动年龄内具有劳动能力的人口和劳动年龄外参加社会劳动的人口。

对旅行社而言,其经营活动以员工的旅游服务为主,员工的素质和服务质量,决定了旅行社的竞争力。旅行社作为一个人才密集型的企业,人力资源不仅在其全部资源中所占比

重较大,而且在其经营中所创造的效益也超过其他资源所创造的效益。与其他旅游企业相比,旅行社的人力资源在推动企业发展和实现企业预期经营目标方面所发挥的作用更为突出。因此,旅行社的人力资源除了应具有一般人力资源的特征外,还具备受教育程度高、知识范围广、专业技术强等特征,是一种高素质的人力资源。

旅行社的人力资源管理,是指旅行社以本行业对人力资源的特殊要求为依据,运用科学的管理方法,对其人力资源进行最优化的组合和利用,以获得最佳的经营效果。旅行社应采取一系列方法和途径,系统而合理地开发员工的各种工作能力,使其工作的积极性、创造性和主动精神得到最大程度的发挥。人力资源开发管理的着眼点,是对员工个人能力的开发,即通过挖掘、利用和发挥员工个人内在的性格特征、气质和能力,做到事得其人,人尽其才,才尽其用。通过人力资源的开发与管理,旅行社员工的个人目标伴随着企业的发展而得到实现。

(二)旅行社人力资源的特征

1.创新性

旅行社的业务以旅游者为服务对象,必须针对旅游者追求新、特、异的消费特点,提供具有新颖奇特的创意和功能的产品,才能够满足旅游者不断变化的消费需求,在竞争激烈的市场环境中得以生存和发展。同时,旅行社是一个以人力资源为主要资源的企业,人力资本在其资产构成中所占比重很大,其经营管理人员与业务人员是否具备较强的创造性,对于旅行社的经营和发展具有重要意义。正是这些因素导致了旅行社的人力资源具有明显的创新性特点。

2.主动性

多数国家或地区的旅行社行业属于零散型行业,即行业内有许多旅行社在进行竞争,没有任何一家旅行社占有显著的市场份额,也没有任何一家旅行社对整个行业的发展具有重大的影响。即便在旅游发达国家(如德国、美国、英国),尽管一些大型旅行社已经形成了较大的企业集团,但是同其他行业的大型企业集团相比,企业的规模仍然较小,企业的经营实力仍相对较弱。旅行社规模小、实力弱、经营分散的现状,导致旅行社的抗风险能力普遍较差。因此,旅行社必须比其他行业的企业更加积极主动抢抓市场机遇,在激烈的竞争中发展壮大,从而增强其抗风险的能力和提高企业的经营效果。对于旅行社来说,任何因循保守,不思进取,盲目乐观和故步自封的经营思想和经营人员都是致命的缺陷,将导致旅行社无法继续生存。

3.独立性

旅行社业务的分散性特点要求员工必须单独实施和完成某一项产品销售、旅游服务采购或旅游接待等任务,例如旅行社产品信息的咨询必须现场完成,再例如导游员带领旅游团进行游览观光是在远离旅行社的外地进行,所以必须授予从事这些工作的员工一定的现场处置权力,允许他们当场做出决定,事后再向有关领导汇报。旅行社的这种工作性质导致其员工比其他旅游企业员工(如饭店的服务员)具有更大的独立性。

4.流动性

旅行社的行业进入壁垒较低,造成行业内的企业数量众多,并产生了对旅行社专业人员的大量需求。相比之下,旅行社人才市场的供给则相对不足,导致旅行社人力资源的较大流动性。旅行社人力资源流动性的特点,既给旅行社及其招聘所需人才提供了良好机遇,也向旅行社提出了如何保留和吸引优秀人才的挑战。

5.知识性

旅行社是知识密集型企业,不仅导游人员需要掌握较多的知识和接受较高层次的教育,具有较高的文化修养,而且其他的工作人员如产品开发人员、销售人员、财务人员等都必须具备较高层次的知识水平,接受过专业教育。

二、旅行社人力资源管理的流程

(一)制订人力资源计划

旅行社的人力资源管理部门首先要根据旅行社的经营目标确定现在及未来对员工数量与质量的需求情况,并据此制订详尽的计划。管理人员根据旅行社目标设定部门和细分岗位之后,对每一职务都要进行职务分析,确定该职务的工作目标、工作内容、工作环境、所需的知识技能等。制定人力资源计划可以使旅行社的人力资源配比更加合理,避免浪费。

(二)招募员工

人力资源开发部门应按照旅行社人力资源开发计划和相关部门或岗位对不同员工的基本素质、专业知识、专业技能和操作能力的标准,在旅行社内部或外部招聘和录用员工,达到人与岗位的最佳组合。

除了旅行社初创阶段要对所有岗位进行招聘外,在通常情况下,旅行社的招募工作就是对组织中的空缺加以补充,或是在旅行社扩大规模时壮大员工队伍。在员工遴选阶段,最重要的就是看应聘者是否符合职位要求。旅行社可以通过审核简历、面试、知识或者技能测试、核实材料、体格检查等环境来确认应聘者的任职资格。在选拔环节应坚持以下原则:第一,双向选择原则。即旅行社根据自己经营业务的要求能自主地选择自己所需要的人员,而应聘人员也可以自主地选择是否到该旅行社工作,双方都无权强制对方。第二,效率优先原则。即力争用尽可能少的招聘费用和时间,录用到高素质、适合旅行社需要的人员,或者说以尽可能低的招聘成本录用到同样素质的人员。第三,择优录取原则。在遵守国家规章制度的条件下,结合旅行社行业的特点,择优录用人才,增强旅行社参与市场竞争的资本和优势。

(三)人员培训

人员培训是旅行社人力资源管理的一项长期重要内容,也是旅行社提高员工业务能力的主要途径之一。旅行社必须做好员工的业务培训,提高员工的服务能力和解决各种问题的能力,提高企业的服务质量。

培训内容不仅包括知识与服务技能培训,还应该突出职业道德和旅行社企业文化培训。通过职业道德和企业文化的培训,让员工对旅行社的服务理念和经营方式有更加深入的了解,让员工对旅行社有了"主人翁"的责任意识。这样员工才能在对客人提供服务时发自内心地为客人着想,尊重客人,自觉维护企业形象。

(四)绩效评估

旅行社人力资源的绩效,又称工作绩效,是指旅行社员工在其工作岗位上所完成的工作数量、质量及效率状况。绩效必须经过一定程序的评估,才能够生效。

绩效具有多重性的特点,这种多重性主要表现为影响绩效的四因素,即激励、技能、环境、机会。其中前两个是属于员工自身的、主观的、直接的影响因素,后两个是客观的、间接的影响因素。绩效的第二个特点是多维性,即绩效要从多角度、多方面进行分析和考评,不能只抓一点,不计其余。绩效的第三个特点是动态性,即员工的工作绩效是变化的。随着时间的推移,绩效差的可能变好,绩效好的可能变差。

绩效考评具有重要的作用:第一,绩效考评是维持和提高工作效率的手段;第二,绩效考评是贯彻按劳分配原则、建立合理的奖酬制度的基础;第三,绩效考评是合理使用员工、充分调动员工积极性、发现人才的重要依据;第四,绩效考评是制定和调整员工培训计划的重要依据。

小知识

美国组织行为学家约翰·伊凡斯维奇认为,绩效考评可以达到以下 8 个方面的目的:

1. 为员工的晋升、降职、调职和离职提供依据;

2. 组织对员工的绩效考评的反馈;

3. 对员工和团队对组织的贡献进行评估;

4. 为员工的薪酬决策提供依据;

5. 对招聘选择和工作分配的决策进行评估;

6. 了解员工和团队的培训和教育的需要;

7. 对培训和员工职业生涯规划效果的评估;

8. 对工作计划、预算评估和人力资源规划提供资讯。

(五)合理激励

旅行社的合理激励的根本作用在于充分调动员工的积极性、创造性,为企业的发展提供强有力的人力资源支持。也就是说,合理激励对企业所需要的人力资源,要能够起到吸引得来、留得住的激励作用。吸引、留住、激励这三者,归根到底就是激励的作用,即激发员工的良好工作动机,激励员工创造优秀绩效的热情,使员工愿意在本企业努力工作。

激励作用可分为短期激励作用和长期激励作用。短期激励作用是指报酬要能够激发员工做好当前的工作,实现优良的绩效。长期激励作用是指报酬要能够体现出企业对员工价值和地位的认可,培养员工对企业的认同感、归属感、忠诚心和责任心。

常见的激励手段有 3 种:工作激励、成果激励和培训教育激励。工作激励是指分配恰当的工作来激发员工内在的工作热情;成果激励是指在正确评价员工工作成果的基础上,给予员工合理的报酬,保证员工行为的良性循环;培训教育激励是指通过思想、文化教育和技术知识培训,提高员工的素质,增强其进取精神,激发其工作热情。因此,除了采用报酬激励手段之外,旅行社还必须适时地、综合地运用其他几种激励手段,充分挖掘员工的积极性和创造性。

三、旅行社人力资源规划的内容

旅行社的人力资源规划(Human Resource Plan,HRP),是指旅行社科学预测、分析其人力资源的供给和需求状况,制定必要的政策和措施以确保企业在需要的时间和需要的岗位上能够获得各种必需的人力资源计划。

(一)人员补充规划

人员补充规划是旅行社根据组织运行的情况,对旅行社可能产生的空缺职位加以弥补的计划,是旅行社改善人力资源数量与质量和吸纳员工的依据。人员补充和人员晋升通常是相互联系的,晋升会造成组织内的职位空缺,并逐级向下移动,最后积累到较低层次的人员需求上来。若较多的职位有空缺,旅行社有时必须从外部劳动力市场以较大的代价方可获得。旅行社在进行招聘录用活动时候,应该考虑若干年后员工的使用情况,从发展的角度来安排和使用员工,使每一个发展阶段都有恰当的人胜任工作要求。

(二)培训开发规划

旅行社根据不同时期可能产生的职务需求,对其人员有目的、分阶段加以培训,为企业发展准备所需的人才,更好使人与工作相适应。培训开发规划应与企业的晋升计划、配置计划以及个人职业计划密切配合和互动。

(三)薪资激励规划

薪资激励能确保旅行社人工成本与其经营状况保持恰当的比例关系,确保薪酬的激励作用。薪资总额取决于旅行社内部员工不同的分布状况和工作绩效。在预测旅行社发展的基础上,旅行社对未来的薪资总额进行测算和推测,确定未来时期内的政策,以调动员工积极性。

(四)人员分配规划

旅行社员工在未来职位上的安排和使用,是通过企业内部人员有计划流动实现的。企业在要求某种职务的人员具备其他职务经验或知识的同时,要有计划地使人员流动,培养高素质的复合型人才。如果高层次职位较少,而等待晋升的人较多,此时就要通过配备工作进行人员的水平流动,减少员工的不满,等待上层职位空缺的产生。企业人员过剩时,企业可改变工作分配方式,对工作量进行调整,从而解决工作负荷不均的问题。

(五)人员晋升规划

根据旅行社的组织需要和人员分布状况,制定提升方案,尽量使人和事达到最大限度的配额,以调动员工的积极性,从而提高人力资源利用率。晋升是员工个人利益的实现,也是工作责任和挑战的增加,能够激发员工的能动性,使企业组织获取更大利益。

(六)员工职业生涯规划

对员工在企业内的职业发展做出系统地安排,能够把员工个人的职业发展与旅行社的需要结合起来。对有发展前途的员工,要设法将其保留下来成为旅行社的宝贵财产,要有计划使他们在工作中得到成长和发展,防止其流失。

四、旅行社重点岗位的人力资源管理

(一)对职业经理人的管理

由于旅行社投资主体的复杂性,多数投资人没有精力或能力亲自管理旅行社,对职业经理人的需求便应运而生。旅行社职业经理人又分为高级职业经理人和职业经理人。旅行社高级职业经理人是指具有较高的理论知识和实践能力,以自己的管理才能为业主服务,能够在业主授权范围内从事高层次战略管理和整体运作的旅行社经营管理人员。在现实中一般为旅行社总经理、副总经理以及不设副总经理的旅行社总监等。旅行社职业经理人是指具有一定的理论知识和实践能力,以自己的管理才能协助旅行社高级职业经理人员为业主资产的保值、增值服务,能够从事旅行社某一部门或某一职能的管理工作的经营管理人员,在现实中一般为旅行社部门经理、副经理、经理助理以及大型旅行社主管等管理人员。

职业经理人要具有对投资人负责的态度、高度的敬业精神,保证投资人的资产保值、增值;职业经理人要具备丰富的知识与出色的管理能力,能够通过科学管理,实现企业的经营目标;职业经理人要善于协调投资人、员工、旅游产品供应商、旅游者之间的复杂关系。在对不同旅行社进行管理的过程中,职业经理人以自己的经营管理业绩得到他人的认可,影响投资人对其的信任程度,失败者会被淘汰出职业经理人市场,而成功者将获得相应的收益。

(二)对导游人员的管理

导游人员是旅行社中与旅游者直接接触最多的人员,往往代表了企业的形象。导游工作的特点使得旅行社很难全面掌握导游人员的工作情况。因此,对导游人员的管理可以说是旅行社人力资源管理的重点和难点。

为规范导游执业行为,提升导游服务质量,保障导游合法权益,促进导游行业健康发展,提高服务水平,更好满足人民美好生活需要,原国家旅游局依据《中华人民共和国旅游法》《导游人员管理条例》和《旅行社条例》等法律法规,制定了《导游管理办法》。作为规范导游管理的部门规章,《导游管理办法》将于2018年1月1日正式实施。

旅行社在遵循《导游管理办法》基础上,对导游人员的管理首先要强调职业道德教育。导游的职业特点决定了他们有很多时候会面临各种诱惑,而他们一旦抵挡不住物质的诱惑,就会损害旅游者的利益和旅行社的声誉。因此要采取措施对导游服务过程加以监控。其次,要加强对导游的培训。导游工作中经常会出现一些突发事件,这就要求从业人员具备相关知识,并能够随机应变处理问题。此外,还可以引入社会监督机制,建立导游档案,记录导游人员的信用状况和技术等级等信息,使导游的信用记录和等级公开化,以此提高导游的服务质量。

(三)对一般业务人员的管理

旅行社的一般业务人员指的是外联、计调等部门的员工。相对于导游人员,他们不直接对旅游者提供服务,属于旅行社的二线员工。但是,他们的工作也是至关重要的。其工作直接影响到旅行社的销售业绩,也是导游顺利接待游客的后勤保障。对于这类人员,要充分认识到他们工作的重要性,树立他们的敬业精神。同时,要加强流程管理,分清责任,层层把关,步步负责,提高工作效率。作为管理者,要协调导游与一般业务人员的矛盾,在条件许可的情况下,尽量让各部门人员有机会轮岗,促进他们互相理解,以利于更好地开展工作。

第五节 旅行社财务管理与监督

旅行社财务管理是旅行社管理的重要组成部分。在旅行社经营过程中始终处于制约和促进全局发展的重要地位。旅行社管理者必须根据目前的旅游市场状况进行内部财务管理优化,细化财务管理相关职能,将原有的事后财务分析逐渐转变成财务预算、财务决算、财务控制以及财务考核相结合的财务管理机制,这样才能在最大限度上保障旅行社的内部财务管理工作,从开始到事后都有相应的管理以及监管,实现旅行社利润最大化和所有者权益最大化的目标,使旅行社财务状况处于最优状态,并利用货币形式对旅行社经营活动进行全过程管理。

一、旅行社财务管理的特点

旅行社财务管理是一种价值管理,这是其区别于其他管理形式及管理内容的基本特征。旅行社财务管理因旅行社自身经营业务的特质而具有显著特点。

(一)时效性

旅游业务具有较强的时间性和季节性,财务管理也随之有较强的时效性。旅游团在一地的逗留时间有限,旅行社应为客人提供简单、快捷的结账服务,并在较短时间内完成各种财务结算。旅行社需要抓住时机进行宣传促销,更需要大量资金作为活动的保障。

（二）复杂性

旅行社业务涉及食、住、行、游、购、娱等环节，旅行社与旅游者、旅游产品供应商和其他旅行社都有财务往来，业务较为烦琐、复杂。

（三）系统性

系统性特点是指财务管理既是旅行社管理系统的一个子系统，本身又由筹资管理、投资管理、分配管理等诸多子系统构成。在管理实践中各系统相互协调、相互作用对旅行社财务状况及经营情况产生影响。

二、旅行社财务管理的原则

（一）价值最大化原则

企业价值最大化既是财务管理的目标，也是财务管理的一项基本原则。企业价值最大化是指企业通过财务上的合理经营，采用最优的财务政策，充分考虑资金的时间价值、风险与报酬的关系，在保证企业长期稳定发展的基础上使企业总价值达到最大。旅行社财务管理的预测与决策、编制财务计划、进行财务控制和开展财务考核与分析等过程都要将价值最大化这个原则贯穿其中，自觉运用价值管理的有效手段，使旅行社的整个经营与投资等资金运作过程保持稳定和高效，确保企业价值最大化目标的实现。

（二）货币时间价值原则

财务管理最基本的观念是货币具有时间价值，即货币投入市场后，其数额会随着时间的延续不断增加，但并不是所有的货币都具有时间价值，货币只有被当作资本投入生产流通才能变得更有价值。旅行社运用货币时间价值原则要把项目未来的成本和收益都以现值表示，如果收益现值大于成本现值则项目应予接受，反之则应拒绝。

（三）风险与收益平衡原则

任何的资金管理活动都有一定的风险性，也有一定的收益性，即风险与收益对称。额外风险需要额外收益补偿。旅行社作为旅游业的一个分支产业，具有很强的脆弱性，容易受到外在因素的影响，因此，在旅行社资金管理中必须考虑到资金的风险性因素，要风险与收益兼顾，保证旅行社的正常运转。

（四）现金流量衡量价值原则

旅行社的现金流和会计利润的发生往往是不同时的。现金流量是旅行社收到并可用于再投资的现金，可以衡量企业的经营状况，而按照权责发生制核算的会计利润是公司赚得的收益而不是手头可用的现金。现金流量反映了收支的真实发生时间，能够维持企业正常的生存和发展，因而比会计利润更能衡量旅行社价值。旅行社在财务管理中应重视资金链的良性循环,合理进行营运资金管理,从而保证旅行社现金流量的安全。

(五)预见性原则

任何旅行社的经营管理都是从小到大,从单一到多元。旅行社不仅要考虑在市场中的生存问题,更要考虑到未来的发展问题。发展需要更有力的资金支撑,所以资金管理需要有计划、有步骤为未来的发展与壮大提供保障,保证旅行社未来发展的资金需求。

三、旅行社财务管理存在的问题

(一)资金管控不足

旅行社在运行的过程中需要大量的流动资金来进行日常的运行支持,除去每月 10% 的经营收益以外,剩余的所有资金都属于旅行社代付资金,旅行社经常会存在财务管理的权责不明确的问题,这会导致资金的使用缺乏有效的计划和规划,使旅行社在运行过程中出现资金紧张问题。在这种情况下旅行社为了保障正常的经营运转需要借入外债,增加资金使用成本。同时旅行社没有较为明确的财务管理权责界限,也导致很多漏洞出现,如销售人员会出于提升自己销售业绩的目的,忽视一系列经济风险,致使应收账款不能及时到位,加大旅行社资金周转难度。同时在这种情况下,缺乏有效的财务管理监管体制就会让旅行社内部财务管理进入恶性循环,大量贷款资金的存在又会进一步扩大旅行社经营压力,让其陷入财务困境。

(二)计划外财务支出监管不力

旅行社内部财务管理主要的特征之一就是具有非常灵活的财务支出,尤其是旅行社在运行过程中采取分包体制,分包部门具有独立的经营权利就会导致在同一个旅行项目上收到来自同一家旅行社不同的报价。而旅行社内部各个销售部门互相争夺客源也会让促销以及降价成为日常销售的常见办法和措施,这会给旅行社的财务造成大量的不必要支出。一旦财务监督管理部门没有及时对这种风气进行跟进处理,就会导致很严重的问题,很多旅游销售部门甚至会通过虚报开支等非法操作来牟取私利。

(三)员工激励及约束机制不完善

目前我国大多数旅行社在运行过程中设定了内部激励,但时效性和合理性仍待提高,导致业务操作人员得不到应有的奖励,缺乏工作积极性。而约束机制的缺位又使财务管理工作无法对旅行社员工进行全面监管,个别旅行社甚至出现业务操作人员钻财务监管的空子,伪造财务单据行为。

(四)财务管理经验缺乏

我国旅行社内部财务管理工作发展较为滞后,其中一个主要的原因还在于没有及时地吸收先进的财务管理经验和技术,没有利用现阶段最先进的信息化以及自主化管理体系来进行内部财务管理,导致我国的旅行社在财务管理的过程中工作效率低下。

四、改善旅行社财务管理主要对策

(一)对每一项资金进行有效管控

控制旅行社运行过程中的资金主要有三种措施:首先是要对旅行社的内部流动资金,特别是现金进行有效的管理,对计划外支出进行有效的控制,积极回收应收账款。其次要对旅行社各职能部门的资金进行有效的管控,要求每一个职能部门根据自身情况设置相应的资金专用账户,并且接受年检,对每一笔资金流进行监控。最后要对旅行社运行过程中的发票以及回款工作进行控制和加强管理。旅行社在这一方面要对不同的运行团队进行有针对性的财务管理,只有这样才能够从根本上解决不同团队经营状况不统一的问题。

(二)对相关的应收应退款项进行严格管理

针对每一位客户专门设立财务管理档案,通过相关工作人员及时结清应收账款。为了有效避免内部工作人员和客户合伙谋取私利,旅行社要将其奖金和绩效相结合,促使工作人员做出有利于旅行社的决定。

(三)对成本支出进行有效控制

主要表现在旅行社应实施成本领先战略,最大限度地降低各项采购成本。旅行社要尽可能选择实力雄厚的供应商,并与其建立长期稳定的合作关系,通过采取集中采购,统一支付的方式减少中间环节的费用,达到降低采购成本的目的。二是落实各项成本费用目标,明确相关权责,加强成本费用预算管理。旅行社要不断强化预算管理,实现成本费用的标准化和系统化,以便及时掌握成本和费用的升降情况并及时采取相关对策。

(四)任用专业财务工作人员并督促员工提升个人业务能力

旅行社应重视财务管理工作,在财务会计员工和管理者聘用上严加把关,从源头上杜绝未来经营中可能出现的漏账、坏账等财务管理问题。后期加强财务员工培训力度,督促财务管理人员不断学习新知识,如旅游行业营业税改为增值税后成本的重新核算等,顺应国家发展要求。

(五)不断吸收先进的管理经验和方法

旅行社在财务管理中应充分利用计算机技术和网络信息技术等信息手段提高旅行社财务管理效率。具体到实践中可以通过计算机系统来提高财务核算效率,通过开发个性化财务管理软件来满足旅行社财务上"单团核算"的具体需求,将收入和成本快速配比,以便财务人员和旅行社管理者能够及时准确地掌握企业当月收支情况,从而正确核算出当月的实际利润,为管理层决策和监督提供有效依据。

【实训项目】

项目名称：为特殊团队定制设计旅游接待计划

项目内容：小组根据儿童团队、老年游客团队、残疾游客团队和宗教人士团队的个性化旅游需求，设计具体的旅游团队接待计划。

项目要求：要求包含旅游团队接待业务流程，体现特殊团队的旅游需求，思路清晰、内容完整。

项目流程：

1. 实训前学生熟悉旅行社团队业务管理内容。

2. 将全班学生分为若干组，课上完成每小组任务。

3. 在教师指导下，小组可自由选择一种类型的特殊团队，设计合适且体现团队个性化需求的旅游接待计划。

4. 学生按顺序汇报展示计划方案，小组互评交流，教师点评总结。

【复习与思考】

一、名词解释

1. 团体旅游

2. 散客旅游

3. 旅行社门市业务

4. 旅行社的人力资源规划

二、简述题

1. 团体旅游和散客旅游分别有哪些类型？

2. 旅行社门市业务管理内容是什么？

3. 旅行社人力资源管理的流程是什么？

三、综合思考题

1. 分析团队旅游业务的主要特点和接待程序。

2. 分析散客旅游业务的主要特点和接待程序。

3. 分析门市部的布局对旅游者购买决策产生哪些影响？

4. 如何对旅行社员工进行有效的激励管理？

四、案例分析题

四川某旅行社导游小雅接待了一个由安徽、上海、北京等地旅行社零星组织的散客旅游团。其中有 13 位客人来自上海的 3 家旅行社，5 位客人来自安徽的 2 家旅行社，2 位客人来自北京某旅行社。团队主要游览九寨沟、黄龙两处景区。但从第一天早晨出发起，团队矛盾就十分尖锐。

首先是北京客人抱怨不停，因为上车晚，他们的座位被安排在车厢后部，一路颠簸难忍，而他们的接待标准却是团队中最高的；途中用餐时，北京客人餐标高，导游安排他们单独用餐，上海和安徽客人都是标准等，18 人安排了 2 桌。但上海客人纷纷挤在一桌，留下安徽 5

人享用一桌,结果出现了上海人不够吃,安徽人吃不完的怪现象;住宿时必须有一位上海人与安徽人住一间客房,但上海人宁可要了3人间,也不愿与不认识的安徽人同住。

游览时,上海、北京、安徽客人分别行动,导游很难管理队伍。一旦安徽客人迟到,上海客人就吵个不停,而上海客人迟到,安徽客人也心有怨言。客人之间还因为争抢前排靠窗座位而发生口角,让小雅十分头痛。

更重要的是,由于各地旅行社与客人签订的合同有所不同,如北京客人行程包括了都江堰水利工程,安徽客人的费用中包含了烤羊晚会。结果安排北京客人游览都江堰水利工程时,上海、安徽客人无事可做,又不愿意自费游览,苦苦等候了3个小时。见了导游就叫苦不迭;而当小雅安排安徽客人的烤羊晚会时,北京、上海客人都表示不愿参加,小雅无奈只好为客人退费,导致安徽客人认为导游违背合同,吵着要投诉。小雅一路都在处理矛盾,一路都在被客人埋怨。

1. 是什么原因导致散客旅游团队抱怨不停、纷争不断?

2. 从旅行社和导游的角度,应该如何处理好散客旅游团队接待?

【延伸阅读】

携程旅行网员工培训

携程旅行网的培训主要分为两大类,即课堂式培训和在线培训。后者主要覆盖一些网络技术操作方面的学习。就课堂式培训而言,也分为两种:一种是利用公司内部资源开发实施的培训,即公司员工授课的培训,如新员工入职培训,产品知识培训,操作培训等;另一种是由外部的培训机构、咨询公司或其他教学机构提供培训课程并进行授课,携程旅行网的大部分通用培训和部分的专业培训都采用这种形式。后者根据培训的需要,还分为内训和外训。其中内训是指在公司内部某项需求较多的情况下,请外部的培训供应商来专为本公司员工进行培训;外训是指在有个别需求的情况下,将员工派到外部培训公司与其他公司学员一起参加公开课程。公司成立以来,一直以内训的形式为主,因此也是培训管理工作关注的重点。

携程旅行网每年根据公司及员工发展需要,提供形式多样的培训课程,主要包括:通用培训、专业培训、学习分享。通用培训主要是指围绕公司核心能力模型以及其他通用技能的提高和发展而进行的培训,如沟通技巧等个人发展类培训、人员管理类培训、领导力培训、商业道德、办公软件应用等。专业培训是指根据各个部门的岗位专业需要,围绕岗位专业核心技能的提高和发展而进行的培训。同时为帮助公司业务的顺利开展,并赋予员工更多学习和参与机会,公司调动内部资源,不定期组织各类学习分享活动,如公司业务政策、流程介绍、公司产品知识介绍、优秀做法分享等。

资料来源:携程旅行网

第五章
旅行社服务质量管理

【本章导读】

　　旅行社是以营利为目的的服务性企业,旅行社的服务属性决定了旅行社必须加强服务质量管理。旅行社产品具有综合性特点,涉及吃、住、行、游、购、娱六大环节,任何环节出现问题,都会影响到旅行社服务的整体质量。旅行社服务质量管理是旅行社管理的一个必备环节和重要组成部分,也是提高顾客满意度,增强旅行社市场竞争力的关键和核心。

　　旅行社质量管理过程是旅行社产品的生产销售过程,也是旅行社产品价值实现的过程,其服务质量管理水平直接反映了旅行社的管理水平。在体验经济的新时代,旅行社提供优质的服务是强化游客认知、提高游客满意度的重要手段,也是旅行社生存和发展的基础。提升旅游服务质量是一项久久为功的工作,对于旅行社企业来说,要把眼光放长远,强化打造优质服务品牌的意识;实施好以服务质量为基础的品牌发展战略,加快培育出更多的品牌旅行社和品牌旅游目的地。

【学习目标】

　　1.了解旅行社服务质量;理解旅行社服务质量管理的内容、特点、实施及办法;掌握旅行社服务质量的评估和控制改进。

　　2.了解旅游投诉产生的原因;掌握旅游投诉处理的程序。

　　3.熟悉旅游事故的概念和类型;掌握突发事故的处理方法;了解旅游保险相关常识。

　　4.让学生理解并践行"责任担当,工匠精神"等职业价值和职业操守。

【关键术语】

　　服务质量;服务质量管理;旅游投诉;旅游事故;旅游保险

【本章导入】

　　上海春秋国际旅行社成立于1981年,业务涉及旅游、航空、酒店预订、机票预订、会议、展览、商务、因私出入境、体育赛事等行业,是中国第一家开办全资航空公司的旅行社。春秋国旅一直高度重视服务质量建设,将持续改进作为企业永恒的目标,率先在同行业中执行"每团必访"、每周质量会和每月一份《质量周报》制度。从成立到现在,春秋国旅正是通过这种质量体系自我完善机制,构筑一个闭合的质量环系统,在内部运作上由平面分工转入垂直分工,实行进货、销售、采购、调度、接待、质量控制的流水线运行,并运用信息化手段来保证旅游协作运行环节的衔接。由于春秋国旅在企业经营、管理和发展方面取得了令人瞩目的成绩,因此十多年来连续被授予"上海文明单位"的光荣称号,获得"上海市 A 类纳税信用单位"以及上海市"守合同、重信用单位"等荣誉称号,其 TQC 部获得中国"优秀质量管理小组"称号。

此外,上海春秋国旅还总结出一套旅游服务质量管理体系。首先,树立良好的公司质量管理理念:"与其祈求上帝,不如莫负游客""与其企求利润,不如莫负员工"。其次,严格落实管理理念,建立严密的旅游服务质量控制体系,主要表现为质量控制四原则、质量检查"四每制度"、导游管理"四部曲"等。这套旅游服务质量管理体系的推行,为做大做强旅行社提供了重要的保障。

问题: 根据上海春秋国际旅行社的质量控制体系,分析该旅行社是如何做好服务质量管理的?

第一节　旅行社服务质量及管理概述

一、旅行社服务质量

(一)旅行社服务质量的内涵

旅行社服务质量是指旅行社服务能够满足现实和潜在需求的特征和特性的总和,即服务工作能够满足旅游者需求的程度。服务质量是旅游企业为使目标顾客满意而提供的最低服务水平,也是旅游企业保持这一预定服务水平的连贯性程度,主要包括旅行社产品设计质量、旅游接待服务质量、环境质量三个方面。三者共同反映旅行社服务质量的整体水平。

1. 旅游产品设计质量

旅游产品设计质量是指旅行社所设计的服务产品,能否既在使用价值上满足旅游者的旅游需求,也能够使产品的销售价格与产品所提供的使用价值相一致。质量是旅行社的生命线,全面加强质量管理,是现代旅行社管理的一项重要内容。旅行社产品质量是通过旅游者对旅行社所提供服务的满意程度来体现的,旅行社产品的设计是保证其整体产品质量的基础。

2. 旅游接待服务质量

旅游接待服务是旅行社门市接待人员和导游人员提供的服务,是旅行社产品使用价值的实现过程,包括独立实施日常旅游接待的能力和处理各种突发事件的能力。旅游接待服务质量是指旅行社能否通过旅游接待服务,保证购买其产品的旅游者,在旅游过程中获得物质方面和精神方面的双重满足。

旅行社管理者要不断加强对接待人员进行有针对性的业务培训,使业务能力较强的人得到进一步的提高。而业务能力相对较弱的人经过一段时间培训和锻炼,逐步能胜任更加复杂和重要的接待任务。

3.环境质量

(1)硬件环境质量

硬件环境是指旅行社在接待旅游者的整个过程中,所利用的各种设施设备及其他硬件项目。硬件环境可以分为两大类型,即旅行社自身硬件环境和相关旅游服务供应部门的硬件环境。硬件环境质量反映了旅行社为旅游者提供的各种旅游设施设备,在满足旅游者在旅途中的生活和游览需要方面的水平。

(2)软件环境质量

软件环境是指旅行社内部各部门之间的协调和旅行社与相关旅游服务供应部门之间的合作,目的在于保证旅游活动能够顺利进行。这些协调与合作关系的融洽程度,反映了软环境的质量水平。

(二)旅行社服务质量的评价标准

1.影响服务质量评价的因素

(1)有形因素

旅行社服务的有形性,是指旅行社产品中的有形部分,包括旅行社和相关部门的硬件设施设备、服务设施的外观、宣传品的摆放和员工的仪表仪容等。由于旅行社产品的本质是一种无形服务,而实现服务所借助的有形因素直接影响到旅游者对旅行社产品质量的感知。因此,旅行社产品中所包含的有形成分必然成为旅游者判断旅行社产品质量的重要因素。

(2)可靠性因素

旅行社产品的可靠性,是指旅行社能够按时而准确地履行服务承诺的能力。由于旅行社的服务产品涉及多个相关部门,有很高的不确定性,因此旅游者在评价旅行社的服务产品质量时,最看重可靠性因素。只要旅行社在其提供服务的过程中。出现不能兑现其承诺的行为,必然会导致旅游者对服务产品质量的不满。

(3)反应性因素

旅行社服务的反应性,是指旅行社随时愿意为旅游者提供快捷有效的服务。旅行社是否能够及时地满足旅游者的各种合理要求,表明旅行社是否具备了以服务为导向的经营观念,即是否将旅游者的利益放在了第一位。

(4)保证性因素

旅行社服务的保证性,是指旅行社服务人员具有友好的态度和胜任工作的能力,具体包括服务人员完成任务的能力、对旅游者的礼貌和尊敬、与旅游者有效地沟通和将旅游者最关心的事放在心上的态度。保证性因素影响到旅游者对旅行社服务质量的信心和安全感及其对旅行社服务质量的判断。

（5）移情性因素

旅行社服务的移情性是指旅行社的服务人员设身处地为旅游者着想和对旅游者给予特别关怀。这要求服务人员具有接近旅游者的能力和敏锐的洞察力，能够有效地理解旅游者的需要。

2.服务质量的旅行社内部评价标准

（1）旅行社所提供的旅游计划中，旅游线路安排合理，旅游项目丰富多彩、劳逸程度适当，能够满足旅游者在旅游过程中游览和生活的需要。

（2）旅行社应保证制定的旅游线路和日程能顺利实施，不耽误或删减顾客的游程。

（3）旅行社应按质按量地提供计划预定的各项服务，如保证饭店档次、餐饮质量、车辆规格、导游水平和文娱、风味节目等。

（4）旅行社应保证旅游者在旅游过程中的人身及财产安全，保证其合法活动不受干预和个人生活不被骚扰。

（5）旅行社及旅游活动所涉及的相关旅游服务企业的服务人员不仅要有一定的文化素养和服务技能，还要有高尚的职业道德、强烈的服务意识和良好的服务态度，能够创造一种宾至如归的旅游氛围。

3.服务质量的旅游者评价标准

旅游者来自不同的国家和地区，他们的教育背景、生活习惯、兴趣爱好和个性需求存在很大的差异。对于同一种旅游服务，不同旅游者会有不同的评价；即使同一旅游者在不同的时空条件下也可能产生不同的旅游需求。

（1）预期质量与感知质量

旅游者通过将预期质量与感知质量进行比较对□□□□□□的质量进行评价。预期质量是指旅游者在实际接受旅行社提供的服务之前□□□□质量所产生的心理预期。感知质量是指旅游者在旅游过程中实际体验到的□□□□，预期质量与感知质量之间的比较结果是旅游者对旅行社服务质量进行评□□□者之间的差距进行分析有助于我们找到质量问题的根源。当旅游者的感知质量大于或等于预期质量时，旅游者会认为旅行社产品的质量优秀，对旅行社服务感到满意。当旅游者对旅行社产品的感知质量低于预期质量时，旅游者会认为旅行社产品的质量低劣，并对旅行社产生不满情绪。

（2）过程质量与结果质量

旅游者在评判旅行社产品的质量时，不仅要考虑购买该产品过程中旅行社所提供的服务是否令其感到满意，而且还要考虑在消费该产品后是否能够达到其预期的结果，如是否获得了希望得到的旅游信息，是否购买到了计划中的旅游产品。例如，在游览过程中买到了质价不符的商品，本来旅游的经历很愉悦，最终却因劣质商品而对整个旅游服务做出不好的评价。在这个评价过程中，又交织着导游服务意识、商家的经营水准、旅游者的情感等作用等多重因素。

二、旅行社服务质量管理

旅行社服务质量管理，是指旅行社为了保证和提高产品质量，综合运用一整套质量管理体系、思想、手段和方法所进行的系统管理活动。质量是旅行社的生命线,旅行社产品质量是通过旅游者对旅行社所提供服务的满意程度来体现的。全面加强质量管理,是现代旅行社服务质量管理的一项重要内容。

(一)旅行社服务质量管理的内容

1.接待服务态度的管理

旅行社服务质量管理应首先从端正接待人员,尤其是导游人员服务态度入手。良好的服务态度能够对旅游者产生一种强烈的吸引力,而低劣的服务态度则会对旅游者产生一种排斥力。旅行社管理者应通过现场抽查、向旅游者调查等方式,考察和了解接待人员的服务态度。对于那些服务态度热情,受到广大旅游者喜爱的接待人员应予以适当的表扬和奖励,鼓励他们继续努力为旅游者提供热情周到的服务;对于那些服务态度较差的接待人员,应向他们提出严肃批评,要求立即改正;对于少数服务态度恶劣、屡教不改的接待人员,则应坚决将其调离接待岗位。

2.导游讲解水平的管理

导游讲解是旅游接待业务的核心,其水平高低直接影响旅游者对旅行社服务质量的评价。旅行社管理者可采取现场抽查的方式检查导游员的导游讲解水平,通过对导游人员的导游讲解水平的监督和管理,发现可能存在的不足并加以纠正,以确保旅游者享受到高质量的旅游接待服务。

3.接待业务能力的管理

旅游接待人员的业务能力包括独立实施日常旅游接待的能力和处理各种突发事件的能力。同时,旅行社管理者还应注意不断地对接待人员进行有针对性的业务培训,使业务能力较强的人得到进一步的提高,并使那些业务能力相对较弱的人经过一段时间的培训和锻炼,逐步胜任更加复杂和重要的接待任务。

(二)旅行社服务质量管理的特点

1.全面的质量管理

旅行社产品的核心是服务,旅行社所有部门和岗位的工作都是为了给旅游者提供优质高效的旅游服务。因此,服务质量的管理意味着全面的质量管理,全面质量管理也可以称为横向管理。

旅行社的全面质量管理是指旅行社的一切经营管理活动,都要立足于设法满足旅游者的需求。全面质量管理,要求旅行社从产品质量、服务质量和环境质量三个方位进行全面的考察。旅行社应紧紧抓住服务质量这个中心环节,从产品开发、市场营销、计划调度、旅游接待、资金运作、信息技术和客户关系等多个方面实施全方位、全因素、全员化管理,以最优质的工作、最经济的办法,向旅游者提供满意的产品与服务。

2.全过程的质量管理

优质高效的服务质量应贯穿于旅游接待服务的全过程。全过程管理是指旅行社就其产品质量形成的全过程实施系统管理,也可以称为纵向管理。即对游前、游中和游后三个阶段中影响旅游产品质量的整个工作过程进行系统分析,通过对各部门、各单位和各岗位的质量管理职能组织系统的改进,达到全面提高服务质量的目的。

在旅游活动开始前,旅行社质量管理的重点是加强对旅游产品的设计、宣传、销售和接待等方面的质量管理,严格控制信息收集、经营决策、操作实施和接待服务等环节的工作质量,防止出现吸引力差或不具有盈利能力的产品,确实保证旅游产品的质量。

旅行社在旅游活动开始后,应将质量管理的重点转移到对服务质量和环境质量的管理。

(1)服务质量管理

旅行社在旅游活动开始后,必须对导游员的服务态度、服务方式、服务项目、服务语言、服务仪表、服务时间和职业道德等方面实施标准化、程序化和规范化管理,使旅游者通过导游的服务而对旅行社产生信任和好感。此外,旅行社在此阶段还应加强管理旅行社内部各部门之间协调和配合方面的工作质量,以确保旅游团队的活动顺利。

(2)环境质量管理

旅行社除了管理其服务质量外,还应对环境质量实施管理,主要对旅行社的各协作单位的服务质量实施监督。旅行社必须选择质量信誉度高的单位作为合作伙伴,促使他们按照合同或协议提供优质服务。

在旅游活动结束后,质量管理的重点是做好旅游产品质量的检查和评估工作,提供售后服务,及时处理旅游者的投诉。旅行社的质量管理人员应主动征求旅游者的意见,认真听取旅游者的反映和感受,通过检查评估,总结经验,发现问题,为今后进一步提高服务质量打下基础。游前、游中、游后这3个阶段是不可分割的质量控制过程。为加强对这一过程的管理,旅行社应形成一个综合性的质量体系,并树立"预防为主、防检结合、不断提高"的思想,因为旅行社产品出现的质量问题,大多是事后难以弥补的。所以,旅行社服务质量管理工作的重点,应从"事后把关"转移到"事先预防"上来,防患于未然。

3. 全员参加的质量管理

全员参加的质量管理也可以称之为群体管理,是指旅行社要求全体员工对服务质量做出保证与承诺,共同一致地做好对旅游者的服务工作。因为旅行社的产品质量是旅行社的员工素质、技能水平、管理水平的综合反映,涉及旅行社的所有部门和所有人员,提高旅行社产品质量需要全体人员的共同努力。

在旅行社员工当中,导游人员居于服务的"前沿",对提高接待旅游者的质量起着至关重要的作用,但是,如果没有其他部门细致、周到的工作做保证,导游和接待人员的优质服务就得不到保障。所以,旅行社服务质量的优劣是旅行社各个部门、各个环节全部工作的综合反映,涉及旅行社的全体员工。因此旅行社必须充分调动全体员工的积极性,不断提高员工的素质,培养质量意识,全员参与旅行社的质量管理,以便从根本上保证旅行社的服务质量。事实证明,旅行社只有全体员工都从所在岗位出发参与质量管理,才能真正提高旅行社整体服务质量。

（三）旅行社服务质量管理的实施

1. 产品质量管理

（1）产品设计质量管理

旅行社的产品质量，一般是指旅游线路和旅游节目设计安排的质量。产品设计的质量管理应侧重于：

①旅游线路安排是否合理。旅行社在产品设计方面应注意避免旅游线路中出现不必要的重复或往返，减少旅游者因过多的线路重复或往返产生厌烦情绪。如发现确实存在不必要的重复或往返，应设法加以适当调整。

②产品内容是否符合旅游者的需要。旅行社所设计的旅游线路和节目中的各个项目必须真正符合旅游者的需要，能够使旅游者通过游览和参观得到生理上和心理上的满足。如果发现有些项目徒有其名，不能达到旅游者的期望，则应予以删除，并代之以真正符合旅游者需要的项目。

③交通工具能否得到切实保障。旅行社在检查其产品设计时，应注意所安排的交通工具是否能够得到切实的保障。一般来说，根据我国多数地区的交通条件，旅游者的城市间交通工具不应安排为过路列车或航次较少的民航航班，以避免在旅游旺季时因火车票或飞机票供应紧张而不能保证旅游者按计划抵离。

④游览项目有无雷同。游览项目雷同是旅行社产品设计的大忌，必须设法避免。旅行社管理者应认真核对旅游线路中的各地节目安排，一旦发现雷同节目，应及时加以改正。

（2）产品销售质量管理

产品销售质量管理是为了避免在日后的接待过程中旅游者因对旅行社产品价格产生疑义而造成投诉。旅行社管理者在产品销售质量管理方面应着重了解产品的销售价格是否合理，有无价实不符的情况。如果发现旅行社产品价格与实际服务内容之间存在较大的偏离时，应设法予以适当的调整。

（3）产品促销质量管理

产品促销质量管理是指对旅行社的广告等宣传促销内容的管理。旅行社必须实事求是地促销，如实地向旅游者介绍产品的内容。尽管一些旅行社采用夸大其词的广告宣传等促销手段招徕到旅游者，但是旅游者在旅游过程中往往能够轻而易举地发现受骗上当，并对旅行社产生强烈的不信任感。因此，旅行社管理者如发现本旅行社的促销中存在任何与事实不符的宣传内容，应坚决予以剔除。

2. 采购质量管理

（1）服务设施的采购质量管理

采购质量管理的第一项内容是检查旅游服务供应单位的服务设施情况。良好的服务设施是提供优质服务的首要条件。任何旅游服务都不可能脱离一定的设施条件而存在。因此，旅行社管理者应经常到一些主要的旅游服务供应单位实地考察，了解它们的设施设备情况。如果发现某个旅游服务供应单位的设施设备不具备接待旅游者的条件，则应坚决将其从旅游服务采购名单中删除,不能向其采购任何旅游服务项目,以保证旅游接待质量。

（2）服务质量的采购质量管理

旅游服务供应单位提供的服务是否符合国家、行业的标准,能否达到旅行社产品的要求和满足旅游者的期望是旅行社采购质量管理的第二项重要内容。旅行社管理者应通过导游员、旅游者的反馈意见和实地考察,检查各个旅游服务供应单位的服务质量。对于那些服务质量好的单位,旅行社应该加强与它们的合作,建立长期的供销关系;对于那些服务质量存在一定差距的单位,应向其指出其服务上的差距,并提出改进的要求。经过一段时间的考察,发现确实改正且服务质量明显提高并已达到有关标准的,旅行社可以同其建立合作关系;对于那些服务质量较差、指出后仍不改正或改进程度较小、无法达到有关标准和不能满足旅游者要求的单位,旅行社应断绝同它们的合作关系,不再从那些单位采购服务产品。

3. 接待质量管理

（1）接待服务态度的管理

旅行社接待质量管理应首先从端正接待人员尤其是导游人员服务态度入手。良好的服务态度能够对旅游者产生一种强烈的吸引力,而低劣的服务态度则会对旅游者产生一种排斥力。旅行社管理者应通过现场抽查、向旅游者调查等方式考察和了解接待人员的服务态度。对于服务态度热情,受到广大旅游者喜爱的接待人员应予以适当的表扬和奖励,鼓励他们继续努力为旅游者提供热情周到的服务;对于服务态度较差的接待人员,应向他们提出严肃批评,要求他们立即改正;对于少数服务态度恶劣,屡教不改的接待人员,则应坚决将其撤离接待岗位。

（2）导游讲解水平的管理

导游讲解是旅游接待业务的核心,其水平高低直接影响旅游者对旅行社服务质量的评价。旅行社管理者通常采取现场抽查的方式检查导游员的导游讲解水平。旅行社通过对导游人员讲解水平的监督和管理,发现其中可能存在的不足并加以纠正,以确保旅游者享受到高质量的旅游接待服务。

（3）接待业务能力的管理

旅游接待人员的业务能力包括独立实施日常旅游接待的能力和处理各种突发事件的能力,这是旅游接待业务顺利完成的重要保证。旅行社管理者应通过日常的观察和定期考核,检验接待人员的业务能力,并做出适当的评价,以便量才使用,对业务能力强的人员授予比较重要和比较复杂的接待任务,而将比较容易的接待任务交给那些业务能力相对比较弱的人员。同时,旅行社管理者还应加强对具有不同业务能力的人员进行针对性的业务培训,使业务能力较强的人得到进一步的提高,并使那些业务能力相对较弱的人经过培训和锻炼,逐步胜任更加复杂和重要的接待任务。

4. 环境质量管理

（1）制定规定和标准

旅行社对自己直接能控制的环节,即旅行社内部相关部门的工作质量,应根据国家标准或行业标准,结合本企业的实际情况,制定质量标准、操作规程与岗位责任,并通过与奖罚制度相结合使之得以贯彻。

(2)实行合同管理

旅行社对于不能直接控制的环节,即旅游供应单位所提供的旅游服务产品的质量,应采取签订合同的办法来保证其所提供产品的服务质量。旅行社应严格选择旅游服务供应商,并通过双方所签订的合同,约束对方供应优质服务及其他优质产品。在合同中,应明确规定有关服务的质量标准,以及达不到标准的惩罚办法。

(3)主动规避风险

如某景区(点)交通运力紧张、客房供应不足、传染病流行、气候恶劣等,旅行社应早做准备,要么提前做好交通工具和客房预订准备工作,要么只有避开,不安排旅游者到这些地区,以减少不必要的环境质量事故发生。

(四)旅行社服务质量管理的方法

1. 成立质量管理组织机构,落实质量管理人员

为了确保旅游产品和服务的质量,首先应建立相应的质量管理机构,设立相应的质量管理和监督岗位,选派具有相关管理经验的人员,保证旅行社的各项产品和服务都达到既定标准,满足客人需求。

2. 制定服务质量管理标准,建立质量保证体系

质量标准,是对旅行社的质量要求、规格和检查方法所做的技术性的规定,它是从事旅游服务活动和检查、评定服务质量的技术依据。为了保证旅游服务质量,除了严格按照质量标准进行各项旅游服务活动以外,还必须规定各项管理工作的质量标准。与此同时,还应该建立旅行社质量保证体系,使质量工作制度化、程序化、标准化,保证旅行社质量管理目标的实现

3. 完善合同制度,保证产品质量

旅行社对于需要向有关旅游供应单位采购的食、住、行、游、购、娱等部分产品的服务质量,往往不能实施直接管理,但这部分产品和服务又是旅行社所出售产品的重要构成部分,旅行社必须通过与相关旅游服务供应商签订合同来确定双方的权利、义务关系,用法律手段约束双方行为,保证旅游产品和服务的质量。

4. 主动规避风险,减少质量事故

旅行社应对企业无法控制而又可能经常发生的质量问题早做预防,并尽力避免。比如,交通压力紧张、客房供应不足、气候恶劣、政局动荡等,旅行社要未雨绸缪,早做安排,减少可以避免的质量事故发生。

5. 建立质量信息循环反馈系统,加强监督检查

旅行社管理应当遵循管理学的原理,建立网状的旅行社质量信息循环反馈系统,使在经营管理过程中出现的质量问题能得到及时有效的解决和处理。同时,旅行社应当重视社会评价,尤其是旅游者的投诉,加强监督和检查工作,发现质量问题做到及时处理,向社会发布处理信息,增强公众对企业的好感和信赖。

6.做好质量事故补救,完善质量管理档案

对于已经发生的质量事故,旅行社一方面要努力做好善后补救工作,尽可能减少其负面影响;另一方面要详细记录事故发生和处理的相关情况,完善质量管理档案,总结经验和教训。

三、旅行社服务质量的控制与改进

(一)旅行社服务质量的控制

1.旅行社服务质量控制的步骤

旅行社产品的服务质量涉及旅游产品生产、销售、产品采购、旅游接待、售后服务等各个过程。在保证旅游产品设计质量和上游旅游服务供应商服务质量的基础上,旅行社服务质量控制的重点是旅游接待人员的服务质量,其控制过程一般包括三个步骤:制定服务规范,提出明确的服务质量要求;由员工按照规范的要求提供服务;由管理人员按照规范的要求对服务情况进行检查和监督。

2.旅行社服务质量控制的方法

由于旅行社之间发展目标、制度建设的不同,服务质量控制的方法也多种多样。根据中国旅行社管理中的普遍做法,并借鉴其他企业服务质量管理的成功经验,旅行社服务质量控制的方法包括以下几个方面:

(1)设置专门机构和专人负责。大型旅行社应设立全面质量管理部,小型旅行社可指定专人负责,专门负责其服务质量的监督、检查工作。组成人员可以是具有丰富经验的员工,也可以是从未涉足旅游工作的外行,这样可以原汁原味地反映旅游者对旅行社服务质量的评估。

(2)建立质量信息反馈系统。该系统信息渠道分别来自旅游者、业务部、门市接待员、导游员、质管部和总经理办公室,通过上述信息通道,收集来自各方面对服务质量反映,并将质量评估结果及时反馈给相关部门和个人。

(3)跟团访问。采取明访或暗访的方式,通过现场观察、向游客发放"质量反馈书"或召开游客座谈会,了解旅游接待人员的服务质量情况。

(4)编制质量周报和质量报告。质管人员将质量调查结果分门别类进行汇总,每周编制"质量周报",反映每团游客的意见和建议。对游客存在不满、有批评意见的团队,要编成一团一包的专报。

(5)建立质量档案。质量档案按照团队、接待社、导游员分类,分别记录其服务接待情况,作为绩效考核和奖惩的依据。

(6)及时处置服务质量问题。对于游客的投诉,质管人员应及时作出相应的处置;对存在严重质量问题的团队和个人,在提出通报批评的同时,应按照有关规定进行经济惩罚,并将处置结果报总经理办公室和有关部门。

(二)重视售后服务

售后服务是指在旅游者结束旅游后,由旅行社向客人继续提供一系列服务,旨在加强同客人的联系和解决客人遇到的问题。能否提供良好的售后服务,成为旅游者衡量旅行社服务质量的重要标志。旅行社在旅游活动结束、旅游者返回后的第二天,应立即向旅游者打电话进行问候。这种做法能够使旅行社达到以下3个目的。

(1)产生亲切感,旅行社的问候可以使旅游者感到旅行社的关心,从而对旅行社产生亲切感和良好印象。

(2)了解情况,可以直接从旅游者那里了解旅游接待服务质量的真实水平和旅游者对旅行社服务质量的评价,从而获得宝贵的服务质量信息。

(3)及时掌握旅途中发生的麻烦及旅游者可能提出的投诉,消除不满情绪。对于旅途中遇到的不便及由此产生的不满情绪,大部分旅游者会采取消极抗议的态度,不向旅行社或旅游行政管理部门提出投诉,但是今后也不再光顾这家旅行社,只有少部分旅游者会采取比较激烈的方式,向旅行社、旅游行政管理部门、消费者协会等提出投诉,甚至采取法律诉讼的方式,来发泄他们的不满情绪。旅行社及时给他们打电话进行问候,可以在一定程度上消除误解或缓解旅游者的不满情绪,并且通过及时而有效的意见沟通与纠纷处理,避免旅游者采取转向其竞争对手或采取激烈对抗手段,给旅行社造成更大的声誉和经济损失。

第二节　旅游投诉管理

一、旅游投诉的概念

投诉是旅游活动中时有发生的一种现象,旅游投诉是指旅游者、海外旅行商、国内旅游经营者为维护自身和他人的旅游合法权益,对损害其合法权益的旅游经营者和有关服务单位,以书面或口头形式向旅游行政管理部门提出投诉,请示处理的行为。

尽管旅游企业会尽力提高服务质量,规避旅游投诉风险,但由于旅游业服务环节多,涉及的地域和人员广,地域文化不同,人员素质良莠不齐。在旅游工作中,旅游者和旅游服务人员在需要满足与提供满足需要的服务交融过程中所产生的心理不一致和行为上不协调,不可避免地会导致旅游投诉发生。因此,旅游投诉具有两重性:从消极的方面看,会影响旅游企业的声誉。投诉者大多是未得到满意的服务而提出抗议,这有损于旅游企业的服务形象,影响社会声誉和经营效果。从积极的方面看,可以发现、纠正企业服务质量中的一些问题,完善企业管理。只要本着"顾客是上帝"这一宗旨,妥善处理旅游者的投诉,尽可能化干戈为玉帛,就能为旅行社赢得越来越好的社会声誉。

二、旅游投诉产生的原因

(一)旅行社自身的原因

1. 旅游活动日程安排不当

(1)活动内容重复

有些旅行社在安排旅游者的活动日程时只考虑本地区的特色,而没有综合考虑整条旅游线路上各地的旅游景点情况,造成旅游活动内容重复的现象。例如,某旅行社在接待一个来自北美地区的旅游团时,不顾该旅游团已经在我国境内旅游的前几站已经参观过多处庙宇的情况,仍安排旅游团在本地参观两个寺庙,结果招致旅游者的不满。旅游者在向该旅行社经理投诉时不无讽刺地说:"我们是来旅游的,不是来改变宗教信仰的。"

(2)活动日程过紧

活动日程过紧是旅游者向旅行社投诉的原因之一。有些旅行社的接待人员在安排旅游者的活动日程时,不顾旅游者年龄偏大的特点,将旅游活动日程安排过紧,有时甚至安排旅游者一天之内参观若干个规模较大的游览景点,结果造成旅游者要么疲劳不堪,要么走马观花,无暇欣赏。

(3)活动日程过松

活动日程过松也是旅游者向旅行社提出投诉的一个原因。有些旅行社在安排活动日程时,过分强调了旅游者年龄结构偏大的特点,将活动日程安排得稀稀松松,往往是早上很晚才出发,下午很早就将旅游者送回饭店,使旅游者感到旅行社不负责任,浪费旅游者的时间和金钱。

(4)购物时间过多

有的旅行社只顾本旅行社的经济效益,将游览景点的时间安排得很紧,挤出较多的时间安排旅游者多次到在本旅行社定点商店购物,结果造成旅游者的不满。

2. 接待人员工作不力和失误

(1)擅自改变活动日程

有些旅行社的接待人员在接待过程中,未经与旅游者或领队商量并征得同意,也未向旅行社有关领导请示,便擅自将活动日程做较大的变动,如减少旅游计划中规定的部分游览项目;擅自增加购物时间或将旅游者带到非定点商店购物,使旅游者因购买假冒伪劣商品或高价购买了低价商品而蒙受损失等。

(2)不提供导游服务

有些导游员将旅游者领到游览景点后,不是按照旅游合同的规定向旅游者提供导游讲解服务,而是游而不导,或只做简单的介绍之后便不再理睬旅游者,或者在前往游览景点及从游览景点参观结束返回饭店的途中,与司机聊天或打瞌睡,不进行沿途导游讲解。

(3)造成各种责任事故

有些旅行社接待人员工作责任心不强,麻痹大意,遇事敷衍搪塞,造成漏接、误机、误车、误船、行李丢失或损坏等责任事故,给旅游者的旅游活动带来不便和损失。

(4)服务态度恶劣

有些旅行社接待人员不尊重旅游者,在接待过程中不热情,态度生硬,经常顶撞旅游者或与旅游者大吵大闹。还有的接待人员在接待过程中厚此薄彼,对旅游者不能做到一视同仁,使部分旅游者产生受歧视的感觉。

(二)旅行辅助人的原因

1.旅游交通方面

(1)抵离时间不准时

交通工具抵离时间不准时常会给旅游者的旅游活动造成不便甚至严重损失。例如,由于旅游者所乘坐的飞机、火车未能按照航班时刻表、列车时刻表等准时起飞或发车,造成旅游者无法按预定计划抵达或离开旅游目的地,或造成旅游者被迫延长在旅游目的地某一个城市的停留时间及缩短在另一个城市的停留时间,有时甚至被迫取消对某个城市或地区的旅游计划。又如,某些旅游汽车公司不按照事先与旅行社达成的合同规定时间发车,造成旅游者花费大量的时间等候,影响了旅游者的旅游情绪,有时甚至迫使旅行社改变整个旅行计划。这种现象严重地损害了旅游者的利益,经常招致旅游者的投诉。

(2)途中服务质量低劣

有些交通部门、企业或司乘人员认为其任务就是简单地将旅游者按照计划或合同按时运送到目的地,不重视提高服务质量,在服务过程中态度生硬粗暴或懒懒散散,对于旅游者提出的合理要求熟视无睹,不闻不问,造成旅游者的不满和投诉。

(3)忽视安全因素

安全是旅游者旅行期间十分关心的一个因素。旅游者往往对于那些不重视交通安全的旅游交通部门、企业或司乘人员深恶痛绝。因此运输安全是旅游者旅游活动顺利进行的重要保证。然而,有些交通部门、企业或司乘人员只关心本部门、企业的经济利益,忽视交通安全,给旅游者的生命财产造成损失,是旅游者投诉的一个重要原因。

2.旅游住宿服务方面

(1)设施设备条件差

有些饭店或旅馆的设施设备比较陈旧,维护保养差,给旅游者的休息带来诸多不便。例如,客房洗手间里马桶的水声可能影响旅游者夜间睡眠;淋浴设备缺乏维修,造成旅游者在淋浴时水流不均匀,时冷时热;空调设备制冷性能差,在炎热的夏季不能使客房里保持适当的温度等;在楼道里,地毯陈旧破损,致使旅游者绊倒摔伤;客用电梯因维修不当,导致电梯时开时停;这些都会导致旅游者提出投诉。

(2)服务水平差

服务水平差也是造成旅游者对住宿服务不满的一个原因。有些饭店或旅馆由于对服务人员的服务技能培训缺乏足够的重视,或者贪图一时的经济利益而大量雇佣没有经过正规服务技能培训的临时工或实习生,并让这些人单独上岗为客人服务。这些人缺乏服务经验,服务技能差,无法向旅游者提供符合规范的服务,导致旅游者的不满和投诉。例如,前台服务员因不熟悉饭店预订系统的操作程序,无法迅速为入住的旅游者办理好入住手续,使旅游者在前台长时间等候;又如,在旅游者办理离店手续时,前台结账员因缺乏足够的财务知识,无法及时为旅游者办理结账手续,致使旅游者因等候结账而耽误了航班。

(3)服务态度差

服务态度差是导致旅游者投诉旅游住宿服务的又一个原因。一些饭店的服务人员缺乏职业道德,不尊重顾客,对旅游者态度生硬,说话时要么爱答不理,要么出言不逊,甚至为了一点小事就与旅游者大吵大闹。还有的服务人员在向旅游者提供服务时敷衍搪塞,不负责任。旅游者由于无法忍受他们的恶劣态度,于是向旅行社提出投诉。

(4)卫生条件差

卫生条件差往往是由于饭店管理不善,忽视对有关部门和员工的教育,不重视维护饭店、旅馆的卫生环境所造成的。有些饭店、旅馆的经营者片面强调经营效益的重要性,为了降低经营成本,将承担客房、公共卫生区、餐厅等卫生工作的人员裁减,使得卫生工作难以正常进行。还有的饭店、旅馆经营者热衷于轰轰烈烈的面上卫生,忽视平常人们不容易注意到的地方,结果导致这些地方成了卫生死角,变成藏污纳垢的地方。而正是这些角落里滋生的蚊蝇、蟑螂等爬进旅游者下榻的客房或出现在餐厅里,使旅游者感到无法忍受,提出投诉。

3.旅游餐饮服务方面

(1)菜肴质量低劣

造成菜肴质量差的原因主要有三种:一是厨师没有按照菜谱上规定的主、辅料配比进行烹调,造成菜肴的质量下降;二是厨师的烹饪技术差,做出的菜肴口味与规定不符;三是菜肴的分量不足,引起旅游者的不满。

(2)就餐环境恶劣

有些餐馆或餐厅的就餐环境比较差,如餐厅里摆放的餐桌、餐椅已经损坏,餐厅未加修理仍让客人使用;餐厅里的卫生条件差,出现蚊蝇、蟑螂等害虫;餐具没有清洗干净;厨房与餐厅隔离较差,导致厨房里烹饪的味道跑到餐厅里,影响客人就餐的情绪等。

(3)服务态度差

餐厅或餐馆的服务人员服务态度差主要表现在以下几个方面。

①对待客人冷若冰霜,对客人提出的要求不予理睬或寻找借口不予办理。

②服务时懒懒散散,不主动向客人介绍本餐厅的特色产品,客人询问时,表现出不耐烦的神情。

③服务态度恶劣,与客人大吵大闹。

④对待客人不能一视同仁,而是对某些客人曲意逢迎,而对另一些客人则瞧不起。

(4)服务技能差

有些餐厅为了节省员工工资开支,大量雇佣未经专业培训,服务技能较差的实习生或临时工,并让他们单独为旅游者服务。尽管在这些人当中不乏热心为旅游者服务的人员,但是由于缺乏必要的专业训练,他们往往无法提供规范的餐厅服务,有的甚至给旅游者造成损失,如将菜汁溅在旅游者身上,将旅游者点的菜肴上错桌等,招致旅游者的不满和投诉。

4.其他服务方面

除了上述部门或企业因其服务欠佳造成旅游者投诉外,其他一些旅游服务部门如游览景点、娱乐场所、购物商店等也会因服务质量低下造成旅游者向旅行社提出投诉。

(三)旅游者的原因

1.旅游者对旅游合同的内容理解不当

有些旅游者由于不熟悉旅游服务质量标准、旅游法规和旅行社管理体制,在购买旅游产品时没有细致地研究旅游合同各项条款和内容,因而从自己的认识出发来界定旅行社的服务质量,感到自身的合法权益受到损害,从而提出投诉。

2.旅游者对旅游活动的期望值过高

有些旅游者对旅行社安排的旅游活动期望过高,认为可以饱览所到各地的锦绣山川、名胜古迹,吃、住、行都很顺利,一旦实际经历与出发前的想法出现距离,形成落差,就感到其合法权益受到了侵害,从而产生投诉。

3.旅游者的法律意识淡薄

有些旅游者的法律意识淡薄,在依法开展旅游活动和维护自身权益方面存在一定程度上的认识偏差。一方面,少数旅游者随意签约、毁约,逃避违约应尽的责任,不愿支付违约金,在与旅行社争执不下的情况下采取了投诉行为;另一方面,一些旅游者滥用"精神损失"概念,要求赔偿损失时漫天要价,提出不切实际的巨额赔偿要求,认为只有这样才有可能获得更多利益。

案例

旅游者也有违约责任

暑假期间,何先生和某国际旅行社签订了赴北京的旅游合同。出团前1天,何先生突患重感冒,卧床不起,何先生家人希望旅行社全额退还何先生交纳的旅游团款,取消旅游行程。旅行社表示,机票已经购买了,如果何先生临时取消行程必须承担机票损失,并承担相应的违约责任。经测算,何先生将损失80%的旅游团款。

分析:由于旅行社购买的机票为团体机票,虽能获得较为优惠的折扣,但团体机票不得退票,也不得转签,因此,当旅行社购买了团体机票而旅游者又临时取消行程,机票损失不可避免地产生。违约责任由旅行社与何先生双方事先在合同中约定。综合上述理由,旅行社可以向何先生收取实际损失的费用和违约金。

资料来源:中国法律信息网

三、旅游者投诉的处理

(一) 了解旅游者投诉的心理

1. 求尊重的心理

求尊重是人之常情,旅游者希望在旅游过程中其人格受到尊重,尤其是那些身份和地位较高的旅游者,他们往往十分看重别人对待他们的态度。如果旅游接待人员或其他旅游服务人员对他们表示出较高的尊重态度,他们通常就会从心理上感到满足,而一旦有人有意或无意地表现出对他们的不尊重,他们就会感到格外委屈,难以容忍。

具有要求尊重心理的旅游者在投诉时的目的主要是通过投诉获得其所希望得到的尊重,而对于经济补偿则不大重视,也不关心旅行社管理者是否会严肃处理被投诉的有关人员。有的时候,当投诉者从旅行社管理者那里得到尊重的表示后,甚至会请求不要惩罚被投诉者。旅行社管理者应针对这种旅游投诉者的心理特征,在处理其投诉时主动表示对其遭遇的同情,并对其表示较大的敬意,使其感到旅行社确实尊重他们,以平息他们的怨气。

2. 求发泄的心理

求发泄是旅游者通过投诉来表达其内心的愤懑情绪和不满的一种形式。他(她)们因对旅游接待人员或其他旅游服务人员的服务感到不满,觉得受了委屈或虐待,希望向别人诉说其心中的不快。这种人在投诉时或喋喋不休,反复诉说其不幸遭遇,或态度激动,使用激烈的语言对被投诉者进行指责。

具有要求发泄心理的旅游者提出投诉的主要目的是向旅行社管理者发泄其胸中的不满和怨气。当他(她)们的怨气发泄完毕,并得到某种安慰后,往往会感到心理上的满足,而不再提起赔偿的要求。有些旅游者甚至还会对其在投诉时使用的激烈语言感到后悔和歉意。旅行社管理者在接待这种旅游投诉者时,应针对其心理特点,耐心地倾听其投诉,不要急于安抚对方,也不要为了急于弄清事情的真相而打断对方。当投诉者将所要说的话全部讲完后,旅行社管理者应给予适当的安慰。一般情况下,旅游者会对这种处理方法感到比较满意。

3. 求补偿的心理

求补偿是旅游者认为其合法权益受到损害而通过投诉以获得某种补偿的心理。这种要求补偿的心理可能是物质性的,如希望旅行社向其退还部分旅游费用,也可能是精神性的,如希望旅行社管理者向其表示道歉。

旅行社管理者在处理这类投诉时,应根据对其投诉心理的分析和掌握,加以适当的处理。如果确实因旅行社接待服务的失误给旅游者造成经济损失或精神损失的,可以适当给予一定的经济补偿或赔礼道歉。如果旅游者因误会而向旅行社投诉的,则可以婉转地加以解释,以消除误会。同时,旅行社还可以向其赠送一些小礼品,以满足其要求补偿的心理。

上述三种心理可能存在于不同旅游者身上,也可能同一旅游者存在两种以上的心理。旅行社工作人员面对旅游者投诉,不管投诉的对象是针对旅行社、导游还是相关接待单位及其人员,都应以礼相待,并根据不同投诉者的心理和投诉的问题分别采取相应的处理办法。

(二)旅游投诉的处理程序

旅游投诉的妥善处理,可以将坏事变成好事,旅行社管理者不仅可以从中取得经验,而且也有助于改进旅游接待工作中的一些薄弱环节。旅游投诉的处理应注意如下要点:

1. 耐心倾听,不与争辩

旅行社在接受旅游者口头投诉时,应尽量采取个别接触的方式,以避免对其他旅游者形成影响,对于集体投诉,最好请其派出代表,以免人多嘴杂,分散旅行社管理者的思考。在接受旅游者投诉时,工作人员要保持冷静,耐心倾听,不管旅游者的脾气多大,态度多差,也不管投诉的事情是大是小,出入多大,都要让其把话说完。这样不仅有利于缓和旅游者的激动情绪,让他们把心中的不满发泄出来,而且有助于旅行社管理者思索解释的办法。让旅游者把话讲完,这时气也消去大半,问题的处理也就比较方便了。反之,话未讲完,旅游者心中的恼怒未发泄完时,旅行社相关人员就忙于解释、分辩,甚至反驳,不仅不利于原有问题的解决,反而会增加处理的难度,甚至引发冲突。所以,在接受旅游者投诉时,旅行社管理者要一面耐心倾听,了解游客的观点,善于听其弦外之音,并请教旅游者自己的理解是否正确,以体现对其尊重;一面做必要的记录,捕捉旅游者投诉的要点,既让他们感到旅行社听取投诉的态度是真诚的,是愿意帮助他们解决问题的,又为旅行社确定投诉问题的性质和严重程度提供依据。必要时可请旅游者签名留据,以为妥善解决提供帮助。应注意的是,对旅游者所要表达的意思切不可理解有误。对于旅游者投诉中某些不实的内容,甚至过激的言语,旅行社也不要急于争辩。但是,如果旅游者的发泄对旅游活动构成了障碍,旅行社应适当予以阻止。

若旅游者投诉时,态度蛮横气氛紧张、无任何缓和余地,旅行社相关人员无法同其交流下去,则可有礼貌地提出建议,另找时间再谈。若旅游者的投诉涉及旅行社工作人员本人,则更应冷静理智地对待,应持有则改之,无则加勉的态度,认真倾听。

2. 表示同情和理解,不盲目做出承诺

对于旅游者的投诉,旅行社要设身处地地从旅游者的角度着想。因为在旅游者看来,他们投诉的都不是一般的小问题,而是直接关系到其利益的大事。因此,旅行社要表现出充分的同情和理解,要采取适当的言语来缓和旅游者的情绪和现场气氛。

如果旅游者的投诉是针对旅游服务的,又基本符合实际,旅行社应向旅游者表示歉意,在服务中将重点放在其投诉的问题上,用行动争取旅游者的谅解。如果旅游者投诉的问题属于相关接待单位,旅行社方面也要有代人受过的胸怀,表示"对这种情况的发生,我也感到甚为遗憾""对你此时的心情我很理解,我将努力转达你的意见"。如果旅游者要求旅行社人员对其投诉的问题表示看法,为了缓和紧张的气氛,旅行社方面可表示"请给我点时间让我好好想想"。对于旅游者在投诉中提出的要求,特别是有关赔偿的问题,旅行社不要轻易做出任何承诺,可表示"这个问题让我和有关方面联系一下",以避免工作中的被动和可能带来的麻烦。

3. 调查了解,迅速答复

旅游者的投诉,既不能全盘肯定,也不能全盘否定。旅行社要对投诉的问题进行全面的调查了解,并同有关方面进行核实,在此基础上根据事实进行处理,不要匆忙地做出判断。如涉及赔偿问题,要同有关单位进行协商。除了不可控制因素导致的服务缺陷,如航班误点、交通堵塞等需要对旅游者进行耐心解释外,旅游者投诉的不少问题都可通过提供超常服务,以及对他们的加倍关心和照顾得到弥补或解决。

在处理旅游者投诉时,旅行社管理者必须做到以下几点。

(1)办理及时,不要拖延。遵循"谁的问题,谁负责",争取"就地消化,现场解决"。如客房卫生差、饭菜质量低等问题,在同相关接待单位磋商后立即解决。

(2)答复迅速。迅速答复,体现了旅行社对旅游者投诉的重视程度。若一时无法答复,应向旅游者明确答复的时间,以让旅游者放心。在答复之前,旅行社要考虑旅游者能否接受,答复同旅游者要求的差距有多大,并根据差距的大小来考虑答复的方法。如果有关单位完全同意游客投诉中的要求,旅行社可代其向旅游者宣布;如果差距较大,旅行社可建议双方协商解决。在协商时,旅行社要注意不要偏袒任何一方,不要下定论,主要做调解工作,劝告双方做合理让步才是上策。协商达成一致后,旅行社事后要做落实检查工作,提醒双方办好必要的手续(尤其是赔偿问题),最好复印一份留存。因为有些旅游者当时同意了有关单位的赔偿数额和解决办法,但事后一想又觉吃亏,旅游结束后再次投诉,甚至上诉法院。若不保留证据,所做工作便付诸东流。即使旅游期间有些投诉未得到解决,旅行社也应将有关证据和原始记录转交旅行社,可为进步协商解决问题提供有益的依据。

(3)对游客投诉中反映的意见表示感谢。

(4)对一些重要投诉或旅行社工作人员无力解决的问题要及时报告旅行社管理者。

(5)注意保护投诉者的隐私。有些旅游者在旅游活动结束时,向旅行社工作人员或组团社对接待社的服务质量提出投诉,旅行社相关人员或组团社不要将投诉者的姓名和联系方式反馈给接待社,以避免有的接待社打电话或发短信对投诉者进行骚扰,从而给投诉者带来更多的麻烦,甚至招致进一步的投诉。

第三节　旅游事故与旅游保险

一、旅游事故

(一)旅游事故的定义

旅游事故是指在旅游过程中因主、客观原因造成的可能影响旅游活动正常进行的问题、差错,以及旅游者人身伤亡和财产损失。

表 5-1　旅游安全事故等级分类

旅游安全事故等级	对旅游者人身造成伤害的程度	对旅游者财产造成伤害的程度
轻微事故	旅游者轻伤	经济损失在 1 万元人民币以下
一般事故	旅游者重伤	经济损失在 1 万元至 10 万（含 1 万）元之间
重大事故	旅游者重伤致残或死亡	经济损失在 10 万元至 100 万（含 10 万）元之间
特大事故	多名旅游者死亡	经济损失在 100 万元以上，或性质特别严重，产生重大影响

资料来源：根据《旅游安全事故管理暂行办法实施细则》整理。

（二）旅游事故的类型

1. 旅行社工作事故

（1）漏接

漏接旅游者简称"漏接"，是指旅游者已经按照旅游计划抵达旅游目的地，而旅行社派出的接待人员未能按时赶到飞机场、火车站或码头迎接旅游者，致使旅游者焦急等待并造成心情不愉快的事件。

（2）错接

错接旅游者简称"错接"，多发生在旅游团的接站时。旅行社接待人员误将本应由其他旅行社或本旅行社其他人员接待的旅游团作为自己所应接待的旅游团接走。

（3）误机（车、船）事故

旅行社接待人员由于疏忽大意或工作差错导致旅游者未能够按照旅游计划确定的航班（车次、船次）离开本地，被迫延长在本地停留时间的事件称为"误机""误车"或"误船"，是一种比较严重的工作失误。

误机（车、船）不仅会对旅游者造成不利影响和损失，而且会给旅行社造成重大经济损失。

2. 旅游者个人事故

（1）旅行证件丢失

由于旅游者的身份不同，前往的旅游目的地各异，所持的旅行证件也不同。入境的外籍旅游者和出境的中国旅游者在旅行过程中所需携带的旅游证件为护照、签证或集体签证、旅行证；香港、澳门地区的居民除外籍人士外，回内地探亲或旅游时，应持《港澳同胞回乡证》；台湾同胞来大陆旅游须持《台湾同胞旅行证明》；中国公民在境内旅游时则应持身份证。它们分别是不同类别旅游者旅行中必备的交有关方面查验的重要证件，必须随身携带。若不慎丢失或被窃，都会给其旅行带来许多麻烦。

（2）钱物丢失

有些旅游者自由散漫、丢三落四，丢失钱物的现象时有发生，给他们的旅行生活带来不便，导致其旅游过程中情绪低落，给旅行社的接待工作造成一定困难。

（3）旅游者走失

在参观游览或自由活动时，时常有旅游者走失的情况发生。一般来说，造成此类情况的原因有三种：一是旅行社工作人员没有向旅游者讲清楚车牌号、停车位置或景点的游览线路；二是旅游者在游览过程中对某种现象和事务产生浓厚兴趣，或在某处摄影滞留时间较长而脱离团队自己走失；三是在自由活动、外出购物时游客没有记清酒店等地址和线路而走失。

3. 旅游安全事故

（1）交通事故

交通事故是指旅行过程中因交通工具故障、驾驶员操作失误或旅游者个人行为不当造成旅游者受伤或死亡的事故。在旅游交通事故中，不少属于重大或特大事故，如飞机失事、火车出轨或相撞、轮船失事、汽车相撞或翻车等，给旅游者带来生命和财产的严重损失。

（2）治安事故

治安事故是指在旅游过程中发生，对旅游者的生命或财产构成威胁或造成损害的各种事故的总称。旅游治安事故涉及的范围较广，如旅游者在旅游过程中受到骚扰、诈骗；所带财物被盗、被抢；旅游者被伤害或被杀害等。这些事故的发生会使旅游者的身心健康和生命财产受到损害或威胁，严重地影响旅游活动的进行。

（3）饭店火灾事故

作为旅游安全事故之一的饭店火灾事故是指旅游者下榻的饭店因防火意识薄弱、消防管理疏漏、工作人员操作失误、自然灾害引发或犯罪分子纵火等原因造成的饭店失火。饭店火灾事故往往严重威胁或伤害旅游者的生命和财产安全，并对旅游活动造成严重的负面影响。

（4）食物中毒事故

食物中毒是指旅游者在旅游过程中因食用变质或不卫生食物造成的中毒事故。食物中毒事故往往对旅游者的身体健康造成损害，发病的潜伏期短、病情发展迅速，表现为急性胃肠炎，轻者导致旅游者呕吐、腹泻，重者可造成旅游者致残或死亡。

（三）旅游事故的处理

1. 旅行社工作事故的处理方法

（1）漏接的处理

①如果漏接是旅行社接待人员或其他人员工作疏忽或内部沟通不及时造成的，接待人员应向旅游者诚恳地赔礼道歉，求得旅游者的谅解。旅游者在本地游览期间，接待人员应积极地采取弥补措施，以提供更热情周到的生活服务和作更生动精彩的导游讲解等方式，逐步消除因漏接而给他们造成的不愉快心情。

②如果漏接是由于旅游中间商、组团旅行社在旅游者所乘交通工具或出发时间变更后未及时通知接待旅行社所造成,事故的责任并非应由接待旅行社承担。尽管如此,接待人员应该认识到,旅游产品是由多方面的服务组成的,无论是哪个环节出了差错,都会影响到产品的质量。对于旅游者来说,他们是从旅行社购买的旅游产品,无论是哪个方面的原因造成的漏接都是不应该的。因此,在旅游者发出抱怨时,接待人员除了客观地讲明情况外,还要向旅游者表示歉意,并要努力做好导游服务工作,挽回不利影响。

③如果因交通工具出现故障或天气原因,旅游者临时更换其他航班(车次、船次)提前或滞后抵达造成旅行社漏接事故时,接待人员应实事求是地向旅游者说明原委,但是不能表白旅行社不承担任何责任,而是应该提供热情周到的服务,照顾好旅游者在当地旅游期间的生活和游览活动,使旅游者不因漏接事故而影响其参加旅游活动的情绪。

④如果接待人员按照旅游计划上规定的时间抵达机场(火车站、码头)后,发现旅游者所乘坐的航班(车次、船次)发生延误,未能接到旅游者时,应该立即和旅行社接待部内勤人员联系,查明原因,并将变更情况及时通知饭店等有关部门,以便采取适当的应变措施,减少或避免损失。

(2)错接的处理

①同一家旅行社的接待人员错接应由对方接待的旅游者时,一般无须再交换所接待的旅游者,而应尽心尽力地按照实际接到的旅游者旅游计划为旅游者服务,而且无需向旅游者说明原委,因为旅游者在抵达前并不知道应该由谁负责接待他们。

②不同旅行社接待人员之间发生错接事故时,双方必须交换所错接的旅游者,并向旅游者实事求是地说明情况,诚恳地道歉。

(3)误机(车、船)事故的处理

①立即设法与机场(火车站、码头)联系,争取安排旅游者乘最近班次的交通工具离开。

②如果无法获得当天其他航班(车、船)的交通票据,可设法购买最近期的飞机票(火车票、船票),使旅游者尽快赶赴旅游计划中的下一站。

③如果时值旅游旺季,旅行社无法购买到近期的正常航班(车、船)的交通票据,可采取包机(车厢、船)或改乘其他交通工具的方式,使旅游者能够尽快前往下一站。

④旅游者无法立刻离开本地时,必须稳定旅游者的情绪,妥善安排他们在当地滞留期间食宿、游览等事宜。

⑤及时通知下一站做必要的变动。

⑥旅游者离开后,要认真查清造成事故的原因和责任并处理好善后事宜。

2. 旅游者个人事故的处理方法

(1)旅行证件丢失的处理

①如果旅游者是外籍人士,所丢失的旅行证件为外国护照,则应由当地接待旅行社开具证明,旅游者持证明到当地公安机关报失,然后持公安机关证明至所在国驻华大使馆或领事馆申请新护照,最后再持新护照到公安机关办理签证手续。

②如果华侨旅游者丢失中国护照,则由接待旅行社开具遗失证明,再持遗失证明到省、直辖市或自治区公安机关或获得授权的其他公安机关报失,申请新护照,然后至侨居国驻华

大使馆或领事馆办理入境签证手续。

③香港或澳门同胞在内地旅游期间丢失《港澳同胞回乡证》,应由接待旅行社开具遗失证明并由本人拿该证明到遗失地的市、县公安机关挂失。公安机关出入境管理部门经审查后签发一次性有效《中华人民共和国出境通行证》。

④台湾同胞在祖国大陆旅行时不慎丢失《台湾同胞旅行证明》后,应向当地的中国旅行社或户口管理部门或侨办报失,并由以上部门经核实后发给一次性有效的入出境通行证。

⑤中国公民在国内旅游期间丢失身份证,应由遗失地负责接待的旅行社出具遗失证明,并由遗失者持证明到当地公安机关挂失,公安机关经核实后开具身份证明。

（2）钱物丢失的处理

①如果旅游者丢失现金后,旅游过程中的生活将发生一定的困难时,接待人员可协助其给其家中打电话,请迅速汇寄部分现金,以保证其旅游活动继续正常进行。

②如果旅游者丢失信用卡,接待人员应提醒他（她）尽快用电话通知发行该信用卡的银行或公司。有些信用卡发行银行或公司提供在数小时内给持有人补发临时信用卡的服务,多数信用卡公司或银行则要等旅游者返回居住地后,再补发新卡。

③如果旅游者丢失旅行支票,接待人员应协助其及时与发售公司联系。许多发售旅行支票的公司提供昼夜值班的补发旅行支票服务。如果旅游者保留购买旅行支票时的带有序号的购买收据,发行的公司可以立即通过其设在当地的服务中心给旅游者补发部分或全部旅行支票。如果旅游者没有随身携带购买收据,则发行公司需要经过几天的核实后,再补发旅行支票。

④如果入境旅游者丢失其在入境时已向海关申报过的贵重物品,接待人员应协助其持旅行社证明到当地公安部门开具丢失证明书,以备出境时海关查验或向保险公司索赔。

（3）旅游者走失的处理

①向走失旅游者的旅行同伴或与其住在同房间的其他旅游者询问其走失的大概时间和地点以便设法寻找。

②如果经过一段时间的寻找仍未发现走失的旅游者,可向游览地或饭店所在地区公安派出所、管理部门或管区公安机关请求帮助。

③随时与饭店保持联系,查问走失者是否已自行回到饭店。

④找到走失的旅游者后,如系接待人员的责任,应向其赔礼道歉;若责任在走失者,应问清情况,进行安慰并提醒其以后如何防止走失。

3. 旅游安全事故的处理方法

（1）交通事故的处理

①立即组织现场人员进行抢救,特别是重伤旅游者,要对其止血、包扎,施行初步处理。

②设法打电话呼叫救护车或拦车将受伤人员送往最近的医院抢救。

③指定专人保护现场,尽快通知公安交通管理部门派人调查处理。

④在公安交通管理部门人员未到之前,如因组织抢救工作需要移动物证时,应做出标记。

⑤公安交通管理部门人员对事故进行调查时,接待人员与驾驶员应实事求是地介绍事

故发生的情况,不得隐瞒和推卸责任。

⑥将受伤人员送往医院后,接待人员要迅速向旅行社领导报告事故与人员受伤情况,听其指示,要求派车将未受伤和轻伤旅游者接回饭店或继续旅游活动,同时做好旅游者的安定工作。

⑦旅行社管理者与接待人员要前往医院看望住院治疗的旅游者,表示慰问。

⑧对事故中死亡的旅游者,应按有关死亡事故处理程序妥善处理。

⑨事故处理后,接待人员要写出书面报告,内容包括事故情况、原因、处理经过,旅游者的反映等,报告要求详细、实事求是。

(2)治安事故的处理

①当犯罪分子向旅游者行凶,偷盗或抢劫旅游者钱物时,在场的接待人员应毫不犹豫挺身而出,保护旅游者。迅速将旅游者转移到安全地点,并积极配合当地公安人员和在场群众缉拿罪犯,追回赃物、赃款。

②如果旅游者在事故中不幸受伤,应立即组织抢救,及时送往医院治疗。

③如果罪犯在作案后脱逃,接待人员应立即向当地公安部门报告案件发生的时间、地点、经过;作案人的特征(性别、年龄、体型、长相、衣着等);受害旅游者的姓名、性别、年龄、国籍、伤势;损失物品的名称、件数、大小、型号以及特征等,努力协助公安人员迅速破案。

④尽快向旅行社主管领导汇报事故发生的情况,包括出事地点、时间、旅游者姓名、性别、年龄、受害情况;现在何处、现状如何;受理案件的部门名称、地点、电话号码及办案人姓名等,请领导指示。

⑤接待人员应迅速写出事故情况报告。报告的内容应包括受害者姓名、性别、年龄;受害者情况;脱险情况;在场其他旅游者的反映;采取了哪些紧急措施;报案及公安部门侦破情况;作案人的基本情况;受害者及其他旅游者的目前情况;有何反映和要求等。

(3)饭店火灾事故的处理

①发现火情后,应立即将饭店失火的消息通知所接待的全体旅游者。

②听从饭店人员的统一指挥,有条不紊地引导旅游者迅速疏散。

③告诫住在不同房间里的旅游者用手触摸房门。如果房门很烫,不要将其打开,应躲在房间里等待救援。

④如果某个旅游者的房间里出现火情,而旅游者一时又无法逃离房间时,可引导旅游者自救,如将脸贴近墙壁,用湿毛巾捂住口鼻,用厚重衣物压灭火苗,泼水降温等,保住性命,等待救援。

⑤如果某个旅游者的房间被大火封闭,无法逃生时,可通过电话告诉他(她)用浸湿的被褥、衣物等堵塞门缝,泼水降温,呼救待援。

⑥看到旅游者身上着火时,应提醒他(她)就地打滚压灭火苗,或用厚重衣物覆盖其身上将火苗扑灭。

⑦当旅游者撤离房间后,应迅速带领他们通过安全出口疏散,千万不能搭乘电梯或随意跳楼。

⑧在撤离过程中,如果必须穿过浓烟逃生时,应指导旅游者用浸湿的衣物裹住身体,捂

住口鼻,贴近地面。

⑨旅游者脱离火场后,应立即组织抢救受伤者,对重伤者要迅速送往医院。

⑩将受伤旅游者安顿好后,应采取各种措施稳定其他旅游者的情绪,帮助他(她)们解决因火灾造成的生活上的困难,并继续组织好旅游活动;协助领导处理善后事宜并写出详细的书面报告。

(4)食物中毒事故的处理

①立即用车将食物中毒的旅游者送医院抢救。

②如果一时无法找到车辆,可打电话请120急救中心派救护车前来抢救。

③在赴医院途中,应当让中毒者多喝水,以加速排泄,缓解毒性。

④当食物中毒的旅游者经治疗脱离危险后,接待人员应陪同旅行社有关领导到医院看望,表示慰问。

⑤及时写出书面报告,如实记述事故发生的全部经过。

二、旅游保险

(一)旅游保险的概念

旅游保险是保险业的一项业务。它是指根据合同的约定,投保人向保险人支付保险费,保险人对于合同约定的在旅游活动中可能发生的事故所造成的人身财产损失承担赔偿保险金的责任。目前,游客报名时所涉及的保险通常有3种,分别是旅行社责任保险、旅游意外保险和交通意外伤害保险。

(二)旅游保险的种类

1.旅行社责任保险

旅行社责任保险是指旅行社根据保险合同的约定,向保险公司支付保险费,保险公司对旅行社在从事旅游业务经营活动中,致使旅游者人身、财产遭受损害应由旅行社承担的责任,转由承保的保险公司负责赔偿保险金的行为。旅行社责任保险属强制保险。

旅行社责任保险的保险期限为一年。

2.旅游意外保险

旅游意外保险属自愿保险,保险费由旅游者支付。是指旅行社在组织团队旅游时,为保护旅游者的利益,代其向保险公司支付保险费,一旦旅游者在旅游期间发生事故,按合同约定由承保险公司向其支付保险金的保险行为。旅游意外保险由组团社负责一次性办理,接待旅行社不再重复投保。

旅行社组织的入境旅游,旅游意外保险期限从旅游者入境后参加旅行社安排的旅游行程时开始,直至该旅游行程结束办理完出境手续时为止;旅行社组织的国内旅游、出境旅游、旅游意外保险期限从旅游者在约定的时间登上由旅行社安排的交通工具开始,直至该次旅行结束离开旅行社安排的交通工具为止。

按照《中华人民共和国保险法》规定,人寿保险以外的其他保险的被保险人或者受益人,向保险人请求赔偿或者给付保险金的诉讼时效期为两年,自其知道或者应当知道保险事故发生之日起计算。

3. 交通意外伤害保险

交通意外伤害保险也称为交通工具意外伤害保险。它是以被保险人的身体为保险标的,以被保险人作为乘客在乘坐客运大众交通工具期间因遭受意外伤害事故,导致身故、残疾、医疗费用支出等为给付保险金条件的保险,主要包括火车、飞机、轮船、汽车等交通工具。

(1)航空旅客意外伤害保险

航空旅客意外伤害保险简称航意险,属自愿投保的个人意外伤害保险。此种保险旅游者可自愿购买一份或多份。其保险期限自游客持保险合同约定航班的有效机票到达机场通过安全检查时起,至游客抵达目的港走出所乘航班的舱门时止(不包括舷梯与廊桥)。在此期间,若飞机中途停留或绕道飞行中,只要被保险人一直跟机行动,其遭受的意外伤害均在保险责任范围内。当被保险人进入舱门后,由于民航原因,飞机延误起飞又让旅客离开飞机,在此期间被保险人遭受的伤害,保险公司也会负责。

(2)铁路意外伤害保险

2013年,国务院废止了《铁路旅客意外伤害强制保险条例》,铁路意外伤害保险由原来强制性捆绑式销售改变为乘客自愿购买。2015年11月1日起,铁路部门为境内乘车旅客提供最新的铁路旅客人身意外伤害保险,简称"乘意险"。铁路乘意险将保险责任扩展到旅客自持有效乘车凭证实名制验证或检票进站时起,至旅客到达所持乘车凭证载明的到站检票出站时止,即由"车上"扩展到"车上和站内"。成年人购买乘意险为3元,最高保障50万元意外身故、伤残保险金和5万元意外医疗费用;未成年人购买乘意险为1元,最高保障20万元意外身故、伤残保险金和2万元意外医疗费用。

(三)旅游保险备案与索赔

1. 及时报案

旅游者发生意外事故后,应及时向投保的保险公司报案。

2. 收集证据,并妥善保存

旅行社应提醒当事人收集医院诊断证明、化验单据、意外事故证明等证据。

3. 转院需取得保险公司同意

旅游者因意外住院后,如需要转回本地医院继续治疗,应事先征得保险公司同意,并要求救治医院出具书面转院报告。

旅行社在旅游接待过程中时常会出现各种突发事故。能否妥善处理好各类突发事故,对旅行社接待服务人员和旅行社信誉等都是严峻的考验,因此要加强工作人员的业务培训,使其领会在旅行社接待过程中突发事故的处理原则和依据,掌握突发事故的具体处理办法和常用的旅游保险知识。

【项目实训】

项目名称:旅游投诉实地调查及处理

项目内容:组织学生赴旅行社进行实地调查,了解当地各大旅行社旅游投诉的主要类型,总结各旅行社的处理方法、对策和效果。

项目要求:要求学生通过实地调查了解常见旅游投诉的类型,掌握旅游投诉处理技巧;撰写实地调查计划书和调研报告。

项目流程:

1.实训前要求学生掌握旅行社投诉的相关知识。

2.将全班学生分为若干组(5~7人/组),确定组长,实行组长负责制。

3.联系旅行社,做好准备工作。

4.实地调查,收集、记录相关信息,撰写调研报告,以小组为单位进行展示。

5.教师对各小组表现进行评价、打分,并提出相应的建议和意见。

【复习思考】

一、名词解释

1.旅行社服务质量

2.旅游投诉

3.旅游事故

二、问答题

1.当前我国旅行社违法经营现象时有发生,严重影响游客对旅行社服务质量的评判。旅行社应从哪几个方面着手做好守法经营,以此保障旅行社服务质量的底线?

2.目前我国是如何对旅游安全事故等级进行分类的? 分类标准有哪些?

三、案例分析题

陈先生一家三口参加了 A 国际旅行社组织的马来西亚游,双方签订了旅游合同,全额缴纳了三个人的旅游团费,确定了游览行程。旅游团出发当日,陈先生一家按约定的时间赶到机场集合。办完出境手续后,陈先生发现全团 23 个旅游者分别来自三家旅行社,且游客手中的旅游行程各不相同。旅游团回国后,陈先生找到 A 旅行社,要求该社给个说法。该社的负责人称,组团人数不足,将若干家旅行社的旅游者拼成一个团,是旅行社的通常做法。陈先生一家的马来西亚游已交由另一家 B 国际旅行社操作,有问题去找那家。陈先生找到 B 国际旅行社,该社负责人说是按 C 国际旅行社要求操作的,出了问题,找 C 国际旅行社。陈先生只好向旅游质量监督管理部门投诉,要求维护自己的权益。

问题:案例中的旅行社分别有哪些问题? 遇到这种情况游客和旅行社应当如何处置? 在以后的旅游经营活动中,又该如何预防?

【延伸阅读】

严把服务质量关,幸福之家为大家

开封幸福之家国际旅行社有限公司(以下简称开封幸福之家国旅)作为"文化旅游·幸福产业"的探索者和先行者,倡导"旅游改变生活方式""文旅融合发展"的新模式,开启旅游行业"大文旅·家庭游"的崭新时代。正所谓:真诚赢得信任,耐心获取理解,细节决定成败,服务创造价值。

任何事,作于细,精于心,成于实。开封幸福之家国旅在旅游中完善自身,在工作中检讨自身,不断完善旅游工作新制度,成立质检小组。

(1)团前,在"全国旅游服务监管平台"实行一团一报,并与每位游客签订旅游合同,一团一会,举办团前说明会,约束员工规范行为,引导游客文明观赏等,并签订文明公约、承诺书。

(2)出行途中随时监管。

(3)回团后客服人员于3天内电话回访,悉心听取游客的意见及建议等。开封幸福之家国旅领导组充分发挥监管职能,深挖改革,横向推动资源联动机制,纵向推动迭代和转型,整体推进"大文旅大旅游大发展大繁荣"发展战略。

敢蹚别人没走过的路,才能收获别样风景;敢拓别人没垦过的荒,才能开辟新的空间。开封幸福之家国旅鼓励和督促全体旅游从业人员提高质量服务技能,不断提高从业人员的服务意识,倡导从业人员使用普通话、礼貌待客、上下车搀扶等。开封幸福之家国旅首创"走亲式"旅游,何谓"走亲式"旅游?即随团出行有人送,旅行途中有人陪,保健医生随团走,到达目的地入住亲戚家,旅途归来到家有人接,就像自家亲人一样,深切感受到大家庭的温暖,关怀备至。遵循行业发展规律,开启了规模宏大的文旅系统,让大量的消费者过上高级幸福生活,共享美好发展成果,共筑光荣与梦想。

于小事中下功夫,于细微处显精神,用最朴实的行动,践行坚守的意义。开封幸福之家国旅敢于创新,在业内率先倡导并施行了"纯玩无购物、提供高标准就餐住宿条件、全程跟随全程陪护、快旅慢游,深度游玩"等标准化,高品质的文化旅游服务,专注"候鸟旅游""旅居度假""私人定制游"等,确保出团游客吃得好、住得好、玩得好,保障安全措施得力;用车均为三年以内证照齐全的车辆,并签订正规租赁协议。做最纯粹的旅游,让旅游回归旅游。成立以来,开封幸福之家国旅团队带领大旅游团出游,每年组织"千人大巴游""包游轮包专列"出游人次达数百万,足迹遍布大江南北,没有发生一起经济纠纷,赢得了口碑,铸就"走亲式"文旅融合的"金"字招牌,成为我国文化旅游一张新名片。

开封幸福之家国旅坚持以"尊重、仁爱、信用、守正、创新"为企业价值观,引领企业文化建设,坚持"军事化、科学化、规范化、制度化、专业化"管理方略,实现"理论自信、文化自信、制度自信、模式自信、道路自信",坚定不移地走文旅融合的道路。

做好文旅工作,严把质量关是一项长期任务,必须打好日常基础,建立健全长效的运行机制和监管机制,推动高质量旅游健康协调发展。开封幸福之家国旅建立文旅行业信用体系,构建服务者和消费者新型关系,维护消费者合法权益,尊重服务者辛勤劳动,体现人文关怀,抵制不文明行为,杜绝暴力行为发生,促进社会和谐,维护社会公德,大力推动人类社会文明发展进步。

资料来源:开封市文旅行业2022年"质量月"活动典型案例。

第六章
旅行社信息化管理

【本章导读】

随着互联网、人工智能的发展,信息技术在各个行业都得到了空间广泛的普及与应用。国务院在"十四五"旅游业发展规划中提出:中国旅游企业要广泛应用先进科技,推动旅游业态、服务方式、消费模式和管理手段创新提升,发展智慧旅游。要强化自主创新,集合优势资源,加快推进以数字化、网络化、智能化为特征的智慧旅游,深化"互联网+旅游",扩大新技术场景应用。

【学习目标】

1. 了解旅行社管理信息系统的定义、特点及旅行社电子商务的定义、功能。

2. 熟悉旅行社信息管理系统在旅行社行业中的应用,掌握旅行社电子商务的发展策略。

3. 学会运用数字化、网络化、智能化科技创新成果,升级传统旅游业态,创新旅行社产品和服务方式,推动旅游业从资源驱动向创新驱动转变。

【关键术语】

信息技术;旅行社信息化管理;电子商务;旅行社产业新业态

【本章导入】

飞猪旅行,阿里巴巴集团旗下的综合性旅游服务平台,宗旨:让天下没有难做的旅游生意。2016年10月27日,阿里旅行在北极圈内的芬兰圣诞老人村举办了主题为"比梦想走更远"的极光音乐会。会上,阿里巴巴集团宣布,将旗下旅游品牌"阿里旅行"升级为全新品牌"飞猪",英文名为"Fliggy"。飞猪旅行将充分利用互联网、人工智能等先进科技的发展和应用,结合阿里大生态优势,通过互联网手段,让消费者获得更自由、更具想象力的旅程。

旅行社是旅游产品的推销商,是连接旅游者和各类旅游服务供应商的桥梁和纽带,这一中介地位决定了旅行社必须收集整理大量旅游者的需求信息和旅游景区、酒店、旅游交通等方面的信息。旅行社通过建立了电脑实时预定系统,获取和处理了大量的旅游产品信息,并作出合乎旅游市场的旅游产品设计、整合和采购。

第一节　旅行社信息技术概述

　　旅行社不是直接进行物质生产的企业,而是满足人们高层次的精神需求,与人们的审美倾向和社会价值取向密切相关的企业。信息是旅游业的基础,以信息技术为核心的信息化浪潮正在改变着旅游业,更改变了旅行社的传统发展模式,旅行社的成长壮大、持续发展是建立在企业对社会需求信息的有效捕捉、利用和创新的基础上的,可见,信息化是旅游业发展的强大推动力。

一、信息与旅游信息

(一)信息的概念

　　人类产生之后,就有了交换与利用信息的活动,人类社会的信息,是以语言、文字、图像、数据和状态为载体来传递和通报的。人类对信息的识别、获得、处理和使用,是在实践中不断认识和提高的,并经历了一个相当漫长的过程。从这个角度给信息简明而又通俗的定义是:信息是一切事物、物质某种属性的反映,人们通过它可以了解事物或物质的存在方式和运动状态。它最普遍的形式是信号、消息、数据、事实、知识和情报等;它可以交换、传递和存储,是一种能够创造价值的资源。

(二)旅游信息的概念

　　旅游信息可以理解为包括旅游景区(点)、旅行社、旅游者、旅游交通、餐饮住宿、气象等多种要素所构成的数据、信息和情报的总称。可以从以下几个方面深入了解旅游信息:
　　(1)旅游信息是对旅游活动状况的一种客观的最新描述。
　　(2)旅游信息是对旅游活动运动、变化、发展的客观描述。
　　(3)旅游信息是对旅游活动的本质和规律的真实反映。

二、信息技术

(一)信息技术的概念

　　信息技术常被称为信息和通信技术,是用于管理和处理信息所采用的各种技术的总称。它主要是应用计算机科学和通信技术来设计、开发、安装和实施信息系统及应用软件。

(二)旅游业信息化的必然性

　　20世纪后半期,我国旅游业以传统的旅游营销方式为主,效果往往难尽人意,而且成本高。旅游业的商品交易都是通过现金交易完成,顾客随身携带现金,既不安全,也比较烦琐。

这种落后的旅游管理手段及方式,严重制约着我国未来旅游业的发展。

随着经济全球化与网络化的深入,信息技术革命与信息化建设正在使资本经济变为信息经济、知识经济,并将迅速改变传统的经贸交易方式。以信息技术为基础的全球经济一体化使旅游业面临着更广阔的市场环境和更平等的竞争机遇。

进入 21 世纪以后,信息技术已不可阻挡地走入了旅行社的管理和营销,成为一种不可逆转的潮流。世界各地的游客通过旅游企业所建立旅游信息网站,对旅游景区的各方面情况有所了解,并从网站上得到交通、住宿、游览等实用信息。这种宣传方式覆盖范围之大,传播地域之广是过去任何一种方式都无法比拟的。另外,旅行社还可利用旅游信息网络做出图文并茂的各种网页和多媒体音像资料,大力宣传本地的旅游资源、服务特色、风土人情等,扩大旅游景区的影响。由于旅游信息网站的作用,吸引大量游客前来观光是必然的结果。同时,旅行社内部管理也采用了旅游信息管理系统,对企业劳资、财务进行管理,提高工作效率,最大程度地避免浪费,提升了旅行社的效益。

(三)信息技术在旅行社行业中的应用

旅行社应用信息技术始于 20 世纪 70 年代中叶,旅行社行业开始使用终端售票机。1981 年中国国际旅行社为了控制旅游客流,即在饭店供应紧张的情况下防止超订,开始使用超级小型计算机,同时也用于财务管理和数据统计处理等方面。

近年来,越来越多的旅行社开始寻求适合自身业务特点和需要的信息技术系统,其结果使信息技术在旅行社业逐步普及,而且适应性越来越强。信息技术在旅行社中应用的范围十分广泛,主要包括以下几个方面。

1. 计算机预定系统和全球销售系统(CRS 和 GDS)

信息技术在旅游业中的应用,始于计算机预订系统(Computer Reservation System,CRS)的出现。20 世纪 50 年代末,全球主要的航空公司为了实现全球分销,开始开发计算机订位系统(Computerized Reservation System,CRS)。计算机订位系统是一个数据库,航空公司利用这个数据库管理它的库存(如航班、座位、票价、行李等),并直接和它的销售代理联系。CRS 创建了一种新的旅游营销与分销系统,它被誉为旅游业电子时代的始创者。其后,CRS 逐渐渗入酒店和旅行社业。到 20 世纪末,CRS 已被当作一个集合名词,用来统称整个旅游行业中的各种应用系统,成为企业和目的地的重要战略工具,成为一个新的、独立运作的旅游分销产业,在旅游业中发挥着不可缺少的作用。

随着旅游业的迅猛发展,从航空公司订座系统中分流出来的面向旅行服务的系统——全球销售系统(Global Distribution System,GDS)应运产生。经过兼并和收购,形成了四大全球分销系统,即 Amadeus、Galileo、Saber 和 Worldspan,链接全世界 60 余万个旅行社终端。通过 GDS,遍及全球的旅游销售机构可以及时地从航空公司、旅馆、租车公司、旅游公司获取大量的与旅游相关的信息,从而为顾客提供快捷、便利、可靠的服务。这个系统不仅提供航班信息和机票预订,还包括了其他多种旅游产品和多种信息,因此被称为旅游信息系统(Tourism Information System,TIS)之一。GDS 拥有的全球分销能力吸引了酒店加入其分销平台,进而国际性酒店集团如:万豪国际酒店集团(Marriott)、洲际酒店集团(IHG)等陆续开发了自己的中央电子预订系统(CRS),使其同 GDS 对接,从而能被全球数十万家旅行社及时预订。

2. 旅游目的地信息系统(DIS)

随着世界旅游市场格局逐步从以团队旅游为主,转变为以散客旅游为主,旅游者对旅游目的地信息传播提出了前所未有的全面、系统、准确、快捷等动态要求。更大范围和规模的,跨行业、跨地区的旅游信息系统——旅游目的地信息系统(Destination Information System, DIS)的建立,已经成为信息技术在旅游业发展的趋势。

DIS 采用现代信息技术,服务于旅游目的地的信息收集、存储、加工、传递、应用的系统。是一个功能多样的信息系统,具有输入、处理、输出、反馈和控制 5 个要素,能按照统一的标准,有选择地对旅游目的地信息进行采集、提供和分析,为旅游者筹划、决策,开展旅游活动提供更加有效的信息传播途径,并激发潜在的旅游消费。

DIS 系统主要包括信息搜索系统、计算机辅助旅游咨询系统、计算机辅助预订系统和具有人工智能的旅游决策支持系统,是一个人—机交互系统。旅游目的地信息系统通常由旅游目的地的政府管理部门投资建立,但一部分与旅游目的地促销有紧密关系的旅游企业也可以参与投资、建设和运营,它覆盖的范围既可以是某个国家或地区,也可以是某个旅游城市。

3. 旅行社管理信息系统

旅行社管理信息系统是利用计算机技术和通信技术,对旅行社经营的所有信息进行综合管理和控制的以人为本的人机综合系统。它必须围绕旅行社的经营特点进行设计,以一切为旅游消费者提供完美服务为目标,提高旅行社的经营管理效率和市场竞争能力。旅行社管理信息系统大多数以 Windows 操作平台为基础,新一代的旅行社管理信息系统开始基于互联网、采用 Web 技术的开放型信息系统,即基于 Web 的旅行社管理信息系统。旅行社管理信息系统与饭店管理信息系统基本相似,系统的信息服务主要是以旅行接待和内部管理为目的,不考虑旅行社管理信息系统与外部网的连接。采用互联网网络,企业内部建立 Web 服务器,则需要考虑与外部网连接的功能需求。

信息技术的飞速发展是当今社会不可阻挡的潮流,给世界旅游业带来了机会,也带来了挑战。如何发挥和利用信息技术的最新成果,改进和完善各种现有计算机系统的功能和作用,使之更有效地服务于旅游目的地、交通运输设施、住宿接待部门以及旅游业务部门的运作和管理,是未来旅游业界人士面前的一个艰巨任务。如何实现现有各类系统之间的交叉运作、功能互补、优势共享,也将是业内人士重点研究和开发的课题。

信息是旅行社生存的命脉,实行旅行社信息化管理,是加强企业管理,增强核心竞争力的必然选择。推行旅行社信息化管理,实现"优化流程,业务运行电子化;畅通渠道,管理运行成本降低;规范运作,团队运行随时掌控;信息交互,业务往来信息实时记录"的目标,将有助于提高企业内部管理效率和控制能力,实现经营管理集团化和网络化,做大做强旅行社。

小思考

最近几年,在线视频和达人内容的热度蹿升。抖音等社交 App 的下载量和用户互动频次激增,成为Z世代最喜欢的应用。SocialPubli.com 的调查显示,2021 年有 63% 的人更关注旅游达人发布的内容。相对传统广告而言,2/3 的消费者更愿意为创作者发布的内容付费。与此同时,由于旅游市场竞争加剧,旅行社业的利润也越来越薄,部分旅行社就靠变相降低服务标准、增加购物及自费项目来填补,这样一来会引起游客不满,旅行社路在何方?

疫情改变了人们使用网络和出行的习惯,也撼动了旅游品牌思考和营销的方式。旅行社营销人员必须重新评估营销策略,跳出传统思维定势,不断尝试采用新形式、新内容。

旅行社的产品和品牌该如何借助网络中的旅游达人进行营销?

第二节　旅行社管理信息系统

一、旅游管理信息系统

1.管理信息系统的概念

信息系统是以加工处理信息为主的系统,它能对数据进行收集、存储、处理、传输、管理和检索,并能向有关人员提供有用信息。信息系统集组织内部各类信息流为一个系统,将整个系统中各个组成部分有机地联系在一起,它与整个系统的质量和运行的情况密切相关。作为现代信息技术的产物和结晶,建立以计算机为基础的信息系统是社会发展的必然趋势。

随着数据库技术、网络技术和科学管理方法的发展,计算机在管理上的应用日益广泛,管理信息系统逐渐成熟起来。管理信息系统(Management Information Systems, MIS)是一个不断发展的新兴学科,其定义随着计算机技术和通讯技术的进步也在不断更新。20 世纪 80 年代初,在《中国企业管理百科全书》中对管理信息系统做了如下定义:管理信息系统是由人、计算机等组成的能进行信息的收集、传递、储存、加工、维护和使用的系统;管理信息系统能实测企业的各种运行情况,利用过去的数据预测未来,从企业全局出发辅助企业进行决策,利用信息控制企业的行为,帮助企业实现其规划目标。

2.管理信息系统的特点

管理信息系统是一门多学科交叉的科学,基本学科主要包括管理科学、系统科学、运筹学、统计学、社会学、心理学、计算机技术、通信技术。管理信息系统的三要素为系统的观点、数学的方法、计算机应用。

管理信息系统具有以下特征:

(1)高度集中

管理信息系统由中心数据库和计算机网络系统组成,其最大特点是高度集中,可以将组织中的数据和信息集中起来,进行快速处理,统一使用。随着计算机网络和通讯技术的发展,管理信息系统不仅能把组织内部的各级管理联结起来,而且能够克服地理界限,把分散在不同地区的计算机网进行互联,形成跨地区的各种业务信息系统和管理信息系统。

（2）定量化的管理方法

管理信息系统通过预测、计划优化、管理、调节和控制等定量化的科学管理手段来支持决策与管理。是继管理学的思想方法、管理与决策的行为理论之后的一个重要发展,它是一个为管理决策服务的信息系统,必须能够根据管理的需要,及时提供所需要的信息,帮助决策者做出决策。

（3）综合性

从广义上说,管理信息系统是一个对组织进行全面管理的综合系统。一个组织在建设管理信息系统时,可根据需要逐步应用个别领域的子系统,然后进行综合,最终达到应用管理信息系统进行综合管理的目标,管理信息系统综合的意义在于产生更高层次的管理信息,为管理决策服务。

（4）人机系统（AI）

管理信息系统的目的在于辅助决策,而决策只能由人来做,因而管理信息系统必然是一个人机结合的系统。在管理信息系统中,各级管理人员既是系统的使用者,又是系统的组成部分。因而,在管理信息系统开发过程中,要根据这一特点,正确界定人和计算机在系统中的地位和作用,充分发挥人和计算机各自的长处,使系统整体性能达到最优。

（5）现代管理方法和手段相结合的系统

人们在管理信息系统应用的实践中发现,只简单地采用计算机技术提高处理速度,而不采用先进的管理方法,管理信息系统的应用就只是用计算机系统仿真还原手工管理系统而已,充其量只是减轻了管理人员的劳动,其作用的发挥十分有限。管理信息系统要发挥其在管理中的作用,就必须与先进的管理手段和方法结合起来,在开发管理信息系统时,要融进现代化的管理思想和方法。

3. 旅游管理信息系统对旅游业的影响

旅游管理信息系统对旅游业中的影响表现在以下几个方面。

（1）旅游产品对信息技术具有较强的依赖性

旅游产品独特的异质性、无形性、易逝性和国际性等性质,使旅游业比其他行业更加依赖于信息的交流和信息技术的发展。游客通过旅游管理信息系统,可以在网上浏览,采购各类产品,而且还能够得到在线服务;商家可以在网上和客户联系,利用网络进行货款结算业务;政府还可以方便地进行电子招标、政府采购等。

（2）推销旅游企业形象

通过旅游管理信息系统传播旅游信息,展示企业特色和形象。

（3）加快管理现代化和科学化

从决策管理层到基层操作人员,熟练应用信息技术,对旅游管理信息系统进行管理,会大大提高企业整体效益和管理水平。

二、旅行社管理信息系统

(一)旅行社管理信息系统的定义和特点

旅行社管理信息系统是对旅行社生产服务过程的管理实现信息化,从而提高旅行社的生产率和管理效率,同时提高旅行社的市场竞争能力,增加效益,满足游客的个性化服务要求。

1.旅行社管理信息系统的定义

根据目前旅行社管理信息系统研究的现状和使用情况,简单定义:旅行社管理信息系统是利用计算机与互联网等技术,对旅行社经营过程的所有信息进行综合管理和控制的以人为主体的人机综合系统。

2.旅行社管理信息系统的特点

旅行社管理信息系统的功能包括外联管理、接待管理、陪同管理、信息管理、成本核算和财务管理等内容,因为旅行社接待客人的每一笔业务都涉及各管理部门,而且旅游信息千变万化,所以旅行社管理信息系统具有以下一些特点。

(1)信息量大、信息更新快

旅行社经营的产品涉及饭店、旅游景点、旅游交通、旅游用品等行业,旅行社管理涉及的信息量很大,一个旅行社所收集的旅游产品信息越多,旅游消费者获取满意产品的概率就越高。而且,信息在不断的变化之中,其时效性很强,旅行社管理信息系统必须时时刻刻变更系统中的信息,把最新、最有效的旅游信息传递给旅游消费者。

(2)处理流程复杂,需要各部门的通力协作

旅行社的主要工作是组织、销售旅游产品,为旅游消费者提供服务,这就必须通过各个部门的协作来完成,如一个旅游产品的销售,需经过外联、接待、陪同、财务结算等环节,要求旅行社管理信息系统有很强的交叉处理信息的能力。

(3)较强的个性化处理能力

随着旅游者个性化需求的不断增加,旅行社不但组织团队旅游,也可以组织个人外出旅游,向旅游者提供旅途中的个性服务。旅行社管理信息系统就是利用互网络技术和信息处理技术,为个性化旅游提供服务。

(二)旅行社信息管理系统的应用范围

旅行社为游客提供服务,同样具有生产和管理两方面的工作要做。因此,旅行社信息管理系统的实现也体现为旅行接待服务系统和办公事务综合管理系统两部分。旅行社与其他生产产品的企业的最大的区别就在于旅行社的生产过程体现为旅行者的服务过程,通过旅行信息的提供和旅行过程中的相关服务来完成。

1.旅行接待服务信息的处理

通过旅行社的基本业务流程可以看出,旅行社的旅游接待服务信息的处理体现为以下

几个方面:

(1)旅游产品设计与开发信息处理

没有合适的旅游产品,旅行社后续的销售及服务工作将无法开展。因此,旅游产品的设计与开发是旅行社开展旅游接待服务所必须经过的首要工作。在这个阶段,旅行社要根据旅游者的旅游需求、旅游目的地的旅游资源情况以及其他一切可能影响旅游者对旅游产品选择的因素,适时地设计和开发出各种形态的旅游产品,为后续的旅游产品的销售做好充分的准备。同时,这个阶段又是旅行社的产品决策阶段,不确定的因素较多,充分利用各方面的信息以做好旅游产品的决策就显得尤其重要。

在这个阶段,旅行社的有关人员要通过各种途径同时收集旅游者的旅游需求信息和旅游目的地的旅游资源信息,并将这些信息分别进行存储、整理和分类。通过对旅游需求信息和旅游资源信息的对比分析,找出两者相吻合的项目或某些细节。与此同时,分析旅行社的现有旅游产品,从中寻找或重新设计出满足旅游者旅游需求的旅游产品。

(2)旅游产品销售信息处理

设计好旅游产品之后,后续的工作就是实现旅游产品的销售。影响旅游产品销售的因素是多方面的,因此,在这一阶段,旅行社要确定旅游产品的销售渠道,选择和管理旅游中间商,并为旅游产品制定合适的销售价格。与此同时,旅行社还要采用各种促销手段来对旅游产品进行促销。所以,在旅游产品的销售阶段,旅行社需要处理的信息主要有旅游中间商信息、旅游产品价格信息及促销手段信息以及旅游产品销售结果的信息。此外,对旅游产品、旅游促销手段及其产生的效果,即旅游者通过该项促销购买旅游产品的情况进行详细的记录与分析,因为旅游者基本信息是旅游服务信息的基础,成为今后开展类似的工作参考与借鉴。

(3)旅游产品运行与服务过程信息处理

旅行社将旅游产品销售给旅游者之后,与一般的产品销售过程不同,还需要有一个旅游产品的实现即旅游服务的过程。旅游产品的好与坏,要通过旅游服务过程来体现和检验。从某种意义上讲,旅行社对旅游者的旅游服务过程,具有与生产产品企业的产品生产过程相同的地位和作用。旅行社在实现旅游产品的销售,也就是同旅游者签订了在未来的一段时间里到某一旅游目的地参观游览的合同后,旅行社就要做好各种旅游服务的采购工作。在旅游服务的采购工作中,为给旅游者提供吃、住、行、游、娱、购及保险等全方位的系列服务做好准备,旅行社要充分利用旅游协作网络,与交通部门、餐饮部门、住宿部门、参观游览部门、娱乐部门、购物商店、保险公司及相关旅行社密切合作,对旅游者进行接待服务直至旅游者旅游活动的结束。

在这一阶段,旅游服务采购与旅游接待服务阶段的信息处理工作构成了旅行社信息处理工作的主体。

一方面,旅行社要延续和利用旅游产品销售阶段存储的旅游者旅游需求信息,同时要存储、分类和利用旅游采购信息,对接待服务全过程产生的数据信息进行详细的记录与计量,使接待服务工作标准化和程序化,做到接待服务信息的实时处理。另一方面,旅行社的旅游服务的接待过程以旅行团队的不同而做不同的接待与服务,这样就要求旅行社要按不同的团队进行接待服务信息的收集、记录、整理和汇总核算。同一种旅游产品会因为时间、地点、旅游者构成及接待服务人员的不同而形成不同的旅游团队,这无形中就增加了旅行社接待服务信息处理的工作量。在旅行社的日常信息处理工作中,以旅行团队为单位的信息处理工作经常是以表格的形式来记录和存储相关信息的,计算机具有数据存储量大和数据处理速度快的两大特点,因此,将计算机引入旅行社的接待服务工作中非常适合。

(4)旅游产品综合信息处理

无论是旅游产品的开发与销售,还是旅游接待服务,常规的工作完成后,都会形成大量的数据资料信息。从内容上看,旅行社的数据资料信息有旅游产品信息、产品销售信息、旅游服务采购信息、旅游团队信息和旅游者基本信息等多种表现形式,不同表现形式的数据资料信息的作用也有所不同。从对数据资料信息的利用方式上看,有的是对存储内容的简单查询,有的则需要对存储内容进行多种对比和统计分析后再行利用。这些数据资料是旅行社开展经营管理工作的重要资源,管理和利用好它们,将会给旅行社未来的经营与发展带来巨大的经济效益。

对数据资料信息的管理与利用,体现为两个方面的工作:一是在前述旅行社工作的各个阶段形成各种数据资料信息;二是使已经形成的数据资料信息反过来服务于各自的产生阶段,使之尽可能地发挥应有的作用。无论是哪种方式的数据资料信息利用,从对旅行社经营管理的贡献上讲,加工处理和筛选的次数越多,产生的数据资料信息的价值就越大。

2. 办公事务综合信息的处理

(1)旅行社劳动人事信息处理

旅行社的性质和特点要求旅行社的从业人员具有较高的文化修养和渊博的知识,这就导致了旅行社的人员构成是少而精,旅行社的劳动人事信息的信息量比较小。又由于现阶段我国旅行社的工资分配模式大多采用结构工资制,工资项目主要包括基础工资、职务工资、工龄工资、技术津贴、效益工资、奖金补贴等,其中的前4项成为从业人员报酬中相对稳定的部分,而作为变动部分的效益工资和奖金、津贴与企业当期的经营状况和从业人员的工作表现有直接的关系,因此作为劳动人事信息的主要部分的劳动工资管理受其他因素的影响比较大。

旅行社的劳动人事信息管理体现为两个方面:一是常规的人事信息管理,记录从业人员的姓名、性别、出生日期、文化程度、行政级别、工资等级等,这些信息的状态日常变动不是很大,对它们的利用主要是查询和综合统计;二是记录从业人员工作表现的劳动考勤数据及其统计结果,这些数据信息的变动性较大,对它们的处理表现为记录与汇总,影响的是从业人员的奖金、津贴等工资项目中的变动数据,而变动数据中的效益工资则要通过旅行社当期经营成果的情况来统一考虑。

(2)旅行社财务会计信息处理

在旅行社的经营管理活动中,处理量较大的是记录营运资金变化和经营状况的财务会计数据,财务会计工作已经成为旅行社的一项重要工作。旅行社运营过程中要有一定的人、财、物投入,销售旅游产品和为旅游者提供旅行服务可以获得一定的收入,所有这些都需要详细的记录与计量。旅行社的财务会计信息处理可以分为收入数据的记录处理和支出数据的记录处理,而具体工作时一般以旅行团队为最小核算单位,并据此来考核有关人员的工作业绩。由于旅行社工作的特殊性,有大量的业务需要与其他旅行社或旅游服务的提供者来协作完成,这就导致了旅行社的各种应收及应付往来款项的业务量很大,结算业务的发生比较频繁。在记录了各种资源耗用及投入数据和销售服务收入数据后,还需要将收入与投入相配比,核算出一定时期内旅行社所取得的经营成果即实现的利润情况。

如果以旅游团队为基本核算单位,只要记录下每个团队的旅游服务收入和完成该次旅游服务的直接的成本费用及必要的税费,将收入与费用相配比,即可核算出组织这个团队的经营利润。对一定时期内旅行社的每个营业部门所组织的所有旅游团队的经营利润进行累加汇总即为该营业部门的经营利润。旅行社所有营业部门的收入及经营利润的汇总,即为旅行社的收入和经营利润,从经营利润中扣除汇总了的为组织旅行社的经营而支出的管理费用和财务费用后,即为旅行社经营的经营成果即净利润。

在上述业务流程的每一个步骤上都要处理一定数量的数据,将计算机引入财务会计数据的处理过程将会极大地减轻财会人员的工作量、工作强度并提高工作速度和工作质量,使旅行社经营成果的核算更加科学、合理、高效。

(3)旅行社办公事务信息处理自动化

旅行社的日常业务有大量的工作需要与其他旅行社及酒店、餐馆、航空公司、旅游景点等旅游服务的提供者相联系。另外,旅行社在旅游产品设计、旅游产品销售及旅游者接待服务过程中都有大量的文件、档案资料、信件及公函需要起草、传递、执行和保管,这些工作构成了旅行社行政管理部门日常工作的主要内容。如果将以计算机为代表的现代化办公手段实施于旅行社的办公工作过程,可以实现旅行社与其他协作单位的往来办公业务的自动化,利用计算机及其网络系统向协作单位收发传真、电子邮件,并可以对各种往来文件进行自动化管理;可以对旅行社的文件、档案资料等实现全方位的计算机管理,将它们全部存入计算机,并实现各种方式的利用。

(三)旅行社管理信息系统的选择和建设步骤

1.旅行社管理信息系统开发的途径

作为用户,旅行社开发和获得管理信息系统有多种途径,关键是要结合自己的经营管理目标和财务、环境、人力资源等方面的条件综合考虑。

(1)直接应用

旅行社可以直接向专业软件企业采购相关企业管理信息系统、财务管理系统等,仅仅需要进行软件改善和接入工作等相对简单的二次开发,就可满足需要。

(2)委托开发

这种开发方式需要本企业人员参与沟通。旅行社需要有一定的经济实力,系统维护需要开发单位的长期支持。

(3)联合开发

适用于有一定的技术力量、希望通过联合开发提高自己的技术队伍、以便于后期的系统维护工作的旅行社。这种方式比委托开发更节省资金。

（4）自主开发

优点是好用，开发出的系统能适合本旅行社的特点，但可能开发水平参差不一，后期可向专业人士或公司进行咨询。

2.建立旅行社管理信息系统的步骤

（1）系统调查阶段

围绕将建立的旅行社管理信息系统的目标进行总体调查。调查内容包括旅行社现状与管理体制、环境、企业人员对建立新系统的态度等。在切实有效的调查基础上，从技术、经济和社会等多方面研究并进行可行性分析，编写出系统调查报告和可行性研究报告。

（2）系统分析阶段

系统分析阶段要进一步详细调查旅行社各部门、环节对信息的要求与使用能力，对组织结构、工作流程、信息流程进行深入分析，研究现有手工信息处理过程，对其去粗取精、去伪存真，把握现有手工信息处理的本质要素，改善其中的不合理部分，增添使用者所要求的信息处理系统的新的功能。并根据本旅行社的特点，建立逻辑模型，编制出能够反映新系统功能特点和运行环境及测试确认标准的计算机软件系统的需求说明书。

（3）系统设计阶段

计算机软件的系统设计阶段包括计算机软件的总体设计和详细设计。总体设计是在系统需求说明书的基础上，建立起包括系统的模块结构和数据结构在内的计算机软件系统的结构，即组成部分及其功能。详细设计则是对总体设计所划分的各个模块的进一步设计，详细设计要详细介绍每一模块所具有的功能和实现模块功能的程序，定义程序的实现方法和程序内部的数据结构等。

（4）系统实施阶段

这个阶段的主要目标和任务是系统的测试、运行维护和操作人员培训等项工作。上述技术步骤由专业技术人员完成，对于管理人员来讲，需要随时提供业务知识和旅行社运作要求方面的建议。

（四）旅行社信息管理系统的作用

1.简化业务流程，提高旅行社的工作效率

采用信息化系统管理旅行社内部业务，通过系统的自动生成和统计功能，可以简化大量需要人工填写、计算等业务流程。另外，系统具有自动存储功能，可以将录入的信息全部保存在系统内，减少人工重复劳动，提高了工作效率。

2.有助于提高旅行社的服务质量

旅行社借助信息技术可以减少人为错误，为企业减少麻烦。同时，利用计算机印制的票据和各种文件字迹工整易读，会给旅游者留下良好的印象。此外，信息技术还可以帮助旅行社工作人员在很短时间内准确答复旅游者的咨询，有助于改进旅行社的服务质量。

3.有助于提高旅行社的管理水平

旅行社采用信息管理系统，一方面，可以使旅行社各个工种和各个环节的操作实现规范化,使旅行社同协作部门的联络更为密切;另一方面,还可以适当降低旅行社对员工质量和数量的要求,帮助旅行社减少雇员,节省开支等。

4.成为旅行社实现转型的工具

旅行社管理信息系统可以优化资源配置、提高使用效率,通过科学的运作,以尽可能少的人力取得最大化的利益,这可以帮助旅行社由粗放走向集约。另外,数字经济是当今经济发展的新趋势,旅行社管理信息系统在实现旅行社内部管理的同时,也能很好地实现与电子商务平台的无缝连接,将旅行社内部相应的经营管理信息通过系统自动发布到互联网上,既减少重复劳动,也提高了信息的准确性、及时性。

第三节　旅行社电子商务

一、旅游电子商务概述

(一)电子商务

1.电子商务的概念

所谓电子商务(EC 即 Electronic Commerce 或 EB 即 Electronic Business),内容包含两个方面:一是电子方式,二是商贸活动。简单地说,就是用电子数据处理技术来解决商业和贸易领域中的信息处理问题。电子商务是指交易各方通过电子方式进行的商业交易,它不是传统意义上的通过当面交换或直接面谈方式进行的交易,电子商务的业务领域并不局限于网上购物,它是一种系统的完整的电子商务运作,它包括方案的提出设计实施以及建立在其上的商务应用等各个方面,简单地说电子商务是一种存在于企业与企业之间、企业与客户之间、企业内部的一种联系网络,它贯穿企业行为的全过程。

电子商务有狭义和广义之分。狭义的电子商务,主要是指利用互联网提供的通信手段进行的交易活动,包括通过网络买卖产品和提供服务。而广义的电子商务是指包括使用一切电子手段进行的商务活动。它可以是各种形式、各种内容、各种目的、各种风格、各种程度的电子数据交换,其基础是以电子化的形式来处理和传输商务数据,包括文本、声音、视频、图像等数据类型。电子商务有许多不同的内容,例如货物贸易和相关服务,提供数字化的商务资料,实现电子转账,完成电子化的股票交易,处理提供电子提货单证,进行商业拍卖活动,不同的工程设计人员协同完成工程设计,联机信息查询服务,联机科技情报查询服务,直接消费者市场和售后服务等等。所以,电子商务包括各种各样的产品(如消费品、医疗设备等)和各种各样的服务(如信息服务、财经服务、法律服务、医疗服务、协同工程设计等),也包括传统概念的电子数据交换服务(如传统 EDI 服务等)和全新概念的服务内容(如电子出版物的发行等)。从这个意义上讲,现在已流行的电视购物、网络购物以及其他机构、企业或商场中使用的自助缴费机,售货终端机都可以归入电子商务的范围。

2.电子商务的优势

(1)费用更低廉

由于互联网是国际的开放性网络,使用费用很便宜,这一优势使得许多企业尤其是中小企业对其非常感兴趣。

(2)覆盖面更广

互联网几乎遍及全球的各个角落,用户通过普通电话线或者移动网络、卫星通信等就可以方便地与贸易伙伴传递商业信息和文件。

(3)功能更全面

互联网可以全面支持不同类型的用户实现不同层次的商务目标,如发布电子商情、在线洽谈、建立网络商场或网上银行等。

(4)使用更灵活

基于互联网的电子商务可以不受特殊数据交换协议的限制,任何商业文件或单证可以直接通过填写与现行的纸面单证格式一致的屏幕单证来完成,不需要再进行翻译,任何人都能看懂或直接使用。

3.电子商务的分类

电子商务有多种分类方法,既可以按照电子商务的运作方式分类,也可以按照电子商务各交易范围分类,最常用的分类方法是按照电子商务的交易对象进行分类。

一是,企业对企业电子商务(B2B)是企业间通过电子手段进行销售和采购的交易方式。

二是,企业对消费者电子商务(B2C)是企业通过电子手段进行零售的交易方式或者说是消费者通过网络进行的网上购物行为。

三是,企业对政府电子商务(B2G)是企业与政府部门间通过电子手段进行的商务活动或其他联系。例如政府部门运用电子手段进行政府采购,企业运用电子手段向政府缴纳税金。

四是,消费者对政府电子商务(C2G)是消费者与政府部门间通过电子手段进行的商务活动或其他联系。例如,政府部门运用电子手段发放消费优惠券、救济金等,消费者运用电子手段向政府缴纳个人所得税等。

五是,消费者对消费者电子商务(C2C)是消费者之间通过电子手段进行的交易活动。例如网上个人物品拍卖、闲置物品交换等。

(二)电子商务与旅游业

由于电子商务的高速度、高精确度和低运行成本,非常适合处理像旅游业这样远距离、多批次的小额交易。类似于金融服务、软件产品、传媒等产业,旅游业在开展电子商务时具有比实物形态的产品更为明显的优势,旅游业生产和消费特点决定了其发展电子商务的得天独厚的前提条件。

(三)旅游电子商务

1. 旅游电子商务的概念

旅游电子商务是电子商务在旅游业这一具体产业领域的应用。旅游电子商务是指通过互联网信息技术手段实现旅游商务活动各环节的电子化,包括通过网络发布、交流旅游信息等方式,以电子手段进行旅游宣传促销、开展旅游售前售后服务;通过网络查询、预订旅游产品并进行电子旅游交易;也包括旅游企业内部流程的电子化及管理信息系统的应用等。旅游电子商务因只涉及信息流、资金流,不涉及物流,如此天然特性使其更适宜和容易实现电子商务模式。

2. 旅游电子商务网站的类型

我国旅游电子商务网站运行时间最早可以追溯到1996年。经过20多年的探索和发展,目前国内绝大多数旅游企业和旅游电子商务网站都已经以各种方式参与到各种类型的电子商务活动中。这些旅游电子商务网站涉及旅游活动中食、宿、行、游、购、娱等方面的服务。

目前,国内旅游电子商务网站,按照不同的侧重点可以分为以下几类。

(1)由旅游产品的直接供应商所建的旅游信息网站

这类旅游信息网站主要是一些酒店或酒店集团直接运用互联网技术,开拓网上市场空间,深度绑定顾客,其提供的服务包括酒店设施和优惠介绍、网上预订房间或服务、办理入住手续、推广酒店活动等,如万豪国际集团、锦江国际集团、洲际酒店集团等所建的网站。

(2)由旅游中介服务提供商(在线预订服务代理商)所建

这类网站主要从事代理销售,从中赚取折扣或佣金,该类网站部分是由传统的旅行社所建,提供国内国际旅游服务,同时也包括一些网络公司以及预订中心、杂志社等建立的网站,提供旅游线路介绍、网上预订服务等,如携程网、途牛旅游、中旅旅行(中国旅游集团有限公司)等。

(3)地方性旅游网站

这类网站以宣传本地风光或本地旅游商务为主要内容,如金陵旅游专线、广西华光旅游网等。

(4)门户网站的旅游频道

如新浪、搜狐、网易等门户网站不仅对一些旅游景点、旅游线路、旅游知识等方面作简单的介绍,还开通了酒店预订、机票预订、旅游线路预订等多项服务。

3. 旅游电子商务发展的方向

(1)从"以交易为中心"到"以服务为中心"的转变

目前,我国旅游网站多为面向散客提供订票,订房和产品展示,"以交易为中心"色彩较浓,而旅游者路线自助设计等"个性化旅游"需求尚难以得到满足。世界旅游理事会在其报告"未来旅游业发展:营造客户中心体系"中指出,"未来的旅游是增强与客户的双向交流、改善信息服务、通过个性化服务增加附加值的方向发展。旅游电子商务技术将在这个过程中发挥作用"。

（2）建立旅游电子商务的标准与规范

旅游电子商务是一个新兴领域，我国在旅游电子商务标准与规范的制定和推行方面尚显薄弱，应该加强行业的规范化和标准化建设。建立健全旅游电子商务规范体系，为旅游电子商务的实施和监管、企业和消费者的市场行为、信息内容和流程、技术产品和服务等提供指导与约束，预先把那些对旅游电子商务活动可能产生不利影响的潜在因素加以防范，是推动旅游电子商务持续、稳定、健康、高效发展的关键。旅游电子商务的数据交换应与国际接轨，实行标准化，保证旅游企业内部信息系统与旅游电子商务平台之间以及旅游业与银行、海关、公安的信息系统间做无缝链接的可能性，实现互联互通，以自动处理频繁的信息数据交换。

（3）新技术应用将成为主流

随着网络信息技术的发展，新技术的应用将成为电子商务的主流，结合 AI 智能网络技术，真正实现以人为中心的旅游电子商务应用。比如移动支付：顾客无论在何时何地，通过移动电话等终端就能完成对企业或对个人的安全的资金支付。比如移动互联网信息服务：以低成本高效率的信息交流方式，随时随地把顾客、旅游中间商和旅游服务企业联系在一起，预订的结果、航班的延迟等信息皆可随时通知旅游者。这些技术的应用将使旅游电子商务服务功能更加完善，应用更加普及。

小知识

欧洲旅行预订平台 Omio 发力中国，着力本地化与移动端

近年来，总部位于德国柏林的多模式旅行交通预订平台 Omio 积极进行品牌宣传。2021年，Omio 的应用下载量已超过 2200 万次，为更好地服务中文版 App 用户。公司在欧洲主要市场发起了针对亚太地区的主题为"travel moves us"（心动之旅）品牌宣传活动。与此同时，Omio 亚太区负责人高崧说："中国的微信、淘宝、抖音和支付宝等平台拥有 7 亿甚至更多的活跃用户，我们与去哪儿和支付宝在 API 端口和贴牌服务方面进行了合作，在它们的平台上提供我们的库存，我们的一些业务也与许多在线旅行社和旅游网站进行了整合，重点为旅游者提供欧洲和北美地区的火车票和城市旅游巴士票，在获取更多新用户的同时，也扩大与本地供应商和 B2B 分销商的合作关系。"

二、旅行社电子商务

（一）旅行社电子商务的内涵

旅行社电子商务就是把电子商务融合到传统的旅行社业务中去，实现产品生产、销售、预定和结算电子化的过程。以数据（包括文本、声音和图像）的电子处理和传输为基础，包含了许多不同的活动，如商务服务的电子贸易、数字内容的在线传输、电子转账、在线资源利用、消费品营销和售后服务、远程管理等。其包含以下几层含义。

一是旅行社电子商务是整个旅游交易活动的自动化和电子化，从根本上改变了旅游企

业作坊式的传统操作方式。

二是旅行社电子商务利用各种电子工具(计算机硬件和网络基础设施等等,包括移动互联网、人工智能等)和电子技术从事各种旅游交易活动。

三是旅行社电子商务的内容广泛,涉及旅游交易活动的各个阶段,包括信息交换、售前和售后服务、销售、电子银行、运输、资源共享等。

四是旅行社电子商务的参与者包括旅行社、旅游企业、旅游消费者、银行等金融机构以及政府和个人等。

旅行社电子商务的目的是使旅行社实现高效率、低成本的旅游交易活动。

(二)旅行社电子商务的服务功能

旅行社电子商务可以提供网上交易和管理等全过程的服务。它具有广告宣传、咨询洽谈、网上订购、网上支付、电子账户、服务传递、意见征询、交易管理等各项功能。

1. 广告宣传

旅行社电子商务可凭借企业的 Web 服务器、各种 App 软件、网上主页、微信朋友圈、抖音和小红书等等在互联网上发布各类商业信息,在全球范围内作广告宣传。与以往的各类广告相比,这种宣传方式形式丰富多样、成本低廉,而传递给顾客的信息量最大。客户可借助网上的检索工具迅速地找到所需商品信息。

2. 咨询洽谈

旅行社电子商务可借助非实时的电子邮件(E-mail)、朋友圈(Group)和讨论组(Chat)、App 帖子等等来了解市场和商品信息、洽谈交易事务,如有进一步的需求,还可用网上的白板会议(Whiteboard Conference)来交流即时的图形信息。这种咨询和洽谈能超越人们面对面洽谈的限制,提供多种方便的异地交谈形式,及时了解游客的需求,并迅速做出反应。

3. 网上订购

旅行社电子商务可借助数字交易平台在线订购。旅行社的网上订购系统通常在产品介绍的页面上提供订购提示信息和订购交互表格。当客户填完订购单后,系统会自动回复确认信息来保证订购信息的收悉。而且订购信息往往采用加密的方式,使客户和商家的个人和商业信息不会泄漏。

4. 网络支付

旅行社电子商务要成为一个完整的过程。网上支付是重要的环节,客户和商家之间可采用信用卡账号、电子钱包、电子支票、电子现金、微信、支付宝等多种电子支付方式进行支付。

5. 交易管理

旅行社电子商务的交易系统可以完成对网上交易活动全过程中的消费和预定信息。这样有利于掌握销售情况,加强销售管理。交易管理是涉及商务活动全过程的管理,整个交易的管理将涉及到人、财、物多个方面企业和企业、企业和客户及企业内部等各方面的协调和管理。这样可以规范旅行社部门运作流程,提高工作效率,降低运营成本。

6.意见征询

旅行社电子商务可以十分方便地采用小程序、网页上的"选择""填空"等格式文件来收集用户对产品销售服务的反馈意见。这样不仅能提高售后服务的水平,留住忠诚客户,更可以使企业获得改进产品、发现市场的商业机会。

(三)旅行社电子商务的现状和发展策略

1.旅行社电子商务的现状

目前,我国旅行社主要运用电子商务手段对生产服务过程中的市场调查、产品开发、采购管理、信息发布、成品销售、接待服务、客户关系等进行电子化管理。国内主要旅行社以各种形式进行电子商务活动。

(1)以旅行社为主导

迭代型技术的进步正在缓慢而稳定地推动各个领域的产出向可能的边界移动,互联网、物联网和人工智能等技术的市场导入及其商业实现,正在产业端催生出各种类型的旅游企业。

以在线旅行社(Online Travel Agency,OTA)采销模式发展变化到在线旅游生态模式(Online Travel Marketplace,OTM)。传统OTA一般采用采销+运营模式,从酒店和航司可以获取佣金收入,国外以Priceline、Expedia等为代表,国内以携程旅行为巨头。以机票分销业务为例,从完全依靠高比例佣金的代理门店模式,到低比例佣金的门店和平台共存模式,再到航空公司大幅下降甚至取消佣金的直销为主,直至IATA的NDC(New Distribution Capability)对GDS(Global Distribution System)的替代,数字化在每一次商业模式创新中都扮演了关键角色,发挥了基础支撑作用。

虽然OTA通过丰富的旅游产品、标准化的呼叫中心、完善的会员制度和定制化的服务体系,构筑起行业壁垒,高速发展多年,但仍旧危机重重。近年来,行业发展出现新动向,尤其是去哪儿、飞猪旅游等平台模式OTM异军突起,逐步改变传统的采销模式,运用互联网数据和流量思维,通过吸引航司、酒店、授权第三方代等商家入驻,支持航司独立运营官方旗舰店,从而形成流量聚集效应。平台的搭建加强了跨界融合和资源整合,更加注重旅游大数据的分析,打通了整个服务产业链,形成围绕消费者旅行服务的全过程旅游生态平台。

(2)在线旅游垂直搜索

在线旅游垂直搜索可以将网络上相关的旅游产品信息进行整合,以"专、精、深"的特点为顾客提供全面的搜索结果。它是搜索引擎的细分和延伸,是对网页库中的旅游类别的专门信息的一次整合,通过定向分字段抽取出需要的数据进行处理后再以结构化形式返回给用户。

以搜旅、酷讯为代表的企业通过互联网搜索引擎技术,将其他旅游网站的产品进行分类比价,帮助顾客在同类产品中寻找最低的价格。酷讯旅游搜索相当于"百度+携程"的功能定位,同时也会在旅游搜索上实践"搜索+交易"的盈利模式。这种盈利模式明显不同于OTA企业收取佣金的方式,不直接销售旅游产品,而更像是一个媒体展示平台,通过为平台上的各商家导入顾客流量而获取点击费,同时收取品牌广告的展示费用。比如酷讯旅游搜索引擎的基本商业模式是按流量收费,即搜索者一旦通过酷讯搜索结果的链接到达航空公司的 B2C 直销网站,那么航空公司将需要为每个这样的访问付费。这是典型的搜索引擎盈利模式,正因为如此,这样的互联网应用才被定义为旅游搜索引擎。这也是 OTA 企业佣金空间的压缩导致服务价格的下降,游客反而会通过旅游搜索引擎来对保险、付费选座、贵宾业务等衍生服务的消费选择。

(3)以游客为主导的社区模式

随着在线旅游业蓬勃发展,根据 OTA 的内容板块来看,一些以旅游者个人内容营销为主导的平台企业,如马蜂窝、驴妈妈、美团旅游等旅游虚拟社区基本已占领了在线旅游市场的半壁江山。随着 Web2.0 时代的到来,旅游虚拟社区因其开放参与的方式吸引了大批热爱旅游的用户入驻。其内容的主要来源则依赖于用户将自己的旅行经历生成为游记等内容发布到旅游虚拟社区。这其中涉及用户生成内容(User Generated Content)和旅游虚拟社区两个概念。

用户生成内容(UGC)这一概念最初起源于互联网,即用户通过互联网平台将自己原创的内容展示或者提供给其他用户。虚拟社区则被定义为社会的集合体,当有了足够数量的群众在网络上进行了足够的讨论,并付出了相应的情感,从而得以发展形成的群体就称为虚拟社区。具体来说,旅游虚拟社区是基于旅游这一主题而形成的虚拟社区,社区用户主要是旅游爱好者、旅游达人等。旅游虚拟社区为用户生成内容的发布提供平台,而用户生成内容丰富了旅游虚拟社区,吸引更多的用户,形成较强的社区凝聚力。

2.旅行社电子商务的发展策略

对于大型旅游企业集团来说,信息化优势明显,成为旅游电子商务的领先应用者和集中受益者。现代管理信息系统不仅有效缓解了集团规模扩张带来的机构庞大、管理失效的弊病,还有利于培育规模化、扁平化、标准化、程序化的企业管理新格局。同时,虚拟信息网络与旅游企业集团全国延伸的实体经营网络相互呼应,网站品牌与企业品牌强强联合,构筑了旅游企业集团的经营优势,增强了企业集团的扩张能力。

从整体上看,几大旅行社集团和一些大型国际旅行社采用了信息管理系统和业务管理系统,与国外同业有网络联接,且应用规模和深度发展较快;而大多中小旅行社仍处在信息化的起步阶段,自行建网容易形成"信息孤岛",访问量低,宏观的信息流动和共享是制约信息效益的关键症结

小知识

近年来,中国旅游业蓬勃发展,2014—2019 年中国旅游总收入持续增长,智研咨询发布的《2020—2026 年中国在线旅行预订行业市场全景调查及投资价值预测报告》数据显示:2018 年中国旅游总收入为 5.97 万亿元,同比增长 10.6% ;2019 年中国旅游总收入达到 6.63 万亿元,同比增长 11.1% 。同时,2018 年中国在线旅游市场交易规模为 1.48 万亿元,同比增长 26.5% ;2019 年中国在线旅游市场交易规模为 1.77 万亿元,同比增长 19.6% 。2018 年中国旅游行业在线化率为 36.9% ,较 2017 年增长了 5.4% ;2019 年中国旅游行业在线化率为 40.9% ,较 2018 年增长了 4.0% 。2019 年,中国主要在线旅行预订 App 有:携程旅行、去

哪儿旅行、飞猪旅行、途牛旅游、艺龙旅行等。

2023 年 5 月 3 日,文化和旅游部公布 2023 年"五一"假期文化和旅游市场情况。

经文化和旅游部数据中心测算,全国国内旅游出游合计 2.74 亿人次,同比增长 70.83%,按可比口径恢复至 2019 年同期的 119.09%;实现国内旅游收入 1 480.56 亿元,同比增长 128.90%,按可比口径恢复至 2019 年同期的 100.66%。

资料来源:环球旅讯。

(1)推动信息共享,共谋协同发展

目前,对很多旅游企业来说,一方面,不能负担实施电子商务的投资高于企业资金能力和获利潜力;另一方面,许多企业对电子商务理解片面化,而且不具备与实施信息化相适应的人员素质、标准化业务流程等;还有不少中小旅游企业曾经建设过网站或网页但收效甚微,影响了他们继续参与电子商务的信心和动力等,导致占我国的旅游企业 80% 以上的中小旅游企业对电子商务的应用水平普遍较低,两极分化严重。

为此,应该充分发挥政府的主导作用,实施企业互联网工程,推动广大中小旅游企业逐步参与到互联网电子商务中,增进专业电子商务服务商与旅行社行业的协同发展。

(2)加强横向联合,整合旅游资源

由于受客观条件限制,旅行社电子商务的发展还不够成熟,这就需要旅行社以联合经营为纽带,借助电子商务平台等先进的科技手段进行横向扩张和纵向延伸,实现优势互补,增强整体竞争力,加快彼此之间的网络化进程。在行业内将形成提供覆盖范围广、成本低廉的旅游业通讯交流平台,不仅可以使旅游企业之间增进交流与合作,为游客创造一体化的旅游服务感受;还可以将众多旅游企业的动态旅游产品信息将更多地通过大型旅游电子商务平台、GDS、CRS 等系统汇聚、共享、传播,改观企业建网形成"信息孤岛"的不成熟模式;同时,还会使旅游分销渠道更加多样,并提供多种购买方式选择。

(3)实现旅行社内部信息化、规模化、网络化经营

任何一个旅行社要不断发展壮大,只有改变传统营销观念,利用数字化资源,建立自己内部的数字化和智能化业务处理和管理信息系统,与互联网高度融合,建设面向代理商的电子分销系统和面向旅游者的在线销售系统,创建、巩固和发展自己的品牌,实现规模化、网络化经营。

【实训】

项目名称:旅游网站设计

项目内容:让学生比较淘宝旅行、途牛旅游网、携程官方网上的酒店预订价格。

项目要求:将班级学生分成多个小组,认真分析三家网站后,提出自己的设计构想。

项目流程:

1.把所在班级学生分成多个小组,每组 10 人左右,确定组长,实行组长负责制。

2.进入飞猪旅行网、途牛旅游网、携程旅行网,了解相关电子商务运行情况。

3.小组完成后,从中指出三家网站在设计方面的优缺点,并提出自己的设计构想。

【复习与思考】

一、名词解释

旅行社管理信息系统;电子商务

二、简述题

1. 简述信息技术在旅行社行业中的应用。
2. 旅行社信息系统的概念和特点?
3. 简述旅行社电子商务现状及发展策略。

三、案例分析题

飞猪旅行

飞猪旅行,是阿里巴巴集团旗下的综合性旅游服务平台,为旅游者提供机票、酒店、旅游线路等商品的综合性旅游出行网络交易服务平台,包括网站及客户端。原为阿里旅行,2016年改名为"飞猪旅行"。

飞猪旅行成长于阿里日益庞大的数字经济体系之中,更注重用平台思维打造完备的旅游生态。飞猪旅行主导的阿里旅行产品的最销售模式,一如淘宝的商品分发,同样是基于用户信息匹配的旅行商品分发模式。旅游业是一个低频的行业,用飞猪的业务来贡献流量效率不高。飞猪最重要的服务价值还是基于消费端、商家端提高服务的匹配度,做更有效的供需匹配。这也意味着,飞猪旅行对于阿里仍然是流量商业化效率提升的一个环节。商品化最大的意义在于会促进旅游行业更加市场化。当海量的酒旅服务商在同一个平台上连成一片,其产生的协同效应会逐步促进整个行业在产品质量、服务水平上的提升和价格体系的更加合理化。旅游商品拥有着很强的关联消费属性,比如航班、火车票的购买,链接到酒店预订、接送机服务等的转化率天然很高,因此,如何贯通出行服务体系内的产品供给就尤为重要。另一个值得重视的入口是高德地图,作为阿里最重要的一款本地生活应用,高德地图基于LBS的信息服务能够非常有效地将本地酒旅服务推荐给消费者。阿里内部资源被全线打通,正在形成合力。飞猪的OTP定位还有一个特征,即在"店铺化"运营后,航司、酒店、旅行社等主体地位依然突出,粉丝关系、会员管理能够沉淀在自己的用户体系中。例如,阿里与万豪合作,为万豪带来800万新增会员。

飞猪旅行的平台模式更多还是基于阿里巴巴自身的平台,甚至在推动酒旅行业进行数字化改造的过程中,也离不开阿里云、支付宝、淘宝等在技术、金融服务、流量等方面的支持。通过服务好飞猪本身,包括支付宝、高德、淘宝甚至钉钉等用户的需求,从而实现飞猪旅行用户的覆盖,阿里经济体内10亿用户就预示着飞猪的增长空间。支付宝在转型为"数字生活开发平台"后,强化了自身的拓展功能,支付宝应用、小程序、生活号等产品能够实现功能的拓展化,还为飞猪的"信用住"等短租民宿服务提供金融信息支持。

思考:飞猪旅行在电子商务上取得成功,对国内旅行社行业电子商务有哪些启示?

第七章
旅行社的产业融合与新业态发展

【本章导读】

产业融合是一种状态,是一种过程,是两个或两个以上的产业主体相互渗透、相互延伸以及相互介入的过程。旅行社如今不再只提供单一的观光游产品,而是为机关团体、为企业、为学校、为家庭、为个人提供多元化的旅游产品。当年被视作高端、小众的定制旅游而今已成为主打产品,小团定制、自由行产品以其行程灵活自由、体验性强、服务贴心暖心等特色,受到了市场的广泛欢迎,这些无不体现了旅行社的产业融合发展。

【学习目标】

1. 了解产业融合的概念,理解旅行社产业融合的概念、必要性和动力。

2. 熟悉旅行社产业融合的类型和模式,掌握旅行社如何与相关产业融合。

3. 了解旅行社产业融合动态,理解信息化、数字化、人工智能等对旅行社产业融合的影响。

【关键术语】

产业融合;旅行社产业融合;旅行社产业融合业态

【本章导入】

我国旅行社数量从 2012 年的 2.5 万家增长至 2021 年的 4.2 万家,约是 2012 年的 1.7 倍。10 年间,旅行社行业走出了两条不同的发展曲线:一是向大而全的方向发展,如上市公司众信旅游拥有多家专项旅游及出境服务公司,初步形成了出境综合服务平台的战略布局;二是向小而美的方向发展,如北京乐道旅行社专注韩国一地市场,把"任逍遥"做成了韩国旅游专家的代名词。

思考:上述资料说明旅行社业发展过程中的哪些变化?

第一节　旅行社产业融合发展

我国目前正处于经济转型的快速发展期,转型的重点就是提升传统产业,调整产业结构,促进产业优化升级,发展新兴产业,进行产业融合。产业融合是在时间上先后产生、结构上处于不同层次的农业、工业、服务业、信息业、知识业在同一个产业、产业链、产业网中相互渗透、相互包含、融合发展的产业形态与经济增长方式,是用无形渗透有形、高端统御低端、先进提升落后、纵向带动横向,使低端产业成为高端产业的组成部分、实现产业升级的知识运营增长方式、发展模式与企业经营模式。

旅行社业作为旅游业的重要组成部分,更要抓住机会,谋求更好的发展。旅行服务业外延不断拓展,从以传统旅行社为主的单一形态,已然转向包括传统旅行社、OTA、专业俱乐部、跨界企业等多业态多主体共存的融合发展状态。当更多的主体跨界切入旅行社业,旅行社也正无处不在地渗透进其他行业,并在这种融合的过程中改变着行业格局。从产品创新到服务提升、从跨界主体进入到全行业人力资本提升、从流量分散化到渠道多元化、从数智化转型到供应链革新、从将多主体纳入公平监管到行业营商环境优化,旅行服务业正面对更大的挑战,也面临着新的发展机遇。

一、旅行社产业融合的含义

(一)产业融合的含义

融合(Convergence),本义是指两个或两个以上物体或组织通过相互的交织渗透而改变原有成分形成新的物体组织的变化过程,产业融合借用了这个概念。

关于产业融合的定义很多,许多著名的专家、学者从不同的角度对产业融合的概念作出了不同的界定。欧洲委员会的"绿皮书"对产业融合做了拓展表述,认为产业融合是"技术网络平台、市场和产业联盟与合并3个角度的融合",在绿皮书的阐述中提及的相关问题使得这一定义更加具有综合性。马健在对西方产业融合的基本理论进行研究以后认为"产业融合是发生于产业之间的技术、业务和市场的融合。技术融合是产业融合的内在原因和前提;业务融合是产业融合发生的过程和必要准备;市场融合是产业融合的最终结果"。陆国庆从弗里曼(Freeman)对产业创新阶段的研究成果出发,也基本赞同马健对产业融合的定义,并且认为"产业融合包含的技术融合、产品融合、业务融合和市场融合这几个过程可能是前后衔接,也可能是同步相互促进的"。厉无畏通过总结国内外学者对产业融合的不同定义,综合各种观点,从更广泛的视野出发,认为"产业融合是指不同产业或同一产业内不同行业通过相互渗透、相互交叉、最终融为一体,逐步形成新产业的动态发展过程",可见产业融合的特征在于融合的结果出现了新的产业或新的增长点,这一现象如同不同学科的交叉融合会产生新的学科一样。

综合上述各种观点,产业融合的概念可以从广义和狭义两个角度来理解,从狭义角度看,产业融合就是技术进步、放松管制与管理创新所导致的产业边界的收缩或消失,该定义主要是局限于信息技术基础上的原本分立的产业之间的整合。从广义角度看,产业融合就是不同产业或同一产业的不同行业通过相互渗透、相互交叉,最终融为一体,逐步形成新业态的动态发展过程。

(二)旅行社产业融合

旅游产业融合能够将旅游产业与其他产业进行融合交叉,相互渗透,从而形成一个新的产业体系。这就推动了传统产业的优化升级,大大提升了整个行业的竞争力。

借鉴产业经济学上对产业融合的概念界定,我们可以这样理解旅行社产业融合:狭义的旅行社产业融合是指由于高新技术的发展,信息技术不断融合进入旅行社产业,使得信息技术产业与旅行社产业的边界收缩或消失。而广义上的旅行社产业融合即是指旅行社产业与其他产业之间通过相互渗透、相互交叉最终融为一体,你中有我,我中有你,衍生出一个新型的产业形态的动态发展过程。

二、旅行社产业融合发展的必要性

随着科技进步、社会发展,人们有了更多的旅游选择,旅行社业务受到挑战。旅行社发展要搭上产业融合的快车,就需要分析当前存在的问题,针对性地做出改变。

(一)旅行社产品同质化现象严重

旅行社产品无法申请专利,当一家旅行社推出的创新产品收到良好的市场反馈时,其他旅行社会纷纷效仿,分流客源,打击其创新热情,久而久之,造成整个旅行社业对创新产品积极性不高,同质化现象日益严重,旅游者无法获得特别的旅游体验,各家旅行社难以形成独特的核心竞争力,无法应对互联网旅游服务的冲击,对旅行社行业长期稳步发展十分不利。

(二)出入境旅游不平衡

随着人们生活水平的提高,旅游目的地不再局限于国内,每年数以万计的旅游者进行出境旅游。中国有丰富的旅游资源,本应具备较大的入境旅游吸引力,但我国旅行社出入境旅游业务量相差较大,对我国旅行社发展、经济发展都有较大影响,入境旅游需要得到重视。

(三)旅行社现代化不足

服务性是旅游业的重要属性,旅行社作为旅游业发展的要素之一,也有着服务的基本属性,许多旅行社产品也是服务产品。在科技日益进步的今天,现代化也应接入旅行社服务系统。旅行社业务一般是在线下实体店办理,无形中增加了旅游者购买旅行社产品的成本,受到线上旅游业务办理平台的威胁,顾客能随时随地在网络上自由选择,旅行社客源被分流,旅行社业务受到挑战。

三、旅行社产业融合的动力

(一)多元产业的综合集成:旅行社业融合发展的源生动力

旅游是人们利用闲暇时间对非惯常环境的一种体验,是一种短暂的生活方式和生存状态。因此,旅游除了包含传统意义上的食、住、行、游、购、娱六大要素外,还涉及非惯常环境下的养生保健、运动探险、修学朝觐、商务谈判、会议展览等多个领域,几乎囊括了人们日常生活中所有的产业部门,这使旅行社业具有与其他多元产业融合共生的天然属性。

(二)多样化的旅游需求:旅行社业融合发展的内在动力

旅行社业的融合发展是以旅游者的需求变化为导向的,其内在动力在于旅游消费需求的日益升级,旅游方式与旅游类型的多样化决定了旅游产业融合发展的进程。

随着人们生活水平的提高,生活品质的改善,生活方式的转变,消费观念的更新,旅游已呈现出大众化、散客化和多样化的发展趋势。除了传统的观光旅游外,休闲旅游和度假旅游更日渐盛行,旅游者更加看重从中获得体验的快感,这就要求提供更加多样化的旅游产品,采用更加丰富多彩的旅游方式与旅游类型。

(三)日益激烈的市场竞争:旅行社业融合发展的外在动力

在日趋激烈的市场竞争中,旅行社业融入的相关产业要想赢得竞争优势,满足多样化的旅游需求,只有不断集成其他产业的要素和功能,通过相融产业价值链的解构、整合与优化,来对资源进行生产与再生产,才能在旅行社业的传承、开发、利用、激活与增值,从而使融合各方在分享日益扩大的旅游客源市场的同时,还可以优化资源配置,获得规模经济和协同经济效应,使融合后的旅行社业表现出价值的最大化、资源的创新化、产品的多样化和业态的提升化。

(四)技术创新:旅行社业融合发展的驱动力

旅行社业融合的本质在于创新,而创新必须以一定的技术手段为依托。尤其是信息技术的发展和创新已成为旅游产业融合的直接推动力,由此引发的信息化成为旅行社业融合发展的引擎。旅游信息化是当前旅行社业融合发展的重要特征。在旅游资源整合、设施建设、项目开发、市场开拓、企业管理、营销模式、咨询服务等领域已经广泛应用现代信息技术,从而引发了旅游发展战略、经营理念和产业格局的变革,带来了产业体制创新、经营管理创新和产品市场创新,改变了旅行社业融合发展的方式,加快了融合发展的深度、广度和速度。如积极将网络信息技术、生产技术等引进旅行社业,可以创新旅游宣传、营销方式,加快旅行社产业的发展。

第二节　旅行社产业新业态发展

旅行社产业融合不仅使价值链和商业模式实现了重构,而且旅行社业务的内涵与外延也被重新定义,提供多样化的广义旅行服务成为旅行社行业的共识。兼并、收购、融合、创新在旅行社行业动作不断。

一、旅行社产业融合的类型

(一)按产业、行业间的渗透方式分类

产业融合有三种方式:

①高新技术的渗透融合,指高新技术及其相关产业作为一种手段方式,向其他产业渗透,产生了两个或多个产业的融合并形成了新的产业。如信息和互联网技术发展下,产生的OTA(Online Travel Angency),诸如携程、e龙、去哪儿等产业形态。

②产业间的延伸融合,即通过产业间的功能互补和延伸实现产业间的融合。这种形式的产业融合主要是通过赋予原有产业新的附加功能和更强的竞争力,形成融合型的产业体系。如农旅融合产生农业观光业态和田园综合体等。

③产业内部的重组融合,即产业内部通过重新整合以提高竞争力。这一方式主要发生在各个产业内部的重组和整合过程中,这些产业往往是某一产业内部的某些子产业,如旅行社产业领域通过资源整合,产生的高端定制旅游业态。

(二)按产业融合的程度和市场效果分类

根据产业融合的程度和市场效果,产业融合可以分为3类:

①完全融合,即原来的两个或多个产业完全重叠,新产业逐渐替代原来产业的市场需求,使得原来产业的市场空间不断缩小,从而导致原有产业逐渐衰弱乃至完全消失。例如,铁路的出现替代了马车;又如蒸汽火车、蒸汽织布机的消失等。

②部分融合,指原有产业之间部分重叠和交叉,新产业部分地替代原有产业的市场需求,形成与原来产业既替代又互补的关系,部分融合是产业融合最为普遍的现象,也是目前我国旅行社业融合最常见的表现。

③虚假融合,是指由于产业融合只是发生在本产业的边界内部而没有发生在产业的边界处,虽然出现了融合产品形态,但是融合的产品并没有替代原有的市场需求或创造大量的新需求,因而真正的融合并没有实现。

(三)按产业融合的关系分类

市场(产业)既可以用需求因素也可以用供给因素来定义,因而市场(产业)融合就可以

区分为供给方技术融合和需求方产品融合。用相似的技术能力生产不同的产品和服务即为技术融合,而通过使用不同的技术提供替代性或互补性产品即为产品融合,这两种类型的融合又分别可进一步分为替代性和互补性融合。

①替代型融合是指全新产业和传统旧产业之间融合后产生的新产业的性质是对原先传统旧产业的性质进行替代型整合,从而形成自身的特有性质。

②互补型融合是指两种产业的融合并没有替代原有的产业,只是针对于新出现的需求和新的细分市场。

诸如携程、e龙、去哪儿等这样的旅游服务企业的兴起在本质上来说是一个全新的事物,这种新兴的业态是信息技术产业与旅行社业融合的产物,它的出现取代了原有产业的部分功能或者市场,传统旅行社的票务预订和线路预定市场被部分替代。

二、旅行社与信息技术融合

21世纪,人类迈入了全球信息化的知识经济社会。信息技术产品、网络技术创新已经成为推动社会经济繁荣的主导力量。在旅游业蓬勃发展的今天,越来越多的旅行社开始了企业的信息化建设,许多软件公司已经开发出了适用于旅行社的管理信息系统,一些有实力的旅行社也开始建设或者部署自己的管理信息系统,信息技术的发展为旅行社开辟了网络营销的崭新市场。但是随着互联网技术的快速兴起和普及,一些电子商务企业(如携程、e龙、去哪儿)非以旅行社命名但实际却在经营旅行社业务,利用丰富的网络资源给游客提供方便快捷的旅游服务,降低了游客对旅行社的依赖性,给传统旅行社尤其是小型旅行社带来致命的打击,促使旅行社经营模式的调整。

(一)连锁经营模式

连锁经营是指一个企业以同样的方式、同样的价格在多处同样命名的店铺里出售某一种商品或提供某种服务的经营模式。《大趋势》的作者John Naisbitt认为,"连锁店是前所未有的最成功的市场策略。而信息技术在连锁经营中占据至关重要的地位。随着市场竞争的加剧,消费需求日趋个性化,消费主导市场逐渐代替生产主导市场,信息技术在连锁经营中的应用更加突出。"

连锁经营模式自20世纪80年代中期进入中国,发展迅速,显示出强大的生命力和巨大的发展潜力。连锁经营理论与旅行社发展存在着天然的耦合关系,旅行社连锁经营要求统一调动资金,制定统一的经营战略,集中采购,通过统一的配送中心将产品运送到各个连锁店。在这个过程中,涉及的信息复杂,要实现消费者对商品需求变化的快速准确反应,利用电子商务来进行电子通信和电子交易对企业的内部和外部资源进行有效整合,使企业内、外部的资源都能得到合理配置。在连锁经营中运用电子商务既有其内在需求,又有其外在驱动力。旅行社行业投资相对较少,固定资产占用比例小,企业主要依靠品牌、形象、管理模式等参与竞争,通过连锁网络来快速树立良好的形象,为旅行社提供品牌和管理支持;旅行社的产品是服务性产品,是对各旅游供应部门产品的优化组合,旅游产品生产和消费的同时性越过了可能遏制连锁经营本身优势发挥的配送环节,这就使得构筑连锁经营渠道的难度大大降低;旅行社作为连接旅游者与旅游产品供应商的桥梁,需要与多方建立网络联系,通过连锁经营,构建完善的网络体系,加强与各方的联系。连锁经营的不同模式(直营连锁、特许连锁、自愿连锁)有其各自的优缺点和适用条件,旅行社企业应根据自身的特点选择适合自己的连锁经营模式。

(二)虚拟经营模式

"虚拟经营是指企业在组织上突破有形的界限,虽有生产、行销、设计、财务等功能,但企业内部没有完整的执行这些功能的组织,仅保留企业中最关键的功能,如知识、技术等,而将其他的功能虚拟化——通过各种方式借助外力进行整合弥补,其目的是在竞争中最大效率地利用企业有限的资源。"虚拟企业的出现也正是因为信息网络技术的迅猛发展,使得企业可以突破组织界限,超越自身功能、资源及地理空间的界限相互联系起来,实现技术、资金、人才和市场等的共享。

在"虚拟"的营销方式中,发展最为迅速的就是网络营销。旅行社的销售虚拟可以采用网络营销的方式。游客可以在网上获取旅游产品信息,与旅行社进行直接的交流,将个性化的需求反馈给旅行社,加强了消费者与旅游企业的交流和沟通。旅行社受到其规模、业务范围的限制,经营方式和重点不尽相同,旅行社的虚拟经营,不应该局限于一个固定的模式中,但无论什么样的旅行社,在实施虚拟经营策略时都应持有"强化优势,弥补不足"的理念,才能把握"虚拟"的核心。旅行社进行虚拟管理,也可以通过两种模式:一种是外聘专家组成企业"智囊团",与企业管理人员一同参与企业的运营,对企业发展趋势做出监测预测和判断,提高企业管理层的水平和效率。另一种是旅行社联合专门从事企业管理的企业管理公司,由这些企业用他们最专业和最优秀的管理人才和管理方式代替企业执行管理职能。

(三)并购经营模式

美国著名经济学家乔治·约瑟夫·施蒂格勒指出:"没有一个美国大公司不是通过某种程度、某种方式的兼并而成长起来的,几乎没有一家大公司主要靠内部扩张成长起来的。"加入WTO以来,中国旅行社并购活动就不断发生,兼并、收购、重组等词逐渐在旅行社行业中流行开来,并购正成为中国旅行社快速发展的主导模式。

信息网络的发展便利了旅行社之间信息共享,互通有无,根据需要拓展共同的业务平台,进行有效的兼并重组。正是信息技术的发展,便利了旅行社之间兼并重组的进程,使得并购成为席卷世界的又一潮流。旅行社并购可以提高旅行社的竞争力、扩大市场份额、降低交易成本。旅行社的并购可以根据旅行社业务需要进行横向并购、纵向并购、混合并购。横向并购模式指旅行社与旅行社之间的并购,要以拓宽销售渠道为基础,以扩大经营范围为基础。这正是利用网络扩展销售渠道的优势所在;纵向并购模式指旅行社与上下游产业间的并购,要注意旅行社的资产专用性及旅行社规模问题。中国的大型旅行社较之于中小旅行社来说,其资产专用性要强一些,拥有较强的资金、人力、管理方面的优势。因此,大型旅行社进行纵向并购的可能性就较大。旅行社混合并购模式是指旅行社并购与自身没有上下游关系和技术经济关系的企业。需要有雄厚的资金实力,扩展核心竞争力,形成良性多元化发展格局。

三、旅行社与金融业融合

当前中国旅游业正在迎来一个大调整、大变革、大跨越的新阶段,正在经历从量变到质变、从数量增长到质效提升、从粗放经营到集约发展的新变化,正在迈向一个社会化、全球化、现代化发展的新时代。而"旅游+"正在成为不可阻挡的发展趋势和时代潮流,对经济社会发展产生战略性和全局性的影响,推动一个新时代的到来。随便打开一家 OTA 网站或者传统旅行社的网站都会看到有关旅行社和银行的合作信息。以国旅总社为例,近期开展的活动主要有与中国银行、建设银行、工商银行等金融企业联合开展刷卡报名立减、赠礼等活动;与银联国际联合开展境外用卡奖励;与上海银行合作联手推出"联名信用卡";与支付宝合作,全国门店支持"当面付"服务。同时,联合开展"支付宝扫码付"立减活动。而国旅总社的做法,只是如今旅行企业与金融企业跨界合作的一个缩影,"旅游金融"已经成为各家旅行社和银行的"必争之地"。

(一)创新支付方式

金融服务领域发生的最重大的变化之一是开放式银行业务,简而言之,这一变化意味着人们可以选择与提供增值服务的第三方公司共享他们的银行数据。开放式银行业务还扩大了与银行账户"交互"的组织类型的范围。例如,支付启动服务提供商(PISP)可以从个人或企业后台账户发起交易,而无需账户所有者自己这样做。

这种变化将很快为旅游卖家提供新的选择,卖家可以通过行业结算方案、信用卡或虚拟信用卡进行支付。开放式银行在旅行中引入了 B2B 支付方式,即在卖方和供应商之间直接进行银行对银行的支付。很快,卖家将能够利用 PISP 使用既定的银行渠道从他们的银行账户中付款,这些渠道既具有成本效益又值得信赖。这是因为,当卖家和供应商不经常交易或未建立信任时,信用卡方案可以提供即时规模和强大的违约保护以及争议纠纷解决服务,这些服务至关重要。就像消费卡一样,B2B 卡提供商也以奖励或折扣的形式为付款人提供有吸引力的商业条款。

近年来,一些支付创新技术已经出现,可以用来消除旅行中摩擦。

"标记化(Tokenization)"使商家能够在自己的系统中对客户支付信息进行加密和安全存储,以备将来使用。

"商家发起的交易(Merchant Initiated Transactions)"意味着旅行者只需要验证一次,随后的付款可以在后台无形地发生,因为商家可以重复使用旅行者允许他们安全存储的支付信息。

"线上数字支付方式(LastMile Digitization)"使用二维码或"链接支付"等技术,这是将芯片和密码等流程升级为电子商务支付的好方法,即使在酒店接待处和机场办理登机手续等旅客在场的环境中也是如此。

(二)旅行社金融科技服务

旅行社向客户提供金融服务的能力。对于大多数旅行社来说,嵌入式金融提供商能够提供"虚拟"产品,公司可以很容易地将其注册成立,并且在受到监管限制的情况下贴上"白标签",而不必成为受监管的实体。

例如,旅行者可以选择冻结机票或酒店预订的价格,锁定给定的价格,并收取一定费用。如果价格上涨,旅行者只需支付锁定价格,如果价格下降,旅行者则支付新的低价费用。Hopper 的金融科技产品显示,航班预订的平均附加率为 56%,如果将酒店预订也计算在内,这一比例将上升至 70%。Hopper 的客户平均购买 1.7 台金融科技辅助设备,这意味着在平均 355 美元的航班支出基础上又多花了 42 美元,这是非常令人印象深刻的结果。

旅游行业的 B2B 金融科技不仅仅是简单地支付给供应商。随着旅行社开始认识到增加钱包份额和提供更好体验的机会,许多公司将开始效仿金融科技公司。

(三)旅行分期付款

"先买后付"(Buy Now Pay Later,BNPL)已经成为零售行业的一种主要支付方式。通过对客户进行快速风险评分,商家或其 BNPL 提供商可以决定延长信用额度,因此客户可以采用分期付款。对于旅行者来说,BNPL 是一种非常平稳顺利的体验,比申请传统贷款更便捷、更容易。

自 20 世纪 60 年代以来,我们就拥有信用卡和储蓄存款,然而 BNPL 是为数字世界设计的现代版信用卡。目前,灵活的分期付款方式对旅游业尤为重要,因为推动旅游需求的主要是家庭团聚,而这些旅行通常意味着 4 个人或更多的人旅行,这些费用可能会很高。对于旅行社来说,真正的机会是产品的追加销售。如果旅行者有灵活的信用额度,他们就有可能进行更高价值的购买,或者增加更多的附加服务的消费。

四、旅行社与航空业融合

旅行社业和航空业具有紧密的利益联系,外出旅行的游客在很大程度上依赖于旅行社提供旅游信息并从旅行社订购机票。多年以来,航空公司和旅行社一直进行着纷繁复杂的、既有竞争也有合作的博弈。随着航空公司和旅行社之间的产业界限趋于模糊,两者的相互延伸与渗透衍生出了一个新型的业态——旅游包机公司。来自国际包机协会(IACA)的资料显示,包机公司所提供的运力以可供吨公里计算,占到世界航空运输的 10%;包机运营的产出以收入客公里计,占到世界航空运输量的 15%。目前,世界上大多数包机承运人都是国际包机协会(IACA)的会员。

早在 2015 年中国旅游协会、中国航空运输协会就签署了《合作框架协议》并发布《文明旅游和优质服务倡议书》。根据协议,两个行业协会将建立常态交流沟通机制,鼓励支持双方会员在新开航线、设计旅游产品方面有效对接,提升行业竞争力和影响力。双方还将共同推进文明出游、文明旅行;倡导企业诚信经营、优质服务,为游客提供个性化、精细化服务,充分利用旅行社、航空公司、机场等窗口资源,播发文明旅游宣传资料、公益广告等,加大文明出游引导。

(一)民航业是旅行社产业价值链中的重要组成元素

航空运输具有快速、舒适、空间跨度大的特点,而以民用航空为新增长点是现代旅游业体系快速发展的重要原因。以飞机作为代步工具的高端游游客群体,不再满足传统的旅行社包价旅游方式,人们自行出游的能力不断增强,自助游客迅速增加,散客时代已经到来。民用航空发达区域旅行社产业主要集中在该产业价值链高端,市场细分明确,产品服务主要定位于为高端商务及旅游旅客提供旅游服务,能够充当区域旅游资源的整合和资源配置中心,位于整个产业链最高端。例如,依托迪拜世界中心机场及其周到的"一站式"服务,迪拜旅行社产业聚集并充分整合高端旅游资源,促进了迪拜高端旅游产业的迅速发展。未来,伴随通用航空产业的发展壮大,私人飞机旅行也将成为"自由行"的又一重要渠道。旅行社业与航空运输业的联系将更加紧密,完善旅游业内部产业环节、以航空运输为核心拓展产业链条,是旅行社业发展的重要方向之一。

(二)旅行社产业与民航业有着"走出去"的共同要求

经济学对于国际经济贸易影响的解释,有两个简单的"效应理论",即"溢出效应"与"回波效应"。在国际贸易中,一个国家总需求与国民收入的增加对别国的影响,称为"溢出效应"。反过来,其他国家由于"溢出效应"所引起的总需求与国民收入的增加,又会通过进口的增加使最初引起"溢出效应"国家的国民收入再增加,这种影响被称为"回波效应"。从国际旅游市场发展的现状来看,现阶段,我国旅游贸易出现了明显的"溢出效应",这一点从近两年西方发达国家纷纷面向我国居民放宽旅游签证政策就可以得到证实。但是,快速扩大的贸易逆差对旅游业与民航业如何通过共同的努力,提升我国入境游的竞争力,却提出了共同要求。

(三)产品转型升级是旅行社业与民航业面临的共同挑战

无论产业本身的新特征,还是国家战略发展的新要求,产品转型升级都是旅游业与民航业共同的要求。

在《国务院关于促进旅游业改革发展的若干意见》中,明确提出了"拓展旅游发展空间,积极发展休闲度假旅游"的战略要求,包括积极推动体育旅游,积极发展低空飞行旅游"等内容。进一步要求"推动旅游产品结构由观光为主,向观光、休闲、度假复合发展转变,推动三大市场全面发展"。而在《国务院关于促进民航业发展的若干意见》中,大力发展通用航空也成为重要的战略任务,包括积极发展应急救援、医疗救助、海洋维权、私人飞行、公务飞行等新兴通用航空服务等内容。

旅行社与民航公司的合作为民航业带来了大量的客源,旅行社在宣传旅行路线的同时,将包机服务加入到旅行费用当中,短途旅游选择飞机出行,旅行团只要达到一定的人数后,即可享受包机服务。包机服务对于旅客和航空公司来说都有利,既降低了旅客的出行费用,又为航空公司保证了客源的充足。这样看来,旅游业的发展对民航业有着积极促进作用。

五、旅行社产业融合经典案例

中国港中旅集团与中粮集团签署全面战略合作协议,双方通过在食品及礼品采购、客户资源共享、旅游服务、电商平台等方面的合作,促进双方各项业务的发展和服务、管理水平的提升。

根据协议,中国港中旅集团旗下酒店、度假区及企业食堂所需食品和礼品,将按照市场化原则优先向中粮集团采购,包括中粮旗下粮油食品、休闲食品、方便食品、猪肉及其制品、果酒茶饮品等,并在物流、投资等更广泛的领域探讨开展更广泛深入的合作。中国港中旅集团则向中粮集团提供全方位的差旅管理、会议策划、奖励旅游、演艺剧目管理等专业化的旅游服务,提升中粮集团旅游相关产业的竞争力。

中国港中旅集团与中粮集团作为旅游业和中国粮油食品行业的龙头企业,在各自所在领域拥有全产业链布局及投资;与港中旅集团建立战略合作,中粮将充分发挥全产业链的优势,用最安全的食品、最优良的品质、最贴心的服务,为港中旅集团员工及客户提供营养、健康、放心的产品。

港中旅集团倡导的诚信、优质、安全的旅游服务与中粮集团所提供的诚信、优质、安全的食品不谋而合。两大央企强强联合,通过客户共享、互为采购、联合营销,分享两大产业的商机,为异业合作探索了新的模式。

签约仪式之后,中粮集团旗下中国食品、中粮屯河、中国粮油大米部、中粮置地等食品产业链及地产等企业代表,将与中国港中旅集团旗下中国旅行社总社、维景国际酒店、芒果网、天创演艺等企业代表就协议中涉及的13项合作意向探讨具体合作细节。

在此次合作中,港中旅和中粮双方将致力于整合优质资源,实现共赢。

【实训项目】

项目名称:旅行社产业融合效果分析

项目内容:小组搜集资料和调研旅行社产业融合的过程及现状

项目要求:要求能涵盖旅行社行业产业融合的必要性、动力、过程及现状,要数据资料准确、逻辑分析思路清晰。

项目流程:

1.实训要求学生熟悉中国旅行社业融合过程及现状。

2.将全班学生分为若干组,课上完成每小组任务。

3.在教师指导下,学生提交实训报告,并对旅行社产业融合未来发展提出建议。

【复习与思考】

一、名词解释

1.产业融合

2.旅行社产业融合

二、简述题

1.旅行社产业融合的必要性是什么?

2.简述旅行社产业融合的动力。

3.旅行社产业融合有哪些类型?

三、分析题

旅行社产业融合产生了哪些业态？具体情况什么样？

【延伸阅读】

从传统到多元业态创新推动旅行社转型 | 非凡十年

背上行囊，奔赴另一座城市，或徜徉于宜人的青山绿水，或沉醉于诗意的休闲时光——旅游如今已经成为人民美好生活的刚性需求。作为旅游业重要的市场主体，旅行社是连接旅游供给和需求的重要纽带。党的十八大以来，文化和旅游部门全力支持旅行社企业创新发展，10年间，随着业务模式的转型，旅行社企业正在朝着现代、集约、高效的方向发展。

作为我国旅游行业的领军者，中国旅游集团2021年总资产、实现营业收入、利润总额、净利润与2012年相比，分别增长了175%、59%、489%和429%，主业集中度从不到30%提升到95.6%。这是我国旅行社行业发展的一个缩影。

正如中国旅游研究院院长戴斌所说，在线与传统旅行社双向融合是我国旅行社产业发展趋势之一。春秋旅行社改革春秋旅行网、引入供应商转型平台发展，山西东方国旅自主研发少掌柜系统等均是传统旅行社融合创新的有益探索。

10年间，我国对旅行社的管理也更加有法可依。2013年10月1日《中华人民共和国旅游法》实施后，多地陆续修订了地方性旅游法规，旅游者和旅游企业的利益都得到了依法保障，有力地促进了旅行社业健康有序发展。而《旅行社出境旅游服务规范》《旅行社等级的划分与评定》《旅行社服务通则》3项国家标准于2015年同时实施，则助推旅行社朝优化升级方向前行。"建标准，提升品牌；学标准，增强素质；懂标准，提高能力；用标准，推动发展。"广东中旅（集团）有限公司负责人说。

资料来源：中国旅游报，2022-10-13.

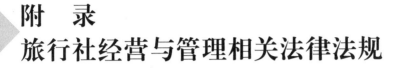

附　录
旅行社经营与管理相关法律法规

附录一　中华人民共和国旅游法

2013 年 4 月 25 日第十二届全国人民代表大会常务委员会第二次会议通过，根据 2016 年 11 月 7 日第十二届全国人民代表大会常务委员会第二十四次会议《关于修改〈中华人民共和国对外贸易法〉等十二部法律的决定》第一次修正，根据 2018 年 10 月 26 日第十三届全国人民代表大会常务委员会第六次会议《关于修改〈中华人民共和国野生动物保护法〉等十五部法律的决定》第二次修正。

目　录

第一章　总则

第一条　为保障旅游者和旅游经营者的合法权益，规范旅游市场秩序，保护和合理利用旅游资源，促进旅游业持续健康发展，制定本法。

第二条　在中华人民共和国境内的和在中华人民共和国境内组织到境外的游览、度假、休闲等形式的旅游活动以及为旅游活动提供相关服务的经营活动，适用本法。

第三条　国家发展旅游事业，完善旅游公共服务，依法保护旅游者在旅游活动中的权利。

第四条 旅游业发展应当遵循社会效益、经济效益和生态效益相统一的原则。国家鼓励各类市场主体在有效保护旅游资源的前提下,依法合理利用旅游资源。利用公共资源建设的游览场所应当体现公益性质。

第五条 国家倡导健康、文明、环保的旅游方式,支持和鼓励各类社会机构开展旅游公益宣传,对促进旅游业发展做出突出贡献的单位和个人给予奖励。

第六条 国家建立健全旅游服务标准和市场规则,禁止行业垄断和地区垄断。旅游经营者应当诚信经营,公平竞争,承担社会责任,为旅游者提供安全、健康、卫生、方便的旅游服务。

第七条 国务院建立健全旅游综合协调机制,对旅游业发展进行综合协调。

县级以上地方人民政府应当加强对旅游工作的组织和领导,明确相关部门或者机构,对本行政区域的旅游业发展和监督管理进行统筹协调。

第八条 依法成立的旅游行业组织,实行自律管理。

第二章 旅游者

第九条 旅游者有权自主选择旅游产品和服务,有权拒绝旅游经营者的强制交易行为。

旅游者有权知悉其购买的旅游产品和服务的真实情况。

旅游者有权要求旅游经营者按照约定提供产品和服务。

第十条 旅游者的人格尊严、民族风俗习惯和宗教信仰应当得到尊重。

第十一条 残疾人、老年人、未成年人等旅游者在旅游活动中依照法律、法规和有关规定享受便利和优惠。

第十二条 旅游者在人身、财产安全遇有危险时,有请求救助和保护的权利。

旅游者人身、财产受到侵害的,有依法获得赔偿的权利。

第十三条 旅游者在旅游活动中应当遵守社会公共秩序和社会公德,尊重当地的风俗习惯、文化传统和宗教信仰,爱护旅游资源,保护生态环境,遵守旅游文明行为规范。

第十四条 旅游者在旅游活动中或者在解决纠纷时,不得损害当地居民的合法权益,不得干扰他人的旅游活动,不得损害旅游经营者和旅游从业人员的合法权益。

第十五条 旅游者购买、接受旅游服务时,应当向旅游经营者如实告知与旅游活动相关的个人健康信息,遵守旅游活动中的安全警示规定。

旅游者对国家应对重大突发事件暂时限制旅游活动的措施以及有关部门、机构或者旅游经营者采取的安全防范和应急处置措施,应当予以配合。

旅游者违反安全警示规定,或者对国家应对重大突发事件暂时限制旅游活动的措施、安全防范和应急处置措施不予配合的,依法承担相应责任。

第十六条 出境旅游者不得在境外非法滞留,随团出境的旅游者不得擅自分团、脱团。

入境旅游者不得在境内非法滞留,随团入境的旅游者不得擅自分团、脱团。

第三章 旅游规划和促进

第十七条 国务院和县级以上地方人民政府应当将旅游业发展纳入国民经济和社会发展规划。

国务院和省、自治区、直辖市人民政府以及旅游资源丰富的设区的市和县级人民政府,应当按照国民经济和社会发展规划的要求,组织编制旅游发展规划。对跨行政区域且适宜进行整体利用的旅游资源进行利用时,应当由上级人民政府组织编制或者由相关地方人民政府协商编制统一的旅游发展规划。

第十八条　旅游发展规划应当包括旅游业发展的总体要求和发展目标,旅游资源保护和利用的要求和措施,以及旅游产品开发、旅游服务质量提升、旅游文化建设、旅游形象推广、旅游基础设施和公共服务设施建设的要求和促进措施等内容。

根据旅游发展规划,县级以上地方人民政府可以编制重点旅游资源开发利用的专项规划,对特定区域内的旅游项目、设施和服务功能配套提出专门要求。

第十九条　旅游发展规划应当与土地利用总体规划、城乡规划、环境保护规划以及其他自然资源和文物等人文资源的保护和利用规划相衔接。

第二十条　各级人民政府编制土地利用总体规划、城乡规划,应当充分考虑相关旅游项目、设施的空间布局和建设用地要求。规划和建设交通、通信、供水、供电、环保等基础设施和公共服务设施,应当兼顾旅游业发展的需要。

第二十一条　对自然资源和文物等人文资源进行旅游利用,必须严格遵守有关法律、法规的规定,符合资源、生态保护和文物安全的要求,尊重和维护当地传统文化和习俗,维护资源的区域整体性、文化代表性和地域特殊性,并考虑军事设施保护的需要。有关主管部门应当加强对资源保护和旅游利用状况的监督检查。

第二十二条　各级人民政府应当组织对本级政府编制的旅游发展规划的执行情况进行评估,并向社会公布。

第二十三条　国务院和县级以上地方人民政府应当制定并组织实施有利于旅游业持续健康发展的产业政策,推进旅游休闲体系建设,采取措施推动区域旅游合作,鼓励跨区域旅游线路和产品开发,促进旅游与工业、农业、商业、文化、卫生、体育、科教等领域的融合,扶持少数民族地区、革命老区、边远地区和贫困地区旅游业发展。

第二十四条　国务院和县级以上地方人民政府应当根据实际情况安排资金,加强旅游基础设施建设、旅游公共服务和旅游形象推广。

第二十五条　国家制定并实施旅游形象推广战略。国务院旅游主管部门统筹组织国家旅游形象的境外推广工作,建立旅游形象推广机构和网络,开展旅游国际合作与交流。

县级以上地方人民政府统筹组织本地的旅游形象推广工作。

第二十六条　国务院旅游主管部门和县级以上地方人民政府应当根据需要建立旅游公共信息和咨询平台,无偿向旅游者提供旅游景区、线路、交通、气象、住宿、安全、医疗急救等必要信息和咨询服务。设区的市和县级人民政府有关部门应当根据需要在交通枢纽、商业中心和旅游者集中场所设置旅游咨询中心,在景区和通往主要景区的道路设置旅游指示标识。

旅游资源丰富的设区的市和县级人民政府可以根据本地的实际情况,建立旅游客运专线或者游客中转站,为旅游者在城市及周边旅游提供服务。

第二十七条　国家鼓励和支持发展旅游职业教育和培训,提高旅游从业人员素质。

第四章　旅游经营

第二十八条　设立旅行社,招徕、组织、接待旅游者,为其提供旅游服务,应当具备下列条件,取得旅游主管部门的许可,依法办理工商登记:

(一)有固定的经营场所;

(二)有必要的营业设施;

(三)有符合规定的注册资本;

(四)有必要的经营管理人员和导游;

(五)法律、行政法规规定的其他条件。

第二十九条　旅行社可以经营下列业务:

(一)境内旅游;

(二)出境旅游;

(三)边境旅游;

(四)入境旅游;

(五)其他旅游业务。

旅行社经营前款第二项和第三项业务,应当取得相应的业务经营许可,具体条件由国务院规定。

第三十条　旅行社不得出租、出借旅行社业务经营许可证,或者以其他形式非法转让旅行社业务经营许可。

第三十一条　旅行社应当按照规定交纳旅游服务质量保证金,用于旅游者权益损害赔偿和垫付旅游者人身安全遇有危险时紧急救助的费用。

第三十二条　旅行社为招徕、组织旅游者发布信息,必须真实、准确,不得进行虚假宣传,误导旅游者。

第三十三条　旅行社及其从业人员组织、接待旅游者,不得安排参观或者参与违反我国法律、法规和社会公德的项目或者活动。

第三十四条　旅行社组织旅游活动应当向合格的供应商订购产品和服务。

第三十五条　旅行社不得以不合理的低价组织旅游活动,诱骗旅游者,并通过安排购物或者另行付费旅游项目获取回扣等不正当利益。

旅行社组织、接待旅游者,不得指定具体购物场所,不得安排另行付费旅游项目。但是,经双方协商一致或者旅游者要求,且不影响其他旅游者行程安排的除外。

发生违反前两款规定情形的,旅游者有权在旅游行程结束后三十日内,要求旅行社为其办理退货并先行垫付退货货款,或者退还另行付费旅游项目的费用。

第三十六条　旅行社组织团队出境旅游或者组织、接待团队入境旅游,应当按照规定安排领队或者导游全程陪同。

第三十七条　参加导游资格考试成绩合格,与旅行社订立劳动合同或者在相关旅游行业组织注册的人员,可以申请取得导游证。

第三十八条　旅行社应当与其聘用的导游依法订立劳动合同,支付劳动报酬,缴纳社会保险费用。

旅行社临时聘用导游为旅游者提供服务的,应当全额向导游支付本法第六十条第三款规定的导游服务费用。

旅行社安排导游为团队旅游提供服务的,不得要求导游垫付或者向导游收取任何费用。

第三十九条　从事领队业务,应当取得导游证,具有相应的学历、语言能力和旅游从业经历,并与委派其从事领队业务的取得出境旅游业务经营许可的旅行社订立劳动合同。

第四十条　导游和领队为旅游者提供服务必须接受旅行社委派,不得私自承揽导游和领队业务。

第四十一条　导游和领队从事业务活动,应当佩戴导游证,遵守职业道德,尊重旅游者的风俗习惯和宗教信仰,应当向旅游者告知和解释旅游文明行为规范,引导旅游者健康、文明旅游,劝阻旅游者违反社会公德的行为。

导游和领队应当严格执行旅游行程安排,不得擅自变更旅游行程或者中止服务活动,不得向旅游者索取小费,不得诱导、欺骗、强迫或者变相强迫旅游者购物或者参加另行付费旅游项目。

第四十二条　景区开放应当具备下列条件,并听取旅游主管部门的意见:

(一)有必要的旅游配套服务和辅助设施;

(二)有必要的安全设施及制度,经过安全风险评估,满足安全条件;

(三)有必要的环境保护设施和生态保护措施;

(四)法律、行政法规规定的其他条件。

第四十三条　利用公共资源建设的景区的门票以及景区内的游览场所、交通工具等另行收费项目,实行政府定价或者政府指导价,严格控制价格上涨。拟收费或者提高价格的,应当举行听证会,征求旅游者、经营者和有关方面的意见,论证其必要性、可行性。

利用公共资源建设的景区,不得通过增加另行收费项目等方式变相涨价;另行收费项目已收回投资成本的,应当相应降低价格或者取消收费。

公益性的城市公园、博物馆、纪念馆等,除重点文物保护单位和珍贵文物收藏单位外,应当逐步免费开放。

第四十四条　景区应当在醒目位置公示门票价格、另行收费项目的价格及团体收费价格。景区提高门票价格应当提前六个月公布。

将不同景区的门票或者同一景区内不同游览场所的门票合并出售的,合并后的价格不得高于各单项门票的价格之和,且旅游者有权选择购买其中的单项票。

景区内的核心游览项目因故暂停向旅游者开放或者停止提供服务的,应当公示并相应减少收费。

第四十五条　景区接待旅游者不得超过景区主管部门核定的最大承载量。景区应当公布景区主管部门核定的最大承载量,制定和实施旅游者流量控制方案,并可以采取门票预约等方式,对景区接待旅游者的数量进行控制。

旅游者数量可能达到最大承载量时,景区应当提前公告并同时向当地人民政府报告,景区和当地人民政府应当及时采取疏导、分流等措施。

第四十六条　城镇和乡村居民利用自有住宅或者其他条件依法从事旅游经营,其管理办法由省、自治区、直辖市制定。

第四十七条 经营高空、高速、水上、潜水、探险等高风险旅游项目,应当按照国家有关规定取得经营许可。

第四十八条 通过网络经营旅行社业务的,应当依法取得旅行社业务经营许可,并在其网站主页的显著位置标明其业务经营许可证信息。

发布旅游经营信息的网站,应当保证其信息真实、准确。

第四十九条 为旅游者提供交通、住宿、餐饮、娱乐等服务的经营者,应当符合法律、法规规定的要求,按照合同约定履行义务。

第五十条 旅游经营者应当保证其提供的商品和服务符合保障人身、财产安全的要求。

旅游经营者取得相关质量标准等级的,其设施和服务不得低于相应标准;未取得质量标准等级的,不得使用相关质量等级的称谓和标识。

第五十一条 旅游经营者销售、购买商品或者服务,不得给予或者收受贿赂。

第五十二条 旅游经营者对其在经营活动中知悉的旅游者个人信息,应当予以保密。

第五十三条 从事道路旅游客运的经营者应当遵守道路客运安全管理的各项制度,并在车辆显著位置明示道路旅游客运专用标识,在车厢内显著位置公示经营者和驾驶人信息、道路运输管理机构监督电话等事项。

第五十四条 景区、住宿经营者将其部分经营项目或者场地交由他人从事住宿、餐饮、购物、游览、娱乐、旅游交通等经营的,应当对实际经营者的经营行为给旅游者造成的损害承担连带责任。

第五十五条 旅游经营者组织、接待出入境旅游,发现旅游者从事违法活动或者有违反本法第十六条规定情形的,应当及时向公安机关、旅游主管部门或者我国驻外机构报告。

第五十六条 国家根据旅游活动的风险程度,对旅行社、住宿、旅游交通以及本法第四十七条规定的高风险旅游项目等经营者实施责任保险制度。

第五章 旅游服务合同

第五十七条 旅行社组织和安排旅游活动,应当与旅游者订立合同。

第五十八条 包价旅游合同应当采用书面形式,包括下列内容:

(一)旅行社、旅游者的基本信息;

(二)旅游行程安排;

(三)旅游团成团的最低人数;

(四)交通、住宿、餐饮等旅游服务安排和标准;

(五)游览、娱乐等项目的具体内容和时间;

(六)自由活动时间安排;

(七)旅游费用及其交纳的期限和方式;

(八)违约责任和解决纠纷的方式;

(九)法律、法规规定和双方约定的其他事项。

订立包价旅游合同时,旅行社应当向旅游者详细说明前款第二项至第八项所载内容。

第五十九条 旅行社应当在旅游行程开始前向旅游者提供旅游行程单。旅游行程单是包价旅游合同的组成部分。

第六十条　旅行社委托其他旅行社代理销售包价旅游产品并与旅游者订立包价旅游合同的,应当在包价旅游合同中载明委托社和代理社的基本信息。

旅行社依照本法规定将包价旅游合同中的接待业务委托给地接社履行的,应当在包价旅游合同中载明地接社的基本信息。

安排导游为旅游者提供服务的,应当在包价旅游合同中载明导游服务费用。

第六十一条　旅行社应当提示参加团队旅游的旅游者按照规定投保人身意外伤害保险。

第六十二条　订立包价旅游合同时,旅行社应当向旅游者告知下列事项:

(一)旅游者不适合参加旅游活动的情形;

(二)旅游活动中的安全注意事项;

(三)旅行社依法可以减免责任的信息;

(四)旅游者应当注意的旅游目的地相关法律、法规和风俗习惯、宗教禁忌,依照中国法律不宜参加的活动等;

(五)法律、法规规定的其他应当告知的事项。

在包价旅游合同履行中,遇有前款规定事项的,旅行社也应当告知旅游者。

第六十三条　旅行社招徕旅游者组团旅游,因未达到约定人数不能出团的,组团社可以解除合同。但是,境内旅游应当至少提前七日通知旅游者,出境旅游应当至少提前三十日通知旅游者。

因未达到约定人数不能出团的,组团社经征得旅游者书面同意,可以委托其他旅行社履行合同。组团社对旅游者承担责任,受委托的旅行社对组团社承担责任。旅游者不同意的,可以解除合同。

因未达到约定的成团人数解除合同的,组团社应当向旅游者退还已收取的全部费用。

第六十四条　旅游行程开始前,旅游者可以将包价旅游合同中自身的权利义务转让给第三人,旅行社没有正当理由的不得拒绝,因此增加的费用由旅游者和第三人承担。

第六十五条　旅游行程结束前,旅游者解除合同的,组团社应当在扣除必要的费用后,将余款退还旅游者。

第六十六条　旅游者有下列情形之一的,旅行社可以解除合同:

(一)患有传染病等疾病,可能危害其他旅游者健康和安全的;

(二)携带危害公共安全的物品且不同意交有关部门处理的;

(三)从事违法或者违反社会公德的活动的;

(四)从事严重影响其他旅游者权益的活动,且不听劝阻、不能制止的;

(五)法律规定的其他情形。

因前款规定情形解除合同的,组团社应当在扣除必要的费用后,将余款退还旅游者;给旅行社造成损失的,旅游者应当依法承担赔偿责任。

第六十七条　因不可抗力或者旅行社、履行辅助人已尽合理注意义务仍不能避免的事件,影响旅游行程的,按照下列情形处理:

（一）合同不能继续履行的，旅行社和旅游者均可以解除合同。合同不能完全履行的，旅行社经向旅游者作出说明，可以在合理范围内变更合同；旅游者不同意变更的，可以解除合同。

（二）合同解除的，组团社应当在扣除已向地接社或者履行辅助人支付且不可退还的费用后，将余款退还旅游者；合同变更的，因此增加的费用由旅游者承担，减少的费用退还旅游者。

（三）危及旅游者人身、财产安全的，旅行社应当采取相应的安全措施，因此支出的费用，由旅行社与旅游者分担。

（四）造成旅游者滞留的，旅行社应当采取相应的安置措施。因此增加的食宿费用，由旅游者承担；增加的返程费用，由旅行社与旅游者分担。

第六十八条 旅游行程中解除合同的，旅行社应当协助旅游者返回出发地或者旅游者指定的合理地点。由于旅行社或者履行辅助人的原因导致合同解除的，返程费用由旅行社承担。

第六十九条 旅行社应当按照包价旅游合同的约定履行义务，不得擅自变更旅游行程安排。

经旅游者同意，旅行社将包价旅游合同中的接待业务委托给其他具有相应资质的地接社履行的，应当与地接社订立书面委托合同，约定双方的权利和义务，向地接社提供与旅游者订立的包价旅游合同的副本，并向地接社支付不低于接待和服务成本的费用。地接社应当按照包价旅游合同和委托合同提供服务。

第七十条 旅行社不履行包价旅游合同义务或者履行合同义务不符合约定的，应当依法承担继续履行、采取补救措施或者赔偿损失等违约责任；造成旅游者人身损害、财产损失的，应当依法承担赔偿责任。旅行社具备履行条件，经旅游者要求仍拒绝履行合同，造成旅游者人身损害、滞留等严重后果的，旅游者还可以要求旅行社支付旅游费用一倍以上三倍以下的赔偿金。

由于旅游者自身原因导致包价旅游合同不能履行或者不能按照约定履行，或者造成旅游者人身损害、财产损失的，旅行社不承担责任。

在旅游者自行安排活动期间，旅行社未尽到安全提示、救助义务的，应当对旅游者的人身损害、财产损失承担相应责任。

第七十一条 由于地接社、履行辅助人的原因导致违约的，由组团社承担责任；组团社承担责任后可以向地接社、履行辅助人追偿。

由于地接社、履行辅助人的原因造成旅游者人身损害、财产损失的，旅游者可以要求地接社、履行辅助人承担赔偿责任，也可以要求组团社承担赔偿责任；组团社承担责任后可以向地接社、履行辅助人追偿。但是，由于公共交通经营者的原因造成旅游者人身损害、财产损失的，由公共交通经营者依法承担赔偿责任，旅行社应当协助旅游者向公共交通经营者索赔。

第七十二条 旅游者在旅游活动中或者在解决纠纷时，损害旅行社、履行辅助人、旅游从业人员或者其他旅游者的合法权益的，依法承担赔偿责任。

第七十三条　旅行社根据旅游者的具体要求安排旅游行程,与旅游者订立包价旅游合同的,旅游者请求变更旅游行程安排,因此增加的费用由旅游者承担,减少的费用退还旅游者。

第七十四条　旅行社接受旅游者的委托,为其代订交通、住宿、餐饮、游览、娱乐等旅游服务,收取代办费用的,应当亲自处理委托事务。因旅行社的过错给旅游者造成损失的,旅行社应当承担赔偿责任。

旅行社接受旅游者的委托,为其提供旅游行程设计、旅游信息咨询等服务的,应当保证设计合理、可行,信息及时、准确。

第七十五条　住宿经营者应当按照旅游服务合同的约定为团队旅游者提供住宿服务。住宿经营者未能按照旅游服务合同提供服务的,应当为旅游者提供不低于原定标准的住宿服务,因此增加的费用由住宿经营者承担;但由于不可抗力、政府因公共利益需要采取措施造成不能提供服务的,住宿经营者应当协助安排旅游者住宿。

第六章　旅游安全

第七十六条　县级以上人民政府统一负责旅游安全工作。县级以上人民政府有关部门依照法律、法规履行旅游安全监管职责。

第七十七条　国家建立旅游目的地安全风险提示制度。旅游目的地安全风险提示的级别划分和实施程序,由国务院旅游主管部门会同有关部门制定。

县级以上人民政府及其有关部门应当将旅游安全作为突发事件监测和评估的重要内容。

第七十八条　县级以上人民政府应当依法将旅游应急管理纳入政府应急管理体系,制定应急预案,建立旅游突发事件应对机制。

突发事件发生后,当地人民政府及其有关部门和机构应当采取措施开展救援,并协助旅游者返回出发地或者旅游者指定的合理地点。

第七十九条　旅游经营者应当严格执行安全生产管理和消防安全管理的法律、法规和国家标准、行业标准,具备相应的安全生产条件,制定旅游者安全保护制度和应急预案。

旅游经营者应当对直接为旅游者提供服务的从业人员开展经常性应急救助技能培训,对提供的产品和服务进行安全检验、监测和评估,采取必要措施防止危害发生。

旅游经营者组织、接待老年人、未成年人、残疾人等旅游者,应当采取相应的安全保障措施。

第八十条　旅游经营者应当就旅游活动中的下列事项,以明示的方式事先向旅游者作出说明或者警示:

(一)正确使用相关设施、设备的方法;

(二)必要的安全防范和应急措施;

(三)未向旅游者开放的经营、服务场所和设施、设备;

(四)不适宜参加相关活动的群体;

(五)可能危及旅游者人身、财产安全的其他情形。

第八十一条　突发事件或者旅游安全事故发生后,旅游经营者应当立即采取必要的救助和处置措施,依法履行报告义务,并对旅游者作出妥善安排。

第八十二条 旅游者在人身、财产安全遇有危险时,有权请求旅游经营者、当地政府和相关机构进行及时救助。

中国出境旅游者在境外陷于困境时,有权请求我国驻当地机构在其职责范围内给予协助和保护。

旅游者接受相关组织或者机构的救助后,应当支付应由个人承担的费用。

第七章 旅游监督管理

第八十三条 县级以上人民政府旅游主管部门和有关部门依照本法和有关法律、法规的规定,在各自职责范围内对旅游市场实施监督管理。

县级以上人民政府应当组织旅游主管部门、有关主管部门和市场监督管理、交通等执法部门对相关旅游经营行为实施监督检查。

第八十四条 旅游主管部门履行监督管理职责,不得违反法律、行政法规的规定向监督管理对象收取费用。

旅游主管部门及其工作人员不得参与任何形式的旅游经营活动。

第八十五条 县级以上人民政府旅游主管部门有权对下列事项实施监督检查:

(一)经营旅行社业务以及从事导游、领队服务是否取得经营、执业许可;

(二)旅行社的经营行为;

(三)导游和领队等旅游从业人员的服务行为;

(四)法律、法规规定的其他事项。

旅游主管部门依照前款规定实施监督检查,可以对涉嫌违法的合同、票据、账簿以及其他资料进行查阅、复制。

第八十六条 旅游主管部门和有关部门依法实施监督检查,其监督检查人员不得少于二人,并应当出示合法证件。监督检查人员少于二人或者未出示合法证件的,被检查单位和个人有权拒绝。

监督检查人员对在监督检查中知悉的被检查单位的商业秘密和个人信息应当依法保密。

第八十七条 对依法实施的监督检查,有关单位和个人应当配合,如实说明情况并提供文件、资料,不得拒绝、阻碍和隐瞒。

第八十八条 县级以上人民政府旅游主管部门和有关部门,在履行监督检查职责中或者在处理举报、投诉时,发现违反本法规定行为的,应当依法及时作出处理;对不属于本部门职责范围的事项,应当及时书面通知并移交有关部门查处。

第八十九条 县级以上地方人民政府建立旅游违法行为查处信息的共享机制,对需要跨部门、跨地区联合查处的违法行为,应当进行督办。

旅游主管部门和有关部门应当按照各自职责,及时向社会公布监督检查的情况。

第九十条 依法成立的旅游行业组织依照法律、行政法规和章程的规定,制定行业经营规范和服务标准,对其会员的经营行为和服务质量进行自律管理,组织开展职业道德教育和业务培训,提高从业人员素质。

第八章　旅游纠纷处理

第九十一条　县级以上人民政府应当指定或者设立统一的旅游投诉受理机构。受理机构接到投诉,应当及时进行处理或者移交有关部门处理,并告知投诉者。

第九十二条　旅游者与旅游经营者发生纠纷,可以通过下列途径解决:

(一)双方协商;

(二)向消费者协会、旅游投诉受理机构或者有关调解组织申请调解;

(三)根据与旅游经营者达成的仲裁协议提请仲裁机构仲裁;

(四)向人民法院提起诉讼。

第九十三条　消费者协会、旅游投诉受理机构和有关调解组织在双方自愿的基础上,依法对旅游者与旅游经营者之间的纠纷进行调解。

第九十四条　旅游者与旅游经营者发生纠纷,旅游者一方人数众多并有共同请求的,可以推选代表人参加协商、调解、仲裁、诉讼活动。

第九章　法律责任

第九十五条　违反本法规定,未经许可经营旅行社业务的,由旅游主管部门或者市场监督管理部门责令改正,没收违法所得,并处一万元以上十万元以下罚款;违法所得十万元以上的,并处违法所得一倍以上五倍以下罚款;对有关责任人员,处二千元以上二万元以下罚款。

旅行社违反本法规定,未经许可经营本法第二十九条第一款第二项、第三项业务,或者出租、出借旅行社业务经营许可证,或者以其他方式非法转让旅行社业务经营许可的,除依照前款规定处罚外,并责令停业整顿;情节严重的,吊销旅行社业务经营许可证;对直接负责的主管人员,处二千元以上二万元以下罚款。

第九十六条　旅行社违反本法规定,有下列行为之一的,由旅游主管部门责令改正,没收违法所得,并处五千元以上五万元以下罚款;情节严重的,责令停业整顿或者吊销旅行社业务经营许可证;对直接负责的主管人员和其他直接责任人员,处二千元以上二万元以下罚款:

(一)未按照规定为出境或者入境团队旅游安排领队或者导游全程陪同的;

(二)安排未取得导游证的人员提供导游服务或者安排不具备领队条件的人员提供领队服务的;

(三)未向临时聘用的导游支付导游服务费用的;

(四)要求导游垫付或者向导游收取费用的。

第九十七条　旅行社违反本法规定,有下列行为之一的,由旅游主管部门或者有关部门责令改正,没收违法所得,并处五千元以上五万元以下罚款;违法所得五万元以上的,并处违法所得一倍以上五倍以下罚款;情节严重的,责令停业整顿或者吊销旅行社业务经营许可证;对直接负责的主管人员和其他直接责任人员,处二千元以上二万元以下罚款:

(一)进行虚假宣传,误导旅游者的;

(二)向不合格的供应商订购产品和服务的;

(三)未按照规定投保旅行社责任保险的。

第九十八条 旅行社违反本法第三十五条规定的,由旅游主管部门责令改正,没收违法所得,责令停业整顿,并处三万元以上三十万元以下罚款;违法所得三十万元以上的,并处违法所得一倍以上五倍以下罚款;情节严重的,吊销旅行社业务经营许可证;对直接负责的主管人员和其他直接责任人员,没收违法所得,处二千元以上二万元以下罚款,并暂扣或者吊销导游证。

第九十九条 旅行社未履行本法第五十五条规定的报告义务的,由旅游主管部门处五千元以上五万元以下罚款;情节严重的,责令停业整顿或者吊销旅行社业务经营许可证;对直接负责的主管人员和其他直接责任人员,处二千元以上二万元以下罚款,并暂扣或者吊销导游证。

第一百条 旅行社违反本法规定,有下列行为之一的,由旅游主管部门责令改正,处三万元以上三十万元以下罚款,并责令停业整顿;造成旅游者滞留等严重后果的,吊销旅行社业务经营许可证;对直接负责的主管人员和其他直接责任人员,处二千元以上二万元以下罚款,并暂扣或者吊销导游证:

(一)在旅游行程中擅自变更旅游行程安排,严重损害旅游者权益的;

(二)拒绝履行合同的;

(三)未征得旅游者书面同意,委托其他旅行社履行包价旅游合同的。

第一百零一条 旅行社违反本法规定,安排旅游者参观或者参与违反我国法律、法规和社会公德的项目或者活动的,由旅游主管部门责令改正,没收违法所得,责令停业整顿,并处二万元以上二十万元以下罚款;情节严重的,吊销旅行社业务经营许可证;对直接负责的主管人员和其他直接责任人员,处二千元以上二万元以下罚款,并暂扣或者吊销导游证。

第一百零二条 违反本法规定,未取得导游证或者不具备领队条件而从事导游、领队活动的,由旅游主管部门责令改正,没收违法所得,并处一千元以上一万元以下罚款,予以公告。

导游、领队违反本法规定,私自承揽业务的,由旅游主管部门责令改正,没收违法所得,处一千元以上一万元以下罚款,并暂扣或者吊销导游证。

导游、领队违反本法规定,向旅游者索取小费的,由旅游主管部门责令退还,处一千元以上一万元以下罚款;情节严重的,并暂扣或者吊销导游证。

第一百零三条 违反本法规定被吊销导游证的导游、领队和受到吊销旅行社业务经营许可证处罚的旅行社的有关管理人员,自处罚之日起未逾三年的,不得重新申请导游证或者从事旅行社业务。

第一百零四条 旅游经营者违反本法规定,给予或者收受贿赂的,由市场监督管理部门依照有关法律、法规的规定处罚;情节严重的,并由旅游主管部门吊销旅行社业务经营许可证。

第一百零五条 景区不符合本法规定的开放条件而接待旅游者的,由景区主管部门责令停业整顿直至符合开放条件,并处二万元以上二十万元以下罚款。

景区在旅游者数量可能达到最大承载量时,未依照本法规定公告或者未向当地人民政府报告,未及时采取疏导、分流等措施,或者超过最大承载量接待旅游者的,由景区主管部门责令改正,情节严重的,责令停业整顿一个月至六个月。

第一百零六条　景区违反本法规定,擅自提高门票或者另行收费项目的价格,或者有其他价格违法行为的,由有关主管部门依照有关法律、法规的规定处罚。

第一百零七条　旅游经营者违反有关安全生产管理和消防安全管理的法律、法规或者国家标准、行业标准的,由有关主管部门依照有关法律、法规的规定处罚。

第一百零八条　对违反本法规定的旅游经营者及其从业人员,旅游主管部门和有关部门应当记入信用档案,向社会公布。

第一百零九条　旅游主管部门和有关部门的工作人员在履行监督管理职责中,滥用职权、玩忽职守、徇私舞弊,尚不构成犯罪的,依法给予处分。

第一百一十条　违反本法规定,构成犯罪的,依法追究刑事责任。

第十章　附则

第一百一十一条　本法下列用语的含义:

(一)旅游经营者,是指旅行社、景区以及为旅游者提供交通、住宿、餐饮、购物、娱乐等服务的经营者。

(二)景区,是指为旅游者提供游览服务、有明确的管理界限的场所或者区域。

(三)包价旅游合同,是指旅行社预先安排行程,提供或者通过履行辅助人提供交通、住宿、餐饮、游览、导游或者领队等两项以上旅游服务,旅游者以总价支付旅游费用的合同。

(四)组团社,是指与旅游者订立包价旅游合同的旅行社。

(五)地接社,是指接受组团社委托,在目的地接待旅游者的旅行社。

(六)履行辅助人,是指与旅行社存在合同关系,协助其履行包价旅游合同义务,实际提供相关服务的法人或者自然人。

第一百一十二条　本法自2013年10月1日起施行。

附录二　旅行社条例

2009 年 2 月 20 日中华人民共和国国务院令第 550 号公布,根据 2016 年 2 月 6 日《国务院关于修改部分行政法规的决定》第一次修订;根据 2017 年 3 月 1 日《国务院关于修改和废止部分行政法规的决定》第二次修订;根据 2020 年 11 月 29 日《国务院关于修改和废止部分行政法规的决定》第三次修订。

第一章　总　则

第一条　为了加强对旅行社的管理,保障旅游者和旅行社的合法权益,维护旅游市场秩序,促进旅游业的健康发展,制定本条例。

第二条　本条例适用于中华人民共和国境内旅行社的设立及经营活动。

本条例所称旅行社,是指从事招徕、组织、接待旅游者等活动,为旅游者提供相关旅游服务,开展国内旅游业务、入境旅游业务或者出境旅游业务的企业法人。

第三条　国务院旅游行政主管部门负责全国旅行社的监督管理工作。

县级以上地方人民政府管理旅游工作的部门按照职责负责本行政区域内旅行社的监督管理工作。

县级以上各级人民政府工商、价格、商务、外汇等有关部门,应当按照职责分工,依法对旅行社进行监督管理。

第四条　旅行社在经营活动中应当遵循自愿、平等、公平、诚信的原则,提高服务质量,维护旅游者的合法权益。

第五条　旅行社行业组织应当按照章程为旅行社提供服务,发挥协调和自律作用,引导旅行社合法、公平竞争和诚信经营。

第二章　旅行社的设立

第六条　申请设立旅行社,经营国内旅游业务和入境旅游业务的,应当具备下列条件:

(一)有固定的经营场所;

(二)有必要的营业设施;

(三)有不少于 30 万元的注册资本。

第七条　申请设立旅行社,经营国内旅游业务和入境旅游业务的,应当向所在地省、自治区、直辖市旅游行政管理部门或者其委托的设区的市级旅游行政管理部门提出申请,并提交符合本条例第六条规定的相关证明文件。受理申请的旅游行政管理部门应当自受理申请之日起 20 个工作日内作出许可或者不予许可的决定。予以许可的,向申请人颁发旅行社业务经营许可证,申请人持旅行社业务经营许可证向工商行政管理部门办理设立登记;不予许可的,书面通知申请人并说明理由。

第八条　旅行社取得经营许可满两年,且未因侵害旅游者合法权益受到行政机关罚款以上处罚的,可以申请经营出境旅游业务。

第九条　申请经营出境旅游业务的,应当向国务院旅游行政主管部门或者其委托的省、自治区、直辖市旅游行政管理部门提出申请,受理申请的旅游行政管理部门应当自受理申请之日起 20 个工作日内作出许可或者不予许可的决定。予以许可的,向申请人换发旅行社业务经营许可证,旅行社应当持换发的旅行社业务经营许可证到工商行政管理部门办理变更登记;不予许可的,书面通知申请人并说明理由。

第十条　旅行社设立分社的,应当持旅行社业务经营许可证副本向分社所在地的工商行政管理部门办理设立登记,并自设立登记之日起 3 个工作日内向分社所在地的旅游行政管理部门备案。

旅行社分社的设立不受地域限制。分社的经营范围不得超出设立分社的旅行社的经营范围。

第十一条　旅行社设立专门招徕旅游者、提供旅游咨询的服务网点(以下简称旅行社服务网点)应当依法向工商行政管理部门办理设立登记手续,并向所在地的旅游行政管理部门备案。

旅行社服务网点应当接受旅行社的统一管理,不得从事招徕、咨询以外的活动。

第十二条　旅行社变更名称、经营场所、法定代表人等登记事项或者终止经营的,应当到工商行政管理部门办理相应的变更登记或者注销登记,并在登记办理完毕之日起 10 个工作日内,向原许可的旅游行政管理部门备案,换领或者交回旅行社业务经营许可证。

第十三条　旅行社应当自取得旅行社业务经营许可证之日起 3 个工作日内,在国务院旅游行政主管部门指定的银行开设专门的质量保证金账户,存入质量保证金,或者向作出许可的旅游行政管理部门提交依法取得的担保额度不低于相应质量保证金数额的银行担保。

经营国内旅游业务和入境旅游业务的旅行社,应当存入质量保证金 20 万元;经营出境旅游业务的旅行社,应当增存质量保证金 120 万元。

质量保证金的利息属于旅行社所有。

第十四条　旅行社每设立一个经营国内旅游业务和入境旅游业务的分社,应当向其质量保证金账户增存 5 万元;每设立一个经营出境旅游业务的分社,应当向其质量保证金账户增存 30 万元。

第十五条　有下列情形之一的,旅游行政管理部门可以使用旅行社的质量保证金:

(一)旅行社违反旅游合同约定,侵害旅游者合法权益,经旅游行政管理部门查证属实的;

(二)旅行社因解散、破产或者其他原因造成旅游者预交旅游费用损失的。

第十六条　人民法院判决、裁定及其他生效法律文书认定旅行社损害旅游者合法权益,旅行社拒绝或者无力赔偿的,人民法院可以从旅行社的质量保证金账户上划拨赔偿款。

第十七条　旅行社自交纳或者补足质量保证金之日起三年内未因侵害旅游者合法权益受到行政机关罚款以上处罚的,旅游行政管理部门应当将旅行社质量保证金的交存数额降低 50%,并向社会公告。旅行社可凭省、自治区、直辖市旅游行政管理部门出具的凭证减少其质量保证金。

第十八条　旅行社在旅游行政管理部门使用质量保证金赔偿旅游者的损失,或者依法减少质量保证金后,因侵害旅游者合法权益受到行政机关罚款以上处罚的,应当在收到旅游行政管理部门补交质量保证金的通知之日起 5 个工作日内补足质量保证金。

第十九条 旅行社不再从事旅游业务的,凭旅游行政管理部门出具的凭证,向银行取回质量保证金。

第二十条 质量保证金存缴、使用的具体管理办法由国务院旅游行政主管部门和国务院财政部门会同有关部门另行制定。

第三章 外商投资旅行社

第二十一条 外商投资旅行社适用本章规定;本章没有规定的,适用本条例其他有关规定。

前款所称外商投资旅行社,包括中外合资经营旅行社、中外合作经营旅行社和外资旅行社。

第二十二条 设立外商投资旅行社,由投资者向国务院旅游行政主管部门提出申请,并提交符合本条例第六条规定条件的相关证明文件。国务院旅游行政主管部门应当自受理申请之日起 30 个工作日内审查完毕。同意设立的,出具外商投资旅行社业务许可审定意见书;不同意设立的,书面通知申请人并说明理由。

申请人持外商投资旅行社业务许可审定意见书、章程,合资、合作双方签订的合同向国务院商务主管部门提出设立外商投资企业的申请。国务院商务主管部门应当依照有关法律、法规的规定,作出批准或者不予批准的决定。予以批准的,颁发外商投资企业批准证书,并通知申请人向国务院旅游行政主管部门领取旅行社业务经营许可证,申请人持旅行社业务经营许可证和外商投资企业批准证书向工商行政管理部门办理设立登记;不予批准的,书面通知申请人并说明理由。

第二十三条 外商投资旅行社不得经营中国内地居民出国旅游业务以及赴香港特别行政区、澳门特别行政区和台湾地区旅游的业务,但是国务院决定或者我国签署的自由贸易协定和内地与香港、澳门关于建立更紧密经贸关系的安排另有规定的除外。

第四章 旅行社经营

第二十四条 旅行社向旅游者提供的旅游服务信息必须真实可靠,不得作虚假宣传。

第二十五条 经营出境旅游业务的旅行社不得组织旅游者到国务院旅游行政主管部门公布的中国公民出境旅游目的地之外的国家和地区旅游。

第二十六条 旅行社为旅游者安排或者介绍的旅游活动不得含有违反有关法律、法规规定的内容。

第二十七条 旅行社不得以低于旅游成本的报价招徕旅游者。未经旅游者同意,旅行社不得在旅游合同约定之外提供其他有偿服务。

第二十八条 旅行社为旅游者提供服务,应当与旅游者签订旅游合同并载明下列事项:

(一)旅行社的名称及其经营范围、地址、联系电话和旅行社业务经营许可证编号;

(二)旅行社经办人的姓名、联系电话;

(三)签约地点和日期;

(四)旅游行程的出发地、途经地和目的地;

（五）旅游行程中交通、住宿、餐饮服务安排及其标准；

（六）旅行社统一安排的游览项目的具体内容及时间；

（七）旅游者自由活动的时间和次数；

（八）旅游者应当交纳的旅游费用及交纳方式；

（九）旅行社安排的购物次数、停留时间及购物场所的名称；

（十）需要旅游者另行付费的游览项目及价格；

（十一）解除或者变更合同的条件和提前通知的期限；

（十二）违反合同的纠纷解决机制及应当承担的责任；

（十三）旅游服务监督、投诉电话；

（十四）双方协商一致的其他内容。

第二十九条　旅行社在与旅游者签订旅游合同时，应当对旅游合同的具体内容作出真实、准确、完整的说明。

旅行社和旅游者签订的旅游合同约定不明确或者对格式条款的理解发生争议的，应当按照通常理解予以解释；对格式条款有两种以上解释的，应当作出有利于旅游者的解释；格式条款和非格式条款不一致的，应当采用非格式条款。

第三十条　旅行社组织中国内地居民出境旅游的，应当为旅游团队安排领队全程陪同。

第三十一条　旅行社为接待旅游者委派的导游人员或者为组织旅游者出境旅游委派的领队人员，应当持有国家规定的导游证、领队证。

第三十二条　旅行社聘用导游人员、领队人员应当依法签订劳动合同，并向其支付不低于当地最低工资标准的报酬。

第三十三条　旅行社及其委派的导游人员和领队人员不得有下列行为：

（一）拒绝履行旅游合同约定的义务；

（二）非因不可抗力改变旅游合同安排的行程；

（三）欺骗、胁迫旅游者购物或者参加需要另行付费的游览项目。

第三十四条　旅行社不得要求导游人员和领队人员接待不支付接待和服务费用或者支付的费用低于接待和服务成本的旅游团队，不得要求导游人员和领队人员承担接待旅游团队的相关费用。

第三十五条　旅行社违反旅游合同约定，造成旅游者合法权益受到损害的，应当采取必要的补救措施，并及时报告旅游行政管理部门。

第三十六条　旅行社需要对旅游业务作出委托的，应当委托给具有相应资质的旅行社，征得旅游者的同意，并与接受委托的旅行社就接待旅游者的事宜签订委托合同，确定接待旅游者的各项服务安排及其标准，约定双方的权利、义务。

第三十七条　旅行社将旅游业务委托给其他旅行社的，应当向接受委托的旅行社支付不低于接待和服务成本的费用；接受委托的旅行社不得接待不支付或者不足额支付接待和服务费用的旅游团队。

接受委托的旅行社违约，造成旅游者合法权益受到损害的，作出委托的旅行社应当承担相应的赔偿责任。作出委托的旅行社赔偿后，可以向接受委托的旅行社追偿。

接受委托的旅行社故意或者重大过失造成旅游者合法权益损害的,应当承担连带责任。

第三十八条 旅行社应当投保旅行社责任险。旅行社责任险的具体方案由国务院旅游行政主管部门会同国务院保险监督管理机构另行制定。

第三十九条 旅行社对可能危及旅游者人身、财产安全的事项,应当向旅游者作出真实的说明和明确的警示,并采取防止危害发生的必要措施。

发生危及旅游者人身安全的情形的,旅行社及其委派的导游人员、领队人员应当采取必要的处置措施并及时报告旅游行政管理部门;在境外发生的,还应当及时报告中华人民共和国驻该国使领馆、相关驻外机构、当地警方。

第四十条 旅游者在境外滞留不归的,旅行社委派的领队人员应当及时向旅行社和中华人民共和国驻该国使领馆、相关驻外机构报告。旅行社接到报告后应当及时向旅游行政管理部门和公安机关报告,并协助提供非法滞留者的信息。

旅行社接待入境旅游发生旅游者非法滞留我国境内的,应当及时向旅游行政管理部门、公安机关和外事部门报告,并协助提供非法滞留者的信息。

第五章 监督检查

第四十一条 旅游、工商、价格、商务、外汇等有关部门应当依法加强对旅行社的监督管理,发现违法行为,应当及时予以处理。

第四十二条 旅游、工商、价格等行政管理部门应当及时向社会公告监督检查的情况。公告的内容包括旅行社业务经营许可证的颁发、变更、吊销、注销情况,旅行社的违法经营行为以及旅行社的诚信记录、旅游者投诉信息等。

第四十三条 旅行社损害旅游者合法权益的,旅游者可以向旅游行政管理部门、工商行政管理部门、价格主管部门、商务主管部门或者外汇管理部门投诉,接到投诉的部门应当按照其职责权限及时调查处理,并将调查处理的有关情况告知旅游者。

第四十四条 旅行社及其分社应当接受旅游行政管理部门对其旅游合同、服务质量、旅游安全、财务账簿等情况的监督检查,并按照国家有关规定向旅游行政管理部门报送经营和财务信息等统计资料。

第四十五条 旅游、工商、价格、商务、外汇等有关部门工作人员不得接受旅行社的任何馈赠,不得参加由旅行社支付费用的购物活动或者游览项目,不得通过旅行社为自己、亲友或者其他个人、组织牟取私利。

第六章 法律责任

第四十六条 违反本条例的规定,有下列情形之一的,由旅游行政管理部门或者工商行政管理部门责令改正,没收违法所得,违法所得10万元以上的,并处违法所得1倍以上5倍以下的罚款;违法所得不足10万元或者没有违法所得的,并处10万元以上50万元以下的罚款:

(一)未取得相应的旅行社业务经营许可,经营国内旅游业务、入境旅游业务、出境旅游业务的;

(二)分社的经营范围超出设立分社的旅行社的经营范围的;

(三)旅行社服务网点从事招徕、咨询以外的活动的。

　　第四十七条　旅行社转让、出租、出借旅行社业务经营许可证的,由旅游行政管理部门责令停业整顿1个月至3个月,并没收违法所得;情节严重的,吊销旅行社业务经营许可证。受让或者租借旅行社业务经营许可证的,由旅游行政管理部门或者工商行政管理部门责令停止非法经营,没收违法所得,并处10万元以上50万元以下的罚款。

　　第四十八条　违反本条例的规定,旅行社未在规定期限内向其质量保证金账户存入、增存、补足质量保证金或者提交相应的银行担保的,由旅游行政管理部门责令改正;拒不改正的,吊销旅行社业务经营许可证。

　　第四十九条　违反本条例的规定,旅行社不投保旅行社责任险的,由旅游行政管理部门责令改正;拒不改正的,吊销旅行社业务经营许可证。

　　第五十条　违反本条例的规定,旅行社有下列情形之一的,由旅游行政管理部门责令改正;拒不改正的,处1万元以下的罚款:

　　(一)变更名称、经营场所、法定代表人等登记事项或者终止经营,未在规定期限内向原许可的旅游行政管理部门备案,换领或者交回旅行社业务经营许可证的;

　　(二)设立分社未在规定期限内向分社所在地旅游行政管理部门备案的;

　　(三)不按照国家有关规定向旅游行政管理部门报送经营和财务信息等统计资料的。

　　第五十一条　违反本条例的规定,外商投资旅行社经营中国内地居民出国旅游业务以及赴香港特别行政区、澳门特别行政区和台湾地区旅游业务,或者经营出境旅游业务的旅行社组织旅游者到国务院旅游行政主管部门公布的中国公民出境旅游目的地之外的国家和地区旅游的,由旅游行政管理部门责令改正,没收违法所得,违法所得10万元以上的,并处违法所得1倍以上5倍以下的罚款;违法所得不足10万元或者没有违法所得的,并处10万元以上50万元以下的罚款;情节严重的,吊销旅行社业务经营许可证。

　　第五十二条　违反本条例的规定,旅行社为旅游者安排或者介绍的旅游活动含有违反有关法律、法规规定的内容的,由旅游行政管理部门责令改正,没收违法所得,并处2万元以上10万元以下的罚款;情节严重的,吊销旅行社业务经营许可证。

　　第五十三条　违反本条例的规定,旅行社向旅游者提供的旅游服务信息含有虚假内容或者作虚假宣传的,由工商行政管理部门依法给予处罚。

　　违反本条例的规定,旅行社以低于旅游成本的报价招徕旅游者的,由价格主管部门依法给予处罚。

　　第五十四条　违反本条例的规定,旅行社未经旅游者同意在旅游合同约定之外提供其他有偿服务的,由旅游行政管理部门责令改正,处1万元以上5万元以下的罚款。

　　第五十五条　违反本条例的规定,旅行社有下列情形之一的,由旅游行政管理部门责令改正,处2万元以上10万元以下的罚款;情节严重的,责令停业整顿1个月至3个月:

　　(一)未与旅游者签订旅游合同;

　　(二)与旅游者签订的旅游合同未载明本条例第二十八条规定的事项;

　　(三)未取得旅游者同意,将旅游业务委托给其他旅行社;

　　(四)将旅游业务委托给不具有相应资质的旅行社;

　　(五)未与接受委托的旅行社就接待旅游者的事宜签订委托合同。

第五十六条 违反本条例的规定,旅行社组织中国内地居民出境旅游,不为旅游团队安排领队全程陪同的,由旅游行政管理部门责令改正,处 1 万元以上 5 万元以下的罚款;拒不改正的,责令停业整顿 1 个月至 3 个月。

第五十七条 违反本条例的规定,旅行社委派的导游人员和领队人员未持有国家规定的导游证或者领队证的,由旅游行政管理部门责令改正,对旅行社处 2 万元以上 10 万元以下的罚款。

第五十八条 违反本条例的规定,旅行社不向其聘用的导游人员、领队人员支付报酬,或者所支付的报酬低于当地最低工资标准的,按照《中华人民共和国劳动合同法》的有关规定处理。

第五十九条 违反本条例的规定,有下列情形之一的旅行社,由旅游行政管理部门或者工商行政管理部门责令改正,处 10 万元以上 50 万元以下的罚款;对导游人员、领队人员,由旅游行政管理部门责令改正,处 1 万元以上 5 万元以下的罚款;情节严重的,吊销旅行社业务经营许可证、导游证或者领队证:

(一)拒不履行旅游合同约定的义务的;

(二)非因不可抗力改变旅游合同安排的行程的;

(三)欺骗、胁迫旅游者购物或者参加需要另行付费的游览项目的。

第六十条 违反本条例的规定,旅行社要求导游人员和领队人员接待不支付接待和服务费用、支付的费用低于接待和服务成本的旅游团队,或者要求导游人员和领队人员承担接待旅游团队的相关费用的,由旅游行政管理部门责令改正,处 2 万元以上 10 万元以下的罚款。

第六十一条 旅行社违反旅游合同约定,造成旅游者合法权益受到损害,不采取必要的补救措施的,由旅游行政管理部门或者工商行政管理部门责令改正,处 1 万元以上 5 万元以下的罚款;情节严重的,由旅游行政管理部门吊销旅行社业务经营许可证。

第六十二条 违反本条例的规定,有下列情形之一的,由旅游行政管理部门责令改正,停业整顿 1 个月至 3 个月;情节严重的,吊销旅行社业务经营许可证:

(一)旅行社不向接受委托的旅行社支付接待和服务费用的;

(二)旅行社向接受委托的旅行社支付的费用低于接待和服务成本的;

(三)接受委托的旅行社接待不支付或者不足额支付接待和服务费用的旅游团队的。

第六十三条 违反本条例的规定,旅行社及其委派的导游人员、领队人员有下列情形之一的,由旅游行政管理部门责令改正,对旅行社处 2 万元以上 10 万元以下的罚款;对导游人员、领队人员处 4000 元以上 2 万元以下的罚款;情节严重的,责令旅行社停业整顿 1 个月至 3 个月,或者吊销旅行社业务经营许可证、导游证、领队证:

(一)发生危及旅游者人身安全的情形,未采取必要的处置措施并及时报告的;

(二)旅行社组织出境旅游的旅游者非法滞留境外,旅行社未及时报告并协助提供非法滞留者信息的;

(三)旅行社接待入境旅游的旅游者非法滞留境内,旅行社未及时报告并协助提供非法滞留者信息的。

第六十四条　因妨害国(边)境管理受到刑事处罚的,在刑罚执行完毕之日起五年内不得从事旅行社业务经营活动;旅行社被吊销旅行社业务经营许可的,其主要负责人在旅行社业务经营许可被吊销之日起五年内不得担任任何旅行社的主要负责人。

第六十五条　旅行社违反本条例的规定,损害旅游者合法权益的,应当承担相应的民事责任;构成犯罪的,依法追究刑事责任。

第六十六条　违反本条例的规定,旅游行政管理部门或者其他有关部门及其工作人员有下列情形之一的,对直接负责的主管人员和其他直接责任人员依法给予处分:

(一)发现违法行为不及时予以处理的;

(二)未及时公告对旅行社的监督检查情况的;

(三)未及时处理旅游者投诉并将调查处理的有关情况告知旅游者的;

(四)接受旅行社的馈赠的;

(五)参加由旅行社支付费用的购物活动或者游览项目的;

(六)通过旅行社为自己、亲友或者其他个人、组织牟取私利的。

第七章　附则

第六十七条　香港特别行政区、澳门特别行政区和台湾地区的投资者在内地投资设立的旅行社,参照适用本条例。

第六十八条　本条例自 2009 年 5 月 1 日起施行。1996 年 10 月 15 日国务院发布的《旅行社管理条例》同时废止。

附录三 旅行社条例实施细则

2009 年 4 月 2 日国家旅游局第 4 次局长办公会议审议通过,国家旅游局令第 30 号公布,自 2009 年 5 月 3 日起施行。根据 2016 年 12 月 6 日国家旅游局第 17 次局长办公会议审议通过,2016 年 12 月 12 日国家旅游局令第 42 号公布施行的《国家旅游局关于修改〈旅行社条例实施细则〉和废止〈出境旅游领队人员管理办法〉的决定》修改。

第一章　总　则

第一条　根据《旅行社条例》(以下简称《条例》),制定本实施细则。

第二条　《条例》第二条所称招徕、组织、接待旅游者提供的相关旅游服务,主要包括:

(一)安排交通服务;

(二)安排住宿服务;

(三)安排餐饮服务;

(四)安排观光游览、休闲度假等服务;

(五)导游、领队服务;

(六)旅游咨询、旅游活动设计服务。

旅行社还可以接受委托,提供下列旅游服务:

(一)接受旅游者的委托,代订交通客票、代订住宿和代办出境、入境、签证手续等;

(二)接受机关、事业单位和社会团体的委托,为其差旅、考察、会议、展览等公务活动,代办交通、住宿、餐饮、会务等事务;

(三)接受企业委托,为其各类商务活动、奖励旅游等,代办交通、住宿、餐饮、会务、观光游览、休闲度假等事务;

(四)其他旅游服务。

前款所列出境、签证手续等服务,应当由具备出境旅游业务经营权的旅行社代办。

第三条　《条例》第二条所称国内旅游业务,是指旅行社招徕、组织和接待中国内地居民在境内旅游的业务。

《条例》第二条所称入境旅游业务,是指旅行社招徕、组织、接待外国旅游者来我国旅游,香港特别行政区、澳门特别行政区旅游者来内地旅游,台湾地区居民来大陆旅游,以及招徕、组织、接待在中国内地的外国人,在内地的香港特别行政区、澳门特别行政区居民和在大陆的台湾地区居民在境内旅游的业务。

《条例》第二条所称出境旅游业务,是指旅行社招徕、组织、接待中国内地居民出国旅游,赴香港特别行政区、澳门特别行政区和台湾地区旅游,以及招徕、组织、接待在中国内地的外国人、在内地的香港特别行政区、澳门特别行政区居民和在大陆的台湾地区居民出境旅游的业务。

第四条　对旅行社及其分支机构的监督管理,县级以上旅游行政管理部门应当按照《条例》、本细则的规定和职责,实行分级管理和属地管理。

第五条　鼓励旅行社实行服务质量等级制度;鼓励旅行社向专业化、网络化、品牌化发展。

第二章　旅行社的设立与变更

第六条　旅行社的经营场所应当符合下列要求:

(一)申请者拥有产权的营业用房,或者申请者租用的、租期不少于1年的营业用房;

(二)营业用房应当满足申请者业务经营的需要。

第七条　旅行社的营业设施应当至少包括下列设施、设备:

(一)2部以上的直线固定电话;

(二)传真机、复印机;

(三)具备与旅游行政管理部门及其他旅游经营者联网条件的计算机。

第八条　申请设立旅行社,经营国内旅游业务和入境旅游业务的,应当向省、自治区、直辖市旅游行政管理部门(简称省级旅游行政管理部门,下同)提交下列文件:

(一)设立申请书。内容包括申请设立的旅行社的中英文名称及英文缩写,设立地址,企业形式、出资人、出资额和出资方式,申请人、受理申请部门的全称、申请书名称和申请的时间;

(二)法定代表人履历表及身份证明;

(三)企业章程;

(四)经营场所的证明;

(五)营业设施、设备的证明或者说明;

(六)工商行政管理部门出具的《企业法人营业执照》。

旅游行政管理部门应当根据《条例》第六条规定的最低注册资本限额要求,通过查看企业章程、在企业信用信息公示系统查询等方式,对旅行社认缴的出资额进行审查。

旅行社经营国内旅游业务和入境旅游业务的,《企业法人营业执照》的经营范围不得包括边境旅游业务、出境旅游业务;包括相关业务的,旅游行政管理部门应当告知申请人变更经营范围;申请人不予变更的,依法不予受理行政许可申请。

省级旅游行政管理部门可以委托设区的市(含州、盟,下同)级旅游行政管理部门,受理当事人的申请并作出许可或者不予许可的决定。

第九条　受理申请的旅游行政管理部门可以对申请人的经营场所、营业设施、设备进行现场检查,或者委托下级旅游行政管理部门检查。

第十条　旅行社申请出境旅游业务的,应当向国务院旅游行政主管部门提交经营旅行社业务满两年且连续两年未因侵害旅游者合法权益受到行政机关罚款以上处罚的承诺书和经工商行政管理部门变更经营范围的《企业法人营业执照》。

旅行社取得出境旅游经营业务许可的,由国务院旅游行政主管部门换发旅行社业务经营许可证。

国务院旅游行政主管部门可以委托省级旅游行政管理部门受理旅行社经营出境旅游业务的申请,并作出许可或者不予许可的决定。

旅行社申请经营边境旅游业务的,适用《边境旅游暂行管理办法》的规定。

旅行社申请经营赴台湾地区旅游业务的,适用《大陆居民赴台湾地区旅游管理办法》的规定。

第十一条 旅行社因业务经营需要,可以向原许可的旅游行政管理部门申请核发旅行社业务经营许可证副本。

旅行社业务经营许可证及副本,由国务院旅游行政主管部门制定统一样式,国务院旅游行政主管部门和省级旅游行政管理部门分别印制。

旅行社业务经营许可证及副本损毁或者遗失的,旅行社应当向原许可的旅游行政管理部门申请换发或者补发。

申请补发旅行社业务经营许可证及副本的,旅行社应当通过本省、自治区、直辖市范围内公开发行的报刊,或者省级以上旅游行政管理部门网站,刊登损毁或者遗失作废声明。

第十二条 旅行社名称、经营场所、出资人、法定代表人等登记事项变更的,应当在办理变更登记后,持已变更的《企业法人营业执照》向原许可的旅游行政管理部门备案。

旅行社终止经营的,应当在办理注销手续后,持工商行政管理部门出具的注销文件,向原许可的旅游行政管理部门备案。

外商投资旅行社的,适用《条例》第三章的规定。未经批准,旅行社不得引进外商投资。

第十三条 国务院旅游行政主管部门指定的作为旅行社存入质量保证金的商业银行,应当提交具有下列内容的书面承诺:

(一)同意与存入质量保证金的旅行社签订符合本实施细则第十五条规定的协议;

(二)当县级以上旅游行政管理部门或者人民法院依据《条例》规定,划拨质量保证金后3个工作日内,将划拨情况及其数额,通知旅行社所在地的省级旅游行政管理部门,并提供县级以上旅游行政管理部门出具的划拨文件或者人民法院生效法律文书的复印件;

(三)非因《条例》规定的情形,出现质量保证金减少时,承担补足义务。

旅行社应当在国务院旅游行政主管部门指定银行的范围内,选择存入质量保证金的银行。

第十四条 旅行社在银行存入质量保证金的,应当设立独立账户,存期由旅行社确定,但不得少于1年。账户存期届满1个月前,旅行社应当办理续存手续或者提交银行担保。

第十五条 旅行社存入、续存、增存质量保证金后7个工作日内,应当向作出许可的旅游行政管理部门提交存入、续存、增存质量保证金的证明文件,以及旅行社与银行达成的使用质量保证金的协议。

前款协议应当包含下列内容:

(一)旅行社与银行双方同意依照《条例》规定使用质量保证金;

(二)旅行社与银行双方承诺,除依照县级以上旅游行政管理部门出具的划拨质量保证金,或者省级以上旅游行政管理部门出具的降低、退还质量保证金的文件,以及人民法院作出的认定旅行社损害旅游者合法权益的生效法律文书外,任何单位和个人不得动用质量保证金。

第十六条 旅行社符合《条例》第十七条降低质量保证金数额规定条件的,原许可的旅游行政管理部门应当根据旅行社的要求,在 10 个工作日内向其出具降低质量保证金数额的文件。

第十七条　旅行社按照《条例》第十八条规定补足质量保证金后 7 个工作日内,应当向原许可的旅游行政管理部门提交补足的证明文件。

第三章　旅行社的分支机构

第十八条　旅行社分社(简称分社,下同)及旅行社服务网点(简称服务网点,下同),不具有法人资格,以设立分社、服务网点的旅行社(简称设立社,下同)的名义从事《条例》规定的经营活动,其经营活动的责任和后果,由设立社承担。

第十九条　设立社向分社所在地工商行政管理部门办理分社设立登记后,应当持下列文件向分社所在地与工商登记同级的旅游行政管理部门备案:

(一)分社的《营业执照》;

(二)分社经理的履历表和身份证明;

(三)增存质量保证金的证明文件。

没有同级的旅游行政管理部门的,向上一级旅游行政管理部门备案。

第二十条　分社的经营场所、营业设施、设备,应当符合本实施细则第六条、第七条规定的要求。

分社的名称中应当包含设立社名称、分社所在地地名和"分社"或者"分公司"字样。

第二十一条　服务网点是指旅行社设立的,为旅行社招徕旅游者,并以旅行社的名义与旅游者签订旅游合同的门市部等机构。

设立社可以在其所在地的省、自治区、直辖市行政区划内设立服务网点;设立社在其所在地的省、自治区、直辖市行政区划外设立分社的,可以在该分社所在地设区的市的行政区划内设立服务网点。分社不得设立服务网点。

设立社不得在前款规定的区域范围外,设立服务网点。

第二十二条　服务网点应当设在方便旅游者认识和出入的公众场所。

服务网点的名称、标牌应当包括设立社名称、服务网点所在地地名等,不得含有使消费者误解为是旅行社或者分社的内容,也不得作易使消费者误解的简称。

服务网点应当在设立社的经营范围内,招徕旅游者、提供旅游咨询服务。

第二十三条　设立社向服务网点所在地工商行政管理部门办理服务网点设立登记后,应当在 3 个工作日内,持下列文件向服务网点所在地与工商登记同级的旅游行政管理部门备案:

(一)服务网点的《营业执照》;

(二)服务网点经理的履历表和身份证明。

没有同级的旅游行政管理部门的,向上一级旅游行政管理部门备案。

第二十四条　分社、服务网点备案后,受理备案的旅游行政管理部门应当向旅行社颁发《旅行社分社备案登记证明》或者《旅行社服务网点备案登记证明》。

第二十五条　设立社应当与分社、服务网点的员工,订立劳动合同。

设立社应当加强对分社和服务网点的管理,对分社实行统一的人事、财务、招徕、接待制度规范,对服务网点实行统一管理、统一财务、统一招徕和统一咨询服务规范。

第四章　旅行社经营规范

第二十六条　旅行社及其分社、服务网点,应当将《旅行社业务经营许可证》《旅行社分社备案登记证明》或者《旅行社服务网点备案登记证明》,与营业执照一起,悬挂在经营场所的显要位置。

第二十七条　旅行社业务经营许可证不得转让、出租或者出借。

旅行社的下列行为属于转让、出租或者出借旅行社业务经营许可证的行为:

(一)除招徕旅游者和符合本实施细则第四十条第一款规定的接待旅游者的情形外,准许或者默许其他企业、团体或者个人,以自己的名义从事旅行社业务经营活动的;

(二)准许其他企业、团体或者个人,以部门或者个人承包、挂靠的形式经营旅行社业务的。

第二十八条　旅行社设立的办事处、代表处或者联络处等办事机构,不得从事旅行社业务经营活动。

第二十九条　旅行社以互联网形式经营旅行社业务的,除符合法律、法规规定外,其网站首页应当载明旅行社的名称、法定代表人、许可证编号和业务经营范围,以及原许可的旅游行政管理部门的投诉电话。

第三十条　《条例》第二十六条规定的旅行社不得安排的活动,主要包括:

(一)含有损害国家利益和民族尊严内容的;

(二)含有民族、种族、宗教歧视内容的;

(三)含有淫秽、赌博、涉毒内容的;

(四)其他含有违反法律、法规规定内容的。

第三十一条　旅行社为组织旅游者出境旅游委派的领队,应当具备下列条件:

(一)取得导游证;

(二)具有大专以上学历;

(三)取得相关语言水平测试等级证书或通过外语语种导游资格考试,但为赴港澳台地区旅游委派的领队除外;

(四)具有两年以上旅行社业务经营、管理或者导游等相关从业经历;

(五)与委派其从事领队业务的取得出境旅游业务经营许可的旅行社订立劳动合同。

赴台旅游领队还应当符合《大陆居民赴台湾地区旅游管理办法》规定的要求。

第三十二条　旅行社应当将本单位领队信息及变更情况,报所在地设区的市级旅游行政管理部门备案。领队备案信息包括:身份信息、导游证号、学历、语种、语言等级(外语导游)、从业经历、所在旅行社、旅行社社会保险登记证号等。

第三十三条　领队从事领队业务,应当接受与其订立劳动合同的取得出境旅游业务许可的旅行社委派,并携带导游证、佩戴导游身份标识。

第三十四条　领队应当协助旅游者办理出入境手续,协调、监督境外地接社及从业人员履行合同,维护旅游者的合法权益。

第三十五条　不具备领队条件的,不得从事领队业务。

领队不得委托他人代为提供领队服务。

第三十六条 旅行社委派的领队,应当掌握相关旅游目的地国家(地区)语言或者英语。

第三十七条 《条例》第三十四条所规定的旅行社不得要求导游人员和领队人员承担接待旅游团队的相关费用,主要包括:

(一)垫付旅游接待费用;

(二)为接待旅游团队向旅行社支付费用;

(三)其他不合理费用。

第三十八条 旅行社招徕、组织、接待旅游者,其选择的交通、住宿、餐饮、景区等企业,应当符合具有合法经营资格和接待服务能力的要求。

第三十九条 在签订旅游合同时,旅行社不得要求旅游者必须参加旅行社安排的购物活动或者需要旅游者另行付费的旅游项目。

同一旅游团队中,旅行社不得由于下列因素,提出与其他旅游者不同的合同事项:

(一)旅游者拒绝参加旅行社安排的购物活动或者需要旅游者另行付费的旅游项目的;

(二)旅游者存在的年龄或者职业上的差异。但旅行社提供了与其他旅游者相比更多的服务,或者旅游者主动要求的除外。

第四十条 旅行社需要将在旅游目的地接待旅游者的业务作出委托的,应当按照《条例》第三十六条的规定,委托给旅游目的地的旅行社并签订委托接待合同。

旅行社对接待旅游者的业务作出委托的,应当按照《条例》第三十六条的规定,将旅游目的地接受委托的旅行社的名称、地址、联系人和联系电话,告知旅游者。

第四十一条 旅游行程开始前,当发生约定的解除旅游合同的情形时,经征得旅游者的同意,旅行社可以将旅游者推荐给其他旅行社组织、接待,并由旅游者与被推荐的旅行社签订旅游合同。

未经旅游者同意的,旅行社不得将旅游者转交给其他旅行社组织、接待。

第四十二条 旅行社及其委派的导游人员和领队人员的下列行为,属于擅自改变旅游合同安排行程:

(一)减少游览项目或者缩短游览时间的;

(二)增加或者变更旅游项目的;

(三)增加购物次数或者延长购物时间的;

(四)其他擅自改变旅游合同安排的行为。

第四十三条 在旅游行程中,当发生不可抗力、危及旅游者人身、财产安全,或者非旅行社责任造成的意外情形,旅行社不得不调整或者变更旅游合同约定的行程安排时,应当在事前向旅游者作出说明;确因客观情况无法在事前说明的,应当在事后作出说明。

第四十四条 在旅游行程中,旅游者有权拒绝参加旅行社在旅游合同之外安排的购物活动或者需要旅游者另行付费的旅游项目。

旅行社及其委派的导游人员和领队人员不得因旅游者拒绝参加旅行社安排的购物活动或者需要旅游者另行付费的旅游项目等情形,以任何借口、理由,拒绝继续履行合同、提供服务,或者以拒绝继续履行合同、提供服务相威胁。

第四十五条　旅行社及其委派的导游人员、领队人员,应当对其提供的服务可能危及旅游者人身、财物安全的事项,向旅游者作出真实的说明和明确的警示。

在旅游行程中的自由活动时间,旅游者应当选择自己能够控制风险的活动项目,并在自己能够控制风险的范围内活动。

第四十六条　为减少自然灾害等意外风险给旅游者带来的损害,旅行社在招徕、接待旅游者时,可以提示旅游者购买旅游意外保险。

鼓励旅行社依法取得保险代理资格,并接受保险公司的委托,为旅游者提供购买人身意外伤害保险的服务。

第四十七条　发生出境旅游者非法滞留境外或者入境旅游者非法滞留境内的,旅行社应当立即向所在地县级以上旅游行政管理部门、公安机关和外事部门报告。

第四十八条　在旅游行程中,旅行社及其委派的导游人员、领队人员应当提示旅游者遵守文明旅游公约和礼仪。

第四十九条　旅行社及其委派的导游人员、领队人员在经营、服务中享有下列权利:

(一)要求旅游者如实提供旅游所必需的个人信息,按时提交相关证明文件;

(二)要求旅游者遵守旅游合同约定的旅游行程安排,妥善保管随身物品;

(三)出现突发公共事件或者其他危急情形,以及旅行社因违反旅游合同约定采取补救措施时,要求旅游者配合处理防止扩大损失,以将损失降低到最低程度;

(四)拒绝旅游者提出的超出旅游合同约定的不合理要求;

(五)制止旅游者违背旅游目的地的法律、风俗习惯的言行。

第五十条　旅行社应当妥善保存《条例》规定的招徕、组织、接待旅游者的各类合同及相关文件、资料,以备县级以上旅游行政管理部门核查。

前款所称的合同及文件、资料的保存期,应当不少于两年。

旅行社不得向其他经营者或者个人,泄露旅游者因签订旅游合同提供的个人信息;超过保存期限的旅游者个人信息资料,应当妥善销毁。

第五章　监督检查

第五十一条　根据《条例》和本实施细则规定,受理旅行社申请或者备案的旅游行政管理部门,可以要求申请人或者旅行社,对申请设立旅行社、办理《条例》规定的备案时提交的证明文件、材料的原件,提供复印件并盖章确认,交由旅游行政管理部门留存。

第五十二条　县级以上旅游行政管理部门对旅行社及其分支机构实施监督检查时,可以进入其经营场所,查阅招徕、组织、接待旅游者的各类合同、相关文件、资料,以及财务账簿、交易记录和业务单据等材料,旅行社及其分支机构应当给予配合。

县级以上旅游行政管理部门对旅行社及其分支机构监督检查时,应当由两名以上持有旅游行政执法证件的执法人员进行。

不符合前款规定要求的,旅行社及其分支机构有权拒绝检查。

第五十三条　旅行社应当按年度将下列经营和财务信息等统计资料,在次年4月15日前,报送原许可的旅游行政管理部门:

(一)旅行社的基本情况,包括企业形式、出资人、员工人数、部门设置、分支机构、网络体系等；

（二）旅行社的经营情况，包括营业收入、利税等；

（三）旅行社组织接待情况，包括国内旅游、入境旅游、出境旅游的组织、接待人数等；

（四）旅行社安全、质量、信誉情况，包括投保旅行社责任保险、认证认可和奖惩等。

对前款资料中涉及旅行社商业秘密的内容，旅游行政管理部门应当予以保密。

第五十四条　《条例》第十七条、第四十二条规定的各项公告，县级以上旅游行政管理部门应当通过本部门或者上级旅游行政管理部门的政府网站向社会发布。

质量保证金存缴数额降低、旅行社业务经营许可证的颁发、变更和注销的，国务院旅游行政主管部门或者省级旅游行政管理部门应当在作出许可决定或者备案后20个工作日内向社会公告。

旅行社违法经营或者被吊销旅行社业务经营许可证的，由作出行政处罚决定的旅游行政管理部门，在处罚生效后10个工作日内向社会公告。

旅游者对旅行社的投诉信息，由处理投诉的旅游行政管理部门每季度向社会公告。

第五十五条　因下列情形之一，给旅游者的合法权益造成损害的，旅游者有权向县级以上旅游行政管理部门投诉：

（一）旅行社违反《条例》和本实施细则规定的；

（二）旅行社提供的服务，未达到旅游合同约定的服务标准或者档次的；

（三）旅行社破产或者其他原因造成旅游者预交旅游费用损失的。

划拨旅行社质量保证金的决定，应当由旅行社或者其分社所在地处理旅游者投诉的县级以上旅游行政管理部门作出。

第五十六条　县级以上旅游行政管理部门，可以在其法定权限内，委托符合法定条件的同级旅游质监执法机构实施监督检查。

第六章　法律责任

第五十七条　违反本实施细则第十二条第三款、第二十三条、第二十六条的规定，擅自引进外商投资、设立服务网点未在规定期限内备案，或者旅行社及其分社、服务网点未悬挂旅行社业务经营许可证、备案登记证明的，由县级以上旅游行政管理部门责令改正，可以处1万元以下的罚款。

第五十八条　违反本实施细则第二十二条第三款、第二十八条的规定，服务网点超出设立社经营范围招徕旅游者、提供旅游咨询服务，或者旅行社的办事处、联络处、代表处等从事旅行社业务经营活动的，由县级以上旅游行政管理部门依照《条例》第四十六条的规定处罚。

第五十九条　违反本实施细则第三十五条第二款的规定，领队委托他人代为提供领队服务，由县级以上旅游行政管理部门责令改正，可以处1万元以下的罚款。

第六十条　违反本实施细则第三十八条的规定，旅行社为接待旅游者选择的交通、住宿、餐饮、景区等企业，不具有合法经营资格或者接待服务能力的，由县级以上旅游行政管理部门责令改正，没收违法所得，处违法所得3倍以下但最高不超过3万元的罚款，没有违法所得的，处1万元以下的罚款。

第六十一条　违反本实施细则第三十九条的规定，要求旅游者必须参加旅行社安排的购物活动、需要旅游者另行付费的旅游项目,或者对同一旅游团队的旅游者提出与其他旅游者不同合同事项的,由县级以上旅游行政管理部门责令改正,处1万元以下的罚款。

第六十二条 违反本实施细则第四十条第二款的规定,旅行社未将旅游目的地接待旅行社的情况告知旅游者的,由县级以上旅游行政管理部门依照《条例》第五十五条的规定处罚。

第六十三条 违反本实施细则第四十一条第二款的规定,旅行社未经旅游者的同意,将旅游者转交给其他旅行社组织、接待的,由县级以上旅游行政管理部门依照《条例》第五十五条的规定处罚。

第六十四条 违反本实施细则第四十四条第二款的规定,旅行社及其导游人员和领队人员拒绝继续履行合同、提供服务,或者以拒绝继续履行合同、提供服务相威胁的,由县级以上旅游行政管理部门依照《条例》第五十九条的规定处罚。

第六十五条 违反本实施细则第五十条的规定,未妥善保存各类旅游合同及相关文件、资料,保存期不够两年,或者泄露旅游者个人信息的,由县级以上旅游行政管理部门责令改正,没收违法所得,处违法所得3倍以下但最高不超过3万元的罚款;没有违法所得的,处1万元以下的罚款。

第六十六条 对旅行社作出停业整顿行政处罚的,旅行社在停业整顿期间,不得招徕旅游者、签订旅游合同;停业整顿期间,不影响已签订的旅游合同的履行。

第七章 附则

第六十七条 本实施细则由国务院旅游行政主管部门负责解释。

第六十八条 本实施细则自2009年5月3日起施行。2001年12月27日国家旅游局公布的《旅行社管理条例实施细则》同时废止。

附录四　旅游投诉处理办法

《旅游投诉处理办法》已经 2010 年 1 月 4 日国家旅游局第 1 次局长办公会议审议通过。现予公布,自 2010 年 7 月 1 日起施行。

第一章　总则

第一条　为了维护旅游者和旅游经营者的合法权益,依法公正处理旅游投诉,依据《中华人民共和国消费者权益保护法》《旅行社条例》《导游人员管理条例》和《中国公民出国旅游管理办法》等法律、法规,制定本办法。

第二条　本办法所称旅游投诉,是指旅游者认为旅游经营者损害其合法权益,请求旅游行政管理部门、旅游质量监督管理机构或者旅游执法机构(以下统称"旅游投诉处理机构"),对双方发生的民事争议进行处理的行为。

第三条　旅游投诉处理机构应当在其职责范围内处理旅游投诉。地方各级旅游行政主管部门应当在本级人民政府的领导下,建立、健全相关行政管理部门共同处理旅游投诉的工作机制。

第四条　旅游投诉处理机构在处理旅游投诉中,发现被投诉人或者其从业人员有违法或犯罪行为的,应当按照法律、法规和规章的规定,作出行政处罚、向有关行政管理部门提出行政处罚建议或者移送司法机关。

第二章　管辖

第五条　旅游投诉由旅游合同签订地或者被投诉人所在地县级以上地方旅游投诉处理机构管辖。需要立即制止、纠正被投诉人的损害行为的,应当由损害行为发生地旅游投诉处理机构管辖。

第六条　上级旅游投诉处理机构有权处理下级旅游投诉处理机构管辖的投诉案件。

第七条　发生管辖争议的,旅游投诉处理机构可以协商确定,或者报请共同的上级旅游投诉处理机构指定管辖。

第三章　受理

第八条　投诉人可以就下列事项向旅游投诉处理机构投诉:

(一)认为旅游经营者违反合同约定的;

(二)因旅游经营者的责任致使投诉人人身、财产受到损害的;

(三)因不可抗力、意外事故致使旅游合同不能履行或者不能完全履行,投诉人与被投诉人发生争议的;

(四)其他损害旅游者合法权益的。

第九条　下列情形不予受理:

(一)人民法院、仲裁机构、其他行政管理部门或者社会调解机构已经受理或者处理的;

(二)旅游投诉处理机构已经作出处理,且没有新情况、新理由的;

（三）不属于旅游投诉处理机构职责范围或者管辖范围的；

（四）超过旅游合同结束之日 90 天的；

（五）不符合本办法第十条规定的旅游投诉条件的；

（六）本办法规定情形之外的其他经济纠纷。

属于前款第（三）项规定的情形的，旅游投诉处理机构应当及时告知投诉人向有管辖权的旅游投诉处理机构或者有关行政管理部门投诉。

第十条 旅游投诉应当符合下列条件：

（一）投诉人与投诉事项有直接利害关系；

（二）有明确的被投诉人、具体的投诉请求、事实和理由。

第十一条 旅游投诉一般应当采取书面形式，一式两份，并载明下列事项：

（一）投诉人的姓名、性别、国籍、通讯地址、邮政编码、联系电话及投诉日期；

（二）被投诉人的名称、所在地；

（三）投诉的要求、理由及相关的事实根据。

第十二条 投诉事项比较简单的，投诉人可以口头投诉，由旅游投诉处理机构进行记录或者登记，并告知被投诉人；对于不符合受理条件的投诉，旅游投诉处理机构可以口头告知投诉人不予受理及其理由，并进行记录或者登记。

第十三条 投诉人委托代理人进行投诉活动的，应当向旅游投诉处理机构提交授权委托书，并载明委托权限。

第十四条 投诉人 4 人以上，以同一事由投诉同一被投诉人的，为共同投诉。

共同投诉可以由投诉人推选 1 至 3 名代表进行投诉。代表人参加旅游投诉处理机构处理投诉过程的行为，对全体投诉人发生效力，但代表人变更、放弃投诉请求或者进行和解，应当经全体投诉人同意。

第十五条 旅游投诉处理机构接到投诉，应当在 5 个工作日内作出以下处理：

（一）投诉符合本办法的，予以受理；

（二）投诉不符合本办法的，应当向投诉人送达《旅游投诉不予受理通知书》，告知不予受理的理由；

（三）依照有关法律、法规和本办法规定，本机构无管辖权的，应当以《旅游投诉转办通知书》或者《旅游投诉转办函》，将投诉材料转交有管辖权的旅游投诉处理机构或者其他有关行政管理部门，并书面告知投诉人。

第四章 处理

第十六条 旅游投诉处理机构处理旅游投诉，除本办法另有规定外，实行调解制度。旅游投诉处理机构应当在查明事实的基础上，遵循自愿、合法的原则进行调解，促使投诉人与被投诉人相互谅解，达成协议。

第十七条 旅游投诉处理机构处理旅游投诉，应当立案办理，填写《旅游投诉立案表》，并附有关投诉材料，在受理投诉之日起 5 个工作日内，将《旅游投诉受理通知书》和投诉书副本送达被投诉人。对于事实清楚、应当即时制止或者纠正被投诉人损害行为的，可以不填写《旅游投诉立案表》和向被投诉人送达《旅游投诉受理通知书》，但应当对处理情况进行记录存档。

第十八条　被投诉人应当在接到通知之日起 10 日内作出书面答复,提出答辩的事实、理由和证据。

第十九条　投诉人和被投诉人应当对自己的投诉或者答辩提供证据。

第二十条　旅游投诉处理机构应当对双方当事人提出的事实、理由及证据进行审查。旅游投诉处理机构认为有必要收集新的证据,可以根据有关法律、法规的规定,自行收集或者召集有关当事人进行调查。

第二十一条　需要委托其他旅游投诉处理机构协助调查、取证的,应当出具《旅游投诉调查取证委托书》,受委托的旅游投诉处理机构应当予以协助。

第二十二条　对专门性事项需要鉴定或者检测的,可以由当事人双方约定的鉴定或者检测部门鉴定。没有约定的,当事人一方可以自行向法定鉴定或者检测机构申请鉴定或者检测。鉴定、检测费用按双方约定承担。没有约定的,由鉴定、检测申请方先行承担;达成调解协议后,按调解协议承担。鉴定、检测的时间不计入投诉处理时间。

第二十三条　在投诉处理过程中,投诉人与被投诉人自行和解的,应当将和解结果告知旅游投诉处理机构;旅游投诉处理机构在核实后应当予以记录并由双方当事人、投诉处理人员签名或者盖章。

第二十四条　旅游投诉处理机构受理投诉后,应当积极安排当事双方进行调解,提出调解方案,促成双方达成调解协议。

第二十五条　旅游投诉处理机构应当在受理旅游投诉之日起 60 日内,作出以下处理:

(一)双方达成调解协议的,应当制作《旅游投诉调解书》,载明投诉请求、查明的事实、处理过程和调解结果,由当事人双方签字并加盖旅游投诉处理机构印章;

(二)调解不成的,终止调解,旅游投诉处理机构应当向双方当事人出具《旅游投诉终止调解书》。调解不成的,或者调解书生效后没有执行的,投诉人可以按照国家法律、法规的规定,向仲裁机构申请仲裁或者向人民法院提起诉讼。

第二十六条　在下列情形下,经旅游投诉处理机构调解,投诉人与旅行社不能达成调解协议的,旅游投诉处理机构应当做出划拨旅行社质量保证金赔偿的决定,或向旅游行政管理部门提出划拨旅行社质量保证金的建议:

(一)旅行社因解散、破产或者其他原因造成旅游者预交旅游费用损失的;

(二)因旅行社中止履行旅游合同义务、造成旅游者滞留,而实际发生了交通、食宿或返程等必要及合理费用的。

第二十七条　旅游投诉处理机构应当每季度公布旅游者的投诉信息。

第二十八条　旅游投诉处理机构应当使用统一规范的旅游投诉处理信息系统。

第二十九条　旅游投诉处理机构应当为受理的投诉制作档案并妥善保管相关资料。

第三十条　本办法中有关文书式样,由国家旅游局统一制定。

第五章　附则

第三十一条　本办法由国家旅游局负责解释。

第三十二条　本办法自 2010 年 7 月 1 日起施行。《旅行社质量保证金暂行规定》《旅行社质量保证金暂行规定实施细则》《旅行社质量保证金赔偿暂行办法》同时废止。

附录五 旅行社责任保险管理办法

第一章 总则

第一条 为保障旅游者的合法权益,根据《中华人民共和国保险法》和《旅行社条例》,制定本办法。

第二条 在中华人民共和国境内依法设立的旅行社,应当依照《旅行社条例》和本办法的规定,投保旅行社责任保险。本办法所称旅行社责任保险,是指以旅行社因其组织的旅游活动对旅游者和受其委派并为旅游者提供服务的导游或者领队人员依法应当承担的赔偿责任为保险标的的保险。

第三条 投保旅行社责任保险的旅行社和承保旅行社责任保险的保险公司,应当遵守本办法。

第二章 投保

第四条 旅行社责任保险的保险责任,应当包括旅行社在组织旅游活动中依法对旅游者的人身伤亡、财产损失承担的赔偿责任和依法对受旅行社委派并为旅游者提供服务的导游或者领队人员的人身伤亡承担的赔偿责任。

具体包括下列情形:

(一)因旅行社疏忽或过失应当承担赔偿责任的;

(二)因发生意外事故旅行社应当承担赔偿责任的;

(三)国家旅游局会同中国保险监督管理委员会(以下简称中国保监会)规定的其他情形。

第五条 中国保监会及其派出机构依法对旅行社责任保险的保险条款和保险费率进行管理。

第六条 旅行社责任保险的保险费率应当遵循市场化原则,并与旅行社经营风险相匹配。

第七条 旅行社投保旅行社责任保险的,应当与保险公司依法订立书面旅行社责任保险合同(以下简称保险合同)。

第八条 旅行社与保险公司订立保险合同时,双方应当依照《中华人民共和国保险法》的有关规定履行告知和说明义务。

第九条 订立保险合同时,保险公司不得强制旅行社投保其他商业保险。

第十条 保险合同成立后,旅行社按照约定交付保险费。保险公司应当及时向旅行社签发保险单或者其他保险凭证,并在保险单或者其他保险凭证中载明当事人双方约定的合同内容,同时按照约定的时间开始承担保险责任。

第十一条 保险合同成立后,除符合《中华人民共和国保险法》规定的情形外,保险公司不得解除保险合同。

第十二条　保险合同成立后,旅行社要解除保险合同的,应当同时订立新的保险合同,并书面通知所在地县级以上旅游行政管理部门,但因旅行社业务经营许可证被依法吊销或注销而解除合同的除外。

第十三条　保险合同解除的,保险公司应当收回保险单,并书面通知旅行社所在地县级以上旅游行政管理部门。

第十四条　旅行社的名称、法定代表人或者业务经营范围等重要事项变更时,应当及时通知保险公司。必要时应当依法办理保险合同变更手续。

第十五条　旅行社责任保险的保险期间为 1 年。

第十六条　旅行社应当在保险合同期满前及时续保。

第十七条　旅行社投保旅行社责任保险,可以依法自主投保,也可以有组织统一投保。

第三章　赔偿

第十八条　旅行社在组织旅游活动中发生本办法第四条所列情形的,保险公司依法根据保险合同约定,在旅行社责任保险责任限额内予以赔偿。

责任限额可以根据旅行社业务经营范围、经营规模、风险管控能力、当地经济社会发展水平和旅行社自身需要,由旅行社与保险公司协商确定,但每人人身伤亡责任限额不得低于 20 万元人民币。

第十九条　旅行社组织的旅游活动中发生保险事故,旅行社或者受害的旅游者、导游、领队人员通知保险公司的,保险公司应当及时告知具体的赔偿程序等有关事项。

第二十条　保险事故发生后,旅行社按照保险合同请求保险公司赔偿保险金时,应当向保险公司提供其所能提供的与确认保险事故的性质、原因、损失程度等有关的证明和资料。

保险公司按照保险合同的约定,认为有关的证明和资料不完整的,应当及时一次性通知旅行社补充提供。

旅行社对旅游者、导游或者领队人员应负的赔偿责任确定的,根据旅行社的请求,保险公司应当直接向受害的旅游者、导游或者领队人员赔偿保险金。旅行社怠于请求的,受害的旅游者、导游或者领队人员有权就其应获赔偿部分直接向保险公司请求赔偿保险金。

第二十一条　保险公司收到赔偿保险金的请求和相关证明、资料后,应当及时做出核定;情形复杂的,应当在 30 日内作出核定,但合同另有约定的除外。保险公司应当将核定结果通知旅行社以及受害的旅游者、导游、领队人员;对属于保险责任的,在与旅行社达成赔偿保险金的协议后 10 日内,履行赔偿保险金义务。

第二十二条　因抢救受伤人员需要保险公司先行赔偿保险金用于支付抢救费用的,保险公司在接到旅行社或者受害的旅游者、导游、领队人员通知后,经核对属于保险责任的,可以在责任限额内先向医疗机构支付必要的费用。

第二十三条　因第三者损害而造成保险事故的,保险公司自直接赔偿保险金或者先行支付抢救费用之日起,在赔偿、支付金额范围内代位行使对第三者请求赔偿的权利。旅行社以及受害的旅游者、导游或者领队人员应当向保险公司提供必要的文件和所知道的有关情况。

第二十四条　旅行社与保险公司对赔偿有争议的,可以按照双方的约定申请仲裁,或者依法向人民法院提起诉讼。

第二十五条 保险公司的工作人员对当事人的个人隐私应当保密。

第四章 监督检查

第二十六条 县级以上旅游行政管理部门依法对旅行社投保旅行社责任保险情况实施监督检查。

第二十七条 中国保监会及其派出机构依法对保险公司开展旅行社责任保险业务实施监督管理。

第五章 罚则

第二十八条 违反本办法第十二条、第十六条、第十八条的规定,旅行社解除保险合同但未同时订立新的保险合同,保险合同期满前未及时续保,或者人身伤亡责任限额低于20万元人民币的,由县级以上旅游行政管理部门依照《旅行社条例》第四十九条的规定处罚。

第二十九条 保险公司经营旅行社责任保险,违反有关保险条款和保险费率管理规定的,由中国保监会或者其派出机构依照《中华人民共和国保险法》和中国保监会的有关规定予以处罚。

第三十条 保险公司拒绝或者妨碍依法检查监督的,由中国保监会或者其派出机构依照《中华人民共和国保险法》的有关规定予以处罚。

第六章 附则

第三十一条 本办法由国家旅游局和中国保监会负责解释。

第三十二条 本办法自2011年2月1日起施行。国家旅游局2001年5月15日发布的《旅行社投保旅行社责任保险规定》同时废止。

参考文献

[1] 陈建斌.旅行社经营管理[M].3版.武汉:华中科技大学出版社,2023.

[2] 戴斌,张杨.旅行社管理[M].5版.北京:高等教育出版社,2022.

[3] 范贞.旅行社计调业务[M].2版.北京:清华大学出版社,2019.

[4] 嘉木.微服务质量保障:测试策略与质量体系[M].北京:机械工业出版社,2022.

[5] 李宏,杜江.旅行社经营与管理[M].3版.天津:南开大学出版社,2016.

[6] 李娌.旅行社经营管理[M].3版.北京:高等教育出版社,2021.

[7] 李应军,唐慧,杨结.旅游服务质量与管理[M].武汉:华中科技大学出版社,2019.

[8] 李志强,李玲.现代旅行社经营与管理[M].北京:中国旅游出版社,2019.

[9] 林艳珍,高仁华,刘慧贞.旅行社经营管理[M].北京:北京理工大学出版社,2019.

[10] 刘志永.旅行社门市经营管理实务[M].武汉:华中科技大学出版社,2020.

[11] 罗清.旅游服务质量研究[M].北京:旅游教育出版社,2020.

[12] 孙江虹,马宏丽.旅行社运营与管理[M].镇江:江苏大学出版社,2014.

[13] 王宁,伍建海,廖建华.旅行社经营管理实务[M].北京:清华大学出版社,2020.

[14] 王玉霞.旅行社经营管理[M].3版.重庆:重庆大学出版社,2021.

[15] 余洁.旅行社经营管理理论与实务[M].北京:清华大学出版社,2022.

[16] 张静,何守伦.旅行社经营管理实务[M].2版.北京:机械工业出版社,2021.

[17] 张懿玮.旅游服务质量管理[M].上海:华东师范大学出版社,2019.

[18] 赵爱华.旅行社计调实务[M].北京:中国旅游出版社,2016.

[19] 中国旅游研究院.中国旅行服务业发展报告2019[M].北京:旅游教育出版社,2020.

[20] 朱智,杨红霞.旅行社经营与管理[M].2版.北京:清华大学出版社,2022.